福建文化海外传播丛书

福建省中华文化学院 编

朱子文化
在海外

戴健◎编著

海峡出版发行集团

海峡文艺出版社

图书在版编目(CIP)数据

朱子文化在海外/戴健编著. —福州:海峡文艺
出版社,2024.12
(福建文化海外传播丛书)
ISBN 978-7-5550-3840-5

Ⅰ.B244.7

中国国家版本馆 CIP 数据核字第 2024UV7755 号

朱子文化在海外

戴健　编著

出 版 人　林　滨
责任编辑　余明建
出版发行　海峡文艺出版社
经　　销　福建新华发行(集团)有限责任公司
社　　址　福州市东水路 76 号 14 层
发 行 部　0591—87536797
印　　刷　福州约瑟弗文化发展有限公司
厂　　址　福州市仓山区浦上工业区 B 区 47 号楼二层
开　　本　720 毫米×1010 毫米　1/16
字　　数　187 千字
印　　张　15.25
版　　次　2024 年 12 月第 1 版
印　　次　2024 年 12 月第 1 次印刷
书　　号　ISBN 978-7-5550-3840-5
定　　价　68.00 元

如发现印装质量问题,请寄承印厂调换

总序

林金水

　　不同的文化都是在一定的地域环境基础上形成和发展起来的。福建以其独特的地理位置、自然环境，孕育、滋生、演化出福建文化特有的浓郁、鲜明的大山文化与海洋文化相融交织的地方特色。

　　福建素有"东南山国""海滨邹鲁"之称，负山傍海。其地势西北高，东南低。西北大山，武夷、杉岭诸山脉，位于闽赣边界，北接浙江仙霞岭，南通广东九连山。中部大山，"闽中屋脊"——鹫峰山、戴云山、博平岭三座山脉，呈东北—西南走向，切割福建南北，是内陆山区和沿海地区的划分线，绵延于政和、屏南、建瓯、古田、延平等地。文化本来就是在流动中吸纳百川，进步、发展、提升。然福建山海形胜，"山脉绵亘，道里崎岖，鸟道盘纡，羊肠迫隘，陆行百里，动需旬日"。春秋以前，福建北上通道与中原几乎隔绝，致使福建成为"化外之地"，文化长期处于"昙石"化、土著化的固化状态。

　　一个时代的历史确定了一个时代的文化。朝代每每更迭，福建文化活泼的元素因此一次又一次被激活。福建历代王朝统治者，对福建政治、经济、军事的管理、改单、开发，促进了福建文化的活跃、升级、发展。而满足福建文化交流、沟通、传播，又取决于陆路交通的开辟。秦代，福建并入秦朝，闽中郡设立。秦军入闽，取道"余干之水"，由江西信江，越武夷山脉，抵闽江上游一带，又沿闽江顺流而下，直达闽中郡的东冶（今福州）。闽北各地反秦起义，也取道"余干之水"北上，抵鄱阳。这是福建最早与中原各地来往的通道。汉初武帝时期，福州是当时海上交通的中心，由闽江口出港，南交交趾七郡，东接北方诸港。魏晋以降，孙吴入闽，设建安郡。晋末"衣冠南渡，八姓入闽"。福建至江西、浙江、广东三省陆路开通，中原汉族移民入闽，中原文化南传。北方汉人由闽北入闽，主要有三个通道：一由浙江江山诸山，经霞浦枫岭关入闽，分居浦城、崇安（今武夷山市）、建阳、建瓯等县的"福州官路"；一由江西鄱阳、铅山至崇安西北分水关入闽，分居崇安、建阳、建瓯等县，沿闽江水路到延平的"福州官路"；一由江西临川、黎川，经光泽西杉关入闽，分居光泽、邵武等县，循水路到延平会合"福州官路"。西路向东通道，由江西瑞金经汀州、清流，乘船下九龙滩，经顺昌会于延平，或避九龙滩，走将乐，经顺昌会于延平；向东南通道，由汀州陆路，经上杭、永定羊肠鸟道至漳州。东路，福宁、福州二府通道，由浙东沿海温州入闽，经福宁（今霞浦）、宁德、罗源、连江至福州。福建北、西、东环山通道都会合福州。大山陆路交通的开辟，将福建三分之二的区域连成一片，其余府县由福州南下，与莆田、泉州、漳州相连。福建陆路四方开通，形成福建与国内各地相互沟通，相互交流的联络网，对福建文化的发展、提升起着非常重要的作用。闽西北邵武、建宁、延平三府成了福建与外省交通的要冲，是大量北方汉民入闽的首居之地，以汉民族为主的福建主流社会开始建立。大山的力量，带来了中原儒家文化在福建的生根、发芽、发展、壮大，成了福建社会的主流文化。那是大山的文化。大山地灵人杰，孕育出一批福建文化代表性的大人物杨亿、柳永、朱熹、袁枢、真德秀、宋慈等。

宋元时期，陆路开通，大山文化与儒家文化相融一体日臻成熟。然闽道行阻尚未改变，而水路交通的重要性日益突显出来。除福州外，泉州、漳州二府地属晋江和九龙江流域，自然条件十分优越，既有泉州平原、漳州平原，又面向大海，对外海上交通便利。唐中叶，就已同东亚、东南亚，以及印度等国往来，福建对外贸易呈现"市井十洲人""船到城添外国人"的景象。宋元福建海外贸易空前繁荣，"海上丝绸之路"进一步开通，以泉州为起点和终点的交通航线六条：一、泉州至占城；二、泉州至三佛齐等地；三、泉州经马六甲海峡至印度、波斯湾；四、泉州经南三佛齐入波斯湾，沿阿拉伯海岸航行至亚丁湾及东非；五、泉州至菲律宾古国麻逸、三屿等地；六、泉州至高丽、日本。阿拉伯、波斯、印度、高丽等不同国家、不同民族、不同信仰的侨民纷至沓来，入居泉州。泉州成为福建对外文化交流的中心、"海上丝绸之路"的起点。另，明代漳州月港、清代厦门港是我国对外贸易重要的港口。海外各地不同文化在此交汇融合，盈溢着闽南文化浓厚的海洋色彩，标志着福建文化由内陆山区大山文化，由东北至西南向东南沿海地区转移，形成了大山文化与海洋文化相交织的、具有地方特色鲜明、内容丰富多彩的福建文化。其显著特征就是开放性、多元性、吸纳性，为福建文化传播走向世界，提供了非常有利的条件。

2024年10月15日至16日，习近平总书记来闽考察时强调，要在提升文化影响力、展示福建新形象上久久为功。推进文化建设是新时代统战工作的实践要求。在当前风云变化、复杂多变的国际形势下，向世界阐释推介福建优秀文化，展示八闽文化的个性特征与品格，是我们义不容辞的责任。

本丛书是一套研究福建文化对外传播历史通俗性、学术性的著作。它主要面向海外港澳台同胞和海外侨胞，国内民族、宗教界等人士及世界各国人民。编者从全面系统、丰富多彩的福建文化中，筛选能体现福建文化本质特征的"闽都文化""朱子文化""闽南文化""客家文化""妈祖文化"五个专题，分别加以论述。

闽都文化　闽都福州，别称三山。国家历史文化名城，福建文化对外交流的重要窗口。现为海峡两岸融合发展、交流合作重要承载地。福州文化主体是侯官文化。侯官"历宋元明皆无更革，及万历八年（1580）废怀安县，以其地并入侯官，而侯官所辖之境益大焉"。侯官优越的地理优势，领明末清初福州中西方文化交流风气之先，形成了海纳百川、开放多元、文明灿烂的福州文化。西方对福州最早的认知，起于明末大学士叶向高在其故居芙蓉园与"西来孔子"意大利人艾儒略之间展开的一场东西方面对面的对话——三山论学，它在西方广为流传。之前，艾儒略在西门外福州书院（共学书院）作"天命之谓性，率性之谓道"演讲，将朱子理学思想传入西方。近代，1865年美国传教士卢公明《中国人的社会生活》一书，真实记录福州人的社会生活，图文并茂将福州文化的方方面面传入西方。当下，生活在海外的福州移民华侨，是福州文化对外传播的主角，从参与商贸交往、宗教传播、工艺交流、留学交往、思想文艺传播，乃至福州饮食，打造福州文化与世界各国文化相互沟通、交流、借鉴的平台。

朱子文化 它是福建文化的精髓，集濂学、洛学、关学、闽学之大成，是中国人的思想智慧。它从大山汇融到中原，从福建走向海洋，是福建特色地域文化成熟的重要标志。朱子文化阐释儒学义理，整顿伦理道，提倡通经致用，议政理事，经邦治国，使儒学重新回归到中国传统思想文化的主体地位。明末，它以儒家文化的思想，首次与入华耶稣会士利玛窦传播的天主之学展开儒耶之争。此后，耶稣会士以朱子理学——中国人的智慧传入西方。迄今，传遍世界各国，如法国、德国、英国、瑞典、俄国、加拿大、美国。东方，朱子文化从朝鲜、而日本、而越南、而新加坡、而泰国。朱子文化对外传播，越来越多元化、多样化，倍受海外侨民的欢迎。

本丛书与国内其他地域文化对外传播及福建对外交流史诸书相比最大不同的是，其主要内容，突出两岸文化的相通与交融，尤其《闽南文化在海外》《客家文化在海外》《妈祖文化在海外》等三部书。它们以具体、详细的资料，阐明台湾地域文化形成、发展，与发祥自福建的闽南文化、客家文化、妈祖文化影响是息息相关的。福建是台湾文化的根。郑成功治台时期将大陆主体文化系统全面地带进台湾。无论是生产技术、商业贸易等物质文化，还是政治制度、宗教信仰、文学艺术、教育科举、风俗习惯、方言俚谚、音乐戏曲、建筑雕刻、绘画美术、民间信仰等人文文化，大部分都是由闽南人、客家人的文化向台湾地区传播和延伸的。闽南文化和客家文化是台湾文化主体的源流。

闽南文化 闽南与台湾一水之隔，闽南人移居台湾并成为主体居民，将闽南文化带到台湾，使其在台湾传承与融合，深刻地影响着台湾文化的形成与发展。闽南文化的主要特征：崇祖重乡的生活理念、敢拼会赢的精神气质、重义求利的价值取向、山海交融的行为模式。台湾同胞说闽南话的人最多，约占全台人口总数的80%以上。台湾闽南话的语音系统和福建本土闽南话几乎没有差别。闽南文化作为中华优秀文化的重要组成部分，其中所涵盖的"敢拼会赢""和谐共生""山海交融"等理念与实践，是其在新时代新发展的不竭动能。在闽南话对外传播中，发挥闽南华侨华人的功能，激发闽南文化的活力，有助于更好地推动构建人类命运共同体。

客家文化 汀州、漳州二郡是纯客家人的地区。客家文化是由北至闽赣粤迁移、流动的中原文化。它与闽南文化、台湾客家文化形成三角相互交错、相互影响、相互借鉴的客家文化的主要特征。明末客家人是所有大陆人中最早移居台湾的先驱。项南指出，"客家精神的内涵是很丰富的，其核心在于团结和奋进"，"客家文化继承和发扬了中华文化的精华，长期迁移史又养成了兼收并蓄取其长、开拓进取不保守的民风，使客家民系具有强大的凝聚力和生命力"。客家文化范围极广，形式多样，有客家方言、服饰与饮食、客家民居、乡神崇拜、客家民俗、山歌船灯戏、宗教社会、客家民性、耕读传家、客家思想观念等。福建客家文化在台湾得到继承与变迁，诚如谢重光所言："从民系特有的性格，到岁时习俗、神明信仰、宗教心态，到流行和偏好的文艺形式，以及作为民系文化载体的方言等等，在台湾客家人中都得到全面的继承。"两岸客家文化的交融，在客家文化海外交流中走在了一起。

妈祖文化　以信仰作为福建文化对外传播的系列之一，妈祖文化充分体现了福建文化多元共存、共同发展的特性，是信仰文化与物质文化的融合体。它有具体可见的妈祖宫庙，从信仰中见建筑，从建筑中见信仰。福建文化的对外传播，在闽南文化、客家文化建筑中，又增添了妈祖文化建筑。台湾妈祖庙建筑亦深受闽南妈祖庙建筑风格影响。《妈祖文化在海外》以实物凸显了妈祖文化的真谛，以历史事实见证它在亚洲、美洲、大洋洲、欧洲、非洲世界五大洲传播，殊为难得。妈祖文化同样由福建移民的迁移而传进台湾。妈祖庙最早在明中叶由俞大猷在澎湖创建。台湾妈祖宫庙供奉的妈祖，均从湄洲分灵而来。不同祖籍的移民，供奉的神像不尽相同。湄洲岛一带妈祖庙分香入台，称为"湄洲妈"，泉州人的妈祖庙称为"温陵妈"，同安人的妈祖庙称为"银同妈"，妈祖佑两岸，银同是归乡。一定时间内，这些宫庙都要回福建本庙进香。当下，也有台湾宫庙分灵大陆各省和香港。两岸宫庙缔结的《结盟书》，有漳州银同天后宫与彰化南瑶宫的《结盟书》："缔结友好宫庙，永缔万世神盟"；湄洲祖庙与嘉义新港奉天宫的《结盟书》："为发扬妈祖信仰济世护航神圣懿德，发展乡邦宗教文化事业，增进胞谊亲情，敬修厥德，利用厚生，永结至亲，实赖神庥。"闽台妈祖文化是中华文化特殊而重要的一部分。妈祖文化的世界传播就是中国传统文化的世界传播。它与一带一路促进世界交通的连结是一样的，加强了世界各国文化与中国传统文化联系。两岸妈祖文化联袂对外传播，成为连接中外文化、沟通不同信仰、促进世界民心相通的纽带，融汇着世界多元的文化元素。2009 年妈祖文化入联合国世界非遗名录。

福建文化从大山，走向海洋、走向世界，向世界各国人民传递的是：团结与奋进，发展与进步，友好与合作，信仰与沟通，文明与交流，安全与保佑。

福建以对文化自信与世界各国一道，为构建人类命运共同体做出了贡献。是为序。

2024 年 12 月于金桥花园

（林金水，福建师大社会历史学院教授、博导，福建文史研究馆馆员。曾任省政协第八届、第九届委员、第十届常委。）

序

———

马照南

"历数唐尧千载下，如公仅有两三人。"是南宋诗人辛弃疾对朱子的评价。

"致广大，尽精微，综罗百代矣！"是清代历史学家全祖望对朱子学的评价。

"东周出孔丘，南宋有朱熹。中国古文化，泰山与武夷。"是我国当代著名历史学家蔡尚思对朱子的评价……

这些评价道出了朱子这位中华思想文化巨擘的学术成就和突出地位。朱子学识渊博，人格高尚，是继孔子之后，又一位对人类思想史作出巨大贡献的东方文化圣哲——他不但对经学、史学、文学、乐律、教育、伦理、自然科学都有研究，而且他集孔孟思想之大成，创建了博大精深的理学思想体系。他的理学思想影响很大，成为元、明、清三朝的官方哲学，无论是解经释义，还是科举取士，都以其学说为唯一准绳。正是在朱子学的指导下，中华民族历经困苦，依然屹立不倒，走向复兴和辉煌。这无疑是一个生动的历史文化现象。

朱子学，是中国哲学创新发展的重要里程碑。朱子学以"天理"为核心和基石，强调"格物致知，修齐治平"，通过对世界万事万物的深入研究，把握内在的"理"及其发展规律。这一思想体系不仅深化了哲学的认识深度和理论高度，为后世学者提供了新的方法论和思想资源。这一学说强调认识世界，强调道德理性对于个人和社会的重要性。

朱子学，也是中华文化走向世界的重要里程碑。朱子思想，不仅主导我国思想界达八百多年，而且跨越民族和地域的界限传播。宋元时，朱子学传至朝鲜、日本和越南，成为朝鲜、越南等东亚、东南亚国家政治制度、文化制度最直接的源泉。明清朱子学西传至欧洲。在欧洲，朱子学的介绍和传播激发了启蒙思想家的思考，影响了西方哲学的发展。而在北美，朱子学则通过严谨的学术研究和教育传播，成为现代新儒家的重要组成部分，形成了独特而深远的国际文化交流现象。

《朱子文化在海外》分为三个部分。第一部分主要介绍朱子文化的核心内容，包括朱子的哲学思想、教育理念、文学成就等，为读者提供一个全面了解朱子文化的框架。第二部分聚焦朱子文化在海外的研究与传播，通过具体的案例和数据分析，展示朱子文化在世界各地的学术研究、教育实践、文化交流情况。特别介绍了在欧美地区，朱子学的传播生动地体现在学术研究和文化交流层面。尤其是通过对欧洲启蒙思想家、德国古典哲学家以及北美新儒家学者等的研究，揭示了朱子学对西方哲学、文化乃至社会思潮的深刻影响。作者指出，朱子学的"天理"概念、"格物致知"等思想方法，为西方学者珍视，成为推动西方思想发展，与现代科学精神契合的新的重要资源。朱子学跨越重洋，在东亚、东南亚乃至欧美等地生根发芽，绽放出异样的光彩。第三部分探讨朱子文化在全球化背景下的发展趋势，分析其在海外的影响力、面临的挑战以及未来的发展前景，为进一步推动朱子文化在海外传播提供了有益的思考。

尤为重要的是，作者作为朱子故里保护发展的见证人，特别详细介绍了朱子故里南平市构建朱子文化保护发展带，从立法、品牌打造、文化入校等方面重点保护朱子文化遗迹遗存160处，非遗项目103项，为到朱子故里的中外学者、游客提供在书本上所无法感受到的体验，填补了类似著作的空白，为进一步推动朱子文化的对外传播夯实了基础。

新时代，各类文明文化的交流与融合日益频繁，各种思想体系跨越国界，相互碰撞、借鉴与融合，共同构成了人类精神世界的多彩图景。在这样的背景下，戴健的新著《朱子学在海外》的问世，恰逢其时。该书为我们提供了一个独特的新视角，去审视和理解朱子学这一人类哲学文化瑰宝在全球范围内的传播与影响。作者借助历史档案、学术交流记录及各国学者的研究论著，通过严谨的历史文献考证与现代学术分析，细致勾勒出朱子学在不同文化土壤中的适应与演变过程，描绘了朱子文化在海外的影响力和变迁轨迹。

朱熹是继孔子之后的中国文化地标。这部著作不仅是对朱子文化国际影响的一次全面回顾，也是对其世界性价值和意义的深刻反思，更是对未来的展望。作者以严谨的学术态度和深厚的文化底蕴，为我们呈现了一幅朱子文化在全球传播的宏伟画卷。值得一提的是，戴健先生在撰写本书时，不仅注重史料的搜集和整理，还对朱子学与当地文化的碰撞、融合进行了深入剖析，有利于加深不同文明之间的相互理解和尊重。

"等闲识得东风面，万紫千红总是春。"作为一部具有重要学术价值和现实意义的著作，该书不仅为我们揭示了朱子学在全球范围内的传播轨迹和文化影响，更为我们提供了一个审视和理解全球化时代文化交流与融合的新视角。我相信，这部著作的出版将对推动朱子学的国际传播、促进中西方文明的交流互鉴产生积极影响。

文承国运，脉传斯年。

是为序。

2024.7.30

（马照南，福建省委宣传部原副部长兼省委文明办主任，现任福建省关工委副主任、中国朱子学会顾问。主持多项全省社会科学课题研究，发表学术论文等300多篇。）

目　录

壹

朱子文化基础

概　述

朱熹（1130—1200），字元晦，一字仲晦，号晦庵、沧洲病叟。南宋著名的理学家、思想家、教育家、闽学派的代表人物。在中国儒家学派中，其地位和影响仅次于孔子（前551—前479），被称为"朱子"。

春秋时期的孔子，总结了夏商周1500年的中国文化，创立了儒家学派。孔子提出"仁、义、礼"，孟子延伸为"仁、义、礼、智"，汉代董仲舒扩充为"仁、义、礼、智、信"，后称"五常"。儒学发展至汉代获得独尊的地位，"仁、义、礼、智、信"成了儒家倡导做人的起码道德准则。然而魏晋以降至唐代，玄学、佛学之风盛行。面对儒学式微，唐代的韩愈提出了轻佛道重归儒学的思想观点。到了赵匡胤建立北宋，一举结束了五代十国分裂混乱的局面。他以法治国，澄清吏治；赋税专收，减轻徭役；兴修水利，劝奖农桑，发展生产；移风易俗，崇尚节俭……这些措施，推动了社会经济的发展，越来越多的百姓开始了安居乐业的生活，但是国内阶级矛盾依旧比较激烈，影响社会的和谐稳定，尤其是儒学的式微，人们的思想混乱，精神迷惘，道德崩坏，信仰出现了可怕的断裂现象，文化紊乱，人心思变。在这种情况下，以江西庐山濂溪周敦颐（濂学），河南洛阳的程颢、程颐兄弟（洛学），河南邵雍（象数学），陕西关中张载（关学）为代表的儒家学者，阐释儒学义理，整顿伦理道德，重兴维系中华民族精神力量的儒家文化，并且提倡通经致用，议政理事，经邦治国。这就使儒学重新回归到中国传统思想文化的主体地位，也开始创立了理学。理学比玄学更切合实际，是从人的日常生活中概括出来的一套包罗万有的思想。程门立雪的杨时、游酢学成南归，程颢说："吾道南矣。"

靖康之难后，南宋定都临安（今浙江杭州），全国政治、经济、文化中心南移。山多林密，地势险峻的福建，社会相对安定，经济文化较为发达，尤其是闽北，形成了研学理学的氛围。当时的杨时、游酢、罗从彦、刘子翚、胡安国、胡宪、刘勉之和李侗都是闽地有名的

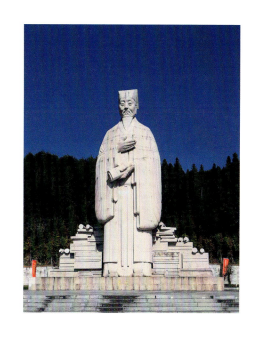

五夫朱子雕像

理学家，为朱子理学的创立奠定了基础。因为朱熹的四位老师刘子翚、胡宪、刘勉之、李侗，都是理学家，而且朱熹的四位老师中，除了刘子翚少承家学外，其他三位老师传承的都是程颐、程颢之学。在学习过程中，在老师的潜移默化下，面对半壁江山，且内忧外患，积贫积弱的衰世社会的朱熹，逐渐认识到要拯救危如累卵、社会衰败、道德沦丧的国家，必须先要拯救人心，而儒道理学正是天下救世济民之方，从伦理道德教化下手，进而正心诚意、修身齐家、治国平天下。进而，朱熹决心仿效孔孟，竭尽毕生精力，"致广大、尽精微、综罗百代"，撷取历代儒家名人的思想精华、理学成果，精进创新，建构宏大缜密的"朱子理学"，亦称闽学。

朱熹的成就除了理学思想外，在以理学为核心展开的教育思想、科学思想、美学思想上也有不凡建树，另外在政治、历史观、

伦理学、文学、书法方面也有精深造诣，形成思想厚重、内容丰富、影响深远的朱子文化。

一　朱子的理学思想

理学又称道学，是以研究儒家经典的义理为宗旨的学说，即所谓义理之学。朱熹的理学思想体系主要有理气论、宇宙论、心性论、格致论及著名的"存天理，遏人欲"等若干个层面。

（一）理气论

理和气是构成朱熹天理哲学体系的两个最基本的范畴，理为宇宙本原，气为构成万物的材料。理本气末。

理的内涵。在战国以前，我国典籍中很少有"理"字，而且不具有哲学上的意义。在《周易》《尚书》《论语》和《老子》这四部具有丰富哲学思想的典籍中，没有出现过一个"理"字。《国语》《诗经》中有出现"理"字，其意均不属哲学范畴。如《左传》"先王疆理天下物土之宜，而布其利"和《诗经》中"我疆我理"，都是作为疆界划分解释的。《国语》"敌国宾至，关尹以告，行理以迎之……"中的"行理"则为官吏的名称。到了战国时期，黄老学派提出"理"这一哲学范畴。在黄老学派之后，在《孟子》书中，"理"也作为哲学范畴而出现。《孟子·告子上》说，"故理义之悦我心，犹刍豢之悦我口"，又说，"人之所同然者，何也？谓理也，义也"。《孟子》把理义并举，他所说的"理"，是指道德准则，是从伦理学的角度理解"理"这一哲学范畴。

战国末期，"理"这一范畴作为事物的规律较频繁地出现。

如《庄子·阳》："万物殊理"；《易传·系辞上》："易简而天下之理得矣"；《韩非子·解老》："万物各异理"。这些地方所说的"理"，是指事物的普遍规律或特殊规律。时至两汉，有些学者又把理与性联系起来。东汉末期的儒家学者、经学家郑玄，在《礼记·乐记注》中说，"理犹性也"，认为理即是性。到了三国，"理"这一范畴所应用的范围已经比较广泛，魏国的刘邵在《人物志·材理》中记载："夫理有四部"，"若夫天地气化，盈虚损益，道之理也。法制正事，事之理也。礼教宜适，义之理也。人情枢机，情之理也。四理不同"。他以为，理可分为四类：一是道之理，即事物规律；二是事之理，即政治制度；三是义之理，即道德准则；四是情之理，即人类思想感情的规律。到了唐代，佛教华严宗把"理"说成是精神性的本体，并认为"事"是虚幻的，没有自性的，必须依靠于理而存在。"理"这一范畴的这些演变，对朱熹理学天理观的形成产生了巨大的作用。

宋代理学集大成者的朱熹认为：首先，理是先于自然现象和社会现象的形而上者，属于世间万物的本原，是属于宇宙的第一范畴，类似于道家的"道"。在理之后是气，气是仅次于理的第二个范畴。它是形而下者，是有情、有状、有迹的，气是世间万物所构成的质料。朱熹认为理比气更根本，逻辑上理先于气。同时，气有变化的能动性，理不能离开气。天下万物都是理和质料相统一的产物。总之，朱熹认为理和气的关系有主有次。理生气并寓于气中，理为主，为先，是第一性的，气为客，为后，属第二性。

其次，理是事物的规律。他认为一切物都有其自己特殊的性，即有理。可以理解为，万事万物都有其规律。新儒家用"极"这个字表示事物最高的理想的原型。至于宇宙，也应该有一个终极的理。朱熹称之为"太极"。朱熹说，"在天地言，则天地中有太极；在万物言，则万物中各有太极"，他认为万物各有其理，而万物之理终归一，这就是"太极"。

秉承"礼即理"的观点。朱熹说："礼即理也，但谓之理，则疑若未有形迹之可言；制而为礼，则有品节文章之可见矣。""礼者，天理之节文，人事之仪则。"朱熹"礼即理也"之语，直接继承了二程的观点，即强调礼之本（天理）；所谓礼是"天理之节文"，则是强调礼的具体仪节体现出"天理"之本质。显然，朱熹"礼即理"的命题，源自于北宋著名理学前辈的思想——无论二程的"礼即是理也"，张载的"礼即天地之德也……除了礼天下更无道"，还是周敦颐的"礼，理也"，都是朱熹礼学思想的来源。

朱熹将礼区分为礼义与礼节两个层次，礼义即理，是不可改易的；礼节即天理之节文，是可以缘情、适时改易的。朱熹强调通过穷格工夫，自觉地践履礼仪，以此体认天理（礼义），从而使自己趋向于良善。

气的内涵。中国古代很早就有"气"的学说。据《国语·周语》记载，幽王二年（前780），伯阳父在谈到地震的原因时就说到气。他说："夫天地之气，不失其序。若过其序，民乱之也。阳伏而不能出，阴迫而不能蒸，于是有地震。"他从阴阳之气的变化来解释地震，这在当时是有独到学术见解的。春秋后期，在围绕道谈论见解时，老子指出："道生一，一生二，二生三，三生万物。万物负阴而抱阳，冲气以为和。"认为道分化为两种对立的势力，即阴阳两气，由阴阳两气的对立而产生第三者。并认为阴阳二种对立的势力，在看不见的气中得到统一。战国时期的尹文、宋研沿着老子的思想，明确指出"道"就是"气"，认为上至列星，下至山川草木，都是由"气"所产生的，并认为"气"具有"其大无外，其小无内"的特点，提出了唯物主义的"精气"学说。战国后期，谈论"气"这一概念越来越多。孟子、庄子、荀子、韩非子等大思想家，都对"气"的观念加以论述。如《孟子·公孙丑上》说：

"气者体之充也。"《荀子·王制》说："水火有气而无生，草木有生而无知，禽兽有知而无义，人有气有生有知亦且有义，故最为天下贵也。"到了汉代，"气"观念又有了进一步的发展，成为哲学家不可不加以研究的重要范畴。董仲舒的世界观是神学目的论唯心主义，但他继承了先秦"气"的观念，认为"天地之间，有阴阳之气，常渐人者，若水常渐鱼也……"，认为人在气中就像鱼在水中。虽然他的哲学体系是唯心主义的，但就这一点说，却具有一定的积极意义。王充在同董仲舒的神学目的论斗争中，提出"天地含气之自然也"，"天地合气，万物自生"的光辉命题，建立了元气自然论的唯物主义世界观。唐代的刘禹锡（772—842）、柳宗元（773—819），都对元气自然论做了不同程度的论述。

到了宋代，"气"的观念有了新的发展。北宋张载对"气"的学说做了完整的论述，并把它看成是宇宙中唯一的物质，具有本体的性质。朱子对张载的"气"学说做了继承和创新，把它纳入到理的本体论中，提出"以'理'为本，'气'依附于'理'"的新观点。朱子说："天地所以生物者，理也；其生物者，气与质也。"即天地衍生万事万物，其终极依据是"理"，实现万事万物的诞生是由于"气"，"理"规定了天地万物诞生的前提（必然性），"气"实现了万事万物诞生的目标（偶然性），二者相辅相成，相得益彰。与"隐性"的"理"不同，"气"是"显性"的，是有体有质的事物，是构成万事万物的基本元素。"气"有三种特性："气"与"理"一样，充满宇宙而无所不在；"气"在构成上是二元的，分阴阳二气；"气"是运动的，生动活泼，变化无穷。这三种特性具备了化生万物的前提条件。由于"气"分"阴阳"，运动不止，可以化成百般状态，如动静浮沉，上下升降，屈伸往来，纵横交错，同时又运转流通，连续无间断，绝无停息等。通过这样不断运动，阴阳相配和凝聚造作，在宇宙中可以排列组合出多种事物的形态，朱子认为，这就是宇宙化生万物的过程。他说："人物之始，以气化而生者也。气聚成形，则形交气感，遂以形化，而人物生生，变化无穷矣。""理"是无形而统一，"气"是有形而运动，二者的共同作用，创造出包括人在内的万事万物。

理与气的关系。朱熹认为，理、气相即不离。理、气并不是构成人、物的两种并列的成分，而是理寓于气中："既有气，则理又在乎气之中。"（《朱子语类》卷三十八）"理也者，形而上之道也。""气也者，形而下之器也。"（《朱文公文集》卷五十八《答黄道夫》）无气，形上之理就无所依凭；无理，形下之气就失去存在的根据。

针对气一元论观点，朱熹在强调理、气相即不离的同时，特别强调理、气"决是二物"，二者不可混淆。而二者之中，理是本，气是末。"有是理，便有是气，但理是本。"（《朱子语类》卷一）理本气末表现在：理在逻辑上先于气。"以本体言之，则有是理，然后有是气。"（《四书或问·孟子或问》卷三）理主宰气。"气之所聚，理即在焉，然理终为主。"（《朱文公文集》卷四十九《答王子合》）气则听命于理。

朱熹还说："人物之生，必禀此理，然后有性，必禀此气，然后有形。"所以，虽然"理"和"气"是两个东西，"但在物上看，则二物混沦，不可分开各一处"，就事物说，理和气是不能分开的。虽然未有天地之前，"理"就存在，"然亦但有其理而已，未确有是物也"，只是有了"气""理"才"有安顿处"。在朱熹看来，"理"是事物的根本，是先验的事物的本质属性，没有"理"就没有事物，而"气"则是事物的材料，即"生物之具"。就一个事物来说，不可能单独是"理"，也不可能单独是"气"，"理"与"气"结合是事物存在的基本条件。

理生气。朱熹推重周敦颐，曾为其《太极图说》作解，而《太极图说》是儒家最完备的宇宙生成理论。受《太极图说》本身思想限制，朱熹在解说《太极图说》时，也不得不把理、气关系说成是生成关系："太极生阴阳，理生气也。"在"理生气"的关系中，理不仅是逻辑上先于气而存在，而且在时间上也先于气而存在。

（二）心性论

儒家哲学极重心性，从孟子起就一直把"人性善恶"问题提到重要的位置，他建立的"四心"说把人的主体价值自觉地完全凸现出来，他的"性善"论构成了儒家价值理论的基本内容。关于性的具体内容，孟子和朱熹具有一致的解释，那就是仁义礼智。

朱熹继承了二程"性即理也"的性论思想。二程认为，"理"体现在人身上就是"性"，朱熹采取二程和张载的观点把"性"区分为"天命之性"和"气质之性"。他认为从人之生来讲，"理"构成人的性，具有"天理"的人性叫"天命之性"；"气"构成人的形体，"理"与"气"相杂的人性叫"气质之性"。因此说："天下无无性之物，盖有此物，则有此性；无此物，则无此性。"他还进一步阐发道：

> 有是理而后有是气，有是气而后有是理。但禀气之清者，为圣为贤，如宝珠在清冷水中；禀气之浊者，为愚为不肖，如珠在浊水中。所谓"明明德"者，是就浊水中揩拭此珠也。

这段话的意思是，有这个理才有这个气，有这个气才有这个理，两者不能截然分开。世间万物来源于同一个理，但构成事物的具体材料却大不相同。秉承气之清者，就成为圣人、贤人；秉承气之浊者，就是资质愚钝的愚昧之人、大不肖之人。这就好像宝珠一不小心落入下水道、污水沟里，儒家讲"明明德"，就是要把宝珠身上的污水擦拭干净。相对来说，在人身上起作用的是气质之性，由于受到了污染，就有一个消除气禀对天理遮蔽的问题，也就是朱熹在他的比喻中所说的"揩拭"干净落在"宝珠"身上的污水。这种消除、"揩拭"的过程是什么？就是变化气质，恢复天命之性，也就是朱子理学所重点强调的"明天理，遏人欲"。用朱熹在《孟子集注》中的话说"遏人欲而存天理"或许更为准确。

在心性论方面，朱熹还提出了重要的"心统性情"的理论，这是他对张载思想的发展，认为性是心之体，情是心之用，心是包括体用的总体。

心对性情来说有管摄、主宰作用，即"心统性情"，所以要从两个方面去理解：一是当心为"未发"（静），"性"存于心时，要以心主宰"性"来彰显"天理"。二是当心"已发"（动），"性"表现为"情"时，要以心来主宰"情"，使"情"符合"性"的原则。可见，人要控制自己的"心"，因为心对善恶有掌控的作用。

怎样控制自己的"心"呢？那就是主敬和涵养。因为人天性本善，但如果不加以主敬涵养，即心不对"性"加以把握，就会受到环境的干扰而丧失本性。理学家提出要有存养之功。所谓存养，就是指在平时要加强道德修养，只有这样才能保持善性的根本。换句话说，就是指人的理智之心对于人的本性和人的情感要加以把握和控制，并且要经常察识其心。"察识"就是省察识心，即遇事时反省察识其心是否遵循道德原则，使情不离性善的轨道。

朱子主张把未发已发、存养与省察结合起来，就是要通过心的主宰，把"性"与"情"统一起来；强调心主宰性情两端，使平时的道德修养和待人接物遵照道德原则而互相沟通；强调心的主宰作用，使"性"与"情"不离心的统御。

（三） 格致论

"格物致知"出自春秋末年曾子著的《大学》中的"致知在格物"一语，原无认识论意义，基本上是对一般道德的体认。北宋的程颐第一个从认识论的意义上解释"格物"。他说："格犹穷也，物犹理也。犹日穷其理而已矣。"（《二程遗书》）朱熹继承了二程的见解，并建立了更系统的格物穷理说。他通过对"格物致知"的阐释，表述了自己的认识论思想，是当时认识论的高峰，也是教育理论的哲学基础，至今仍有影响力。

何谓"格物"？朱熹说："格，至也。物，犹事也。穷至事物之理，欲其极处，无不到也。"又说："格物者，格，尽也，须是穷尽事物之理。若是穷得三两分，便未是格物，须是穷尽得到十分，方是格物。"在朱熹看来，"格物"思想有三个要点，即"即物""穷理""至极"。格物思想的核心是穷理，但穷理不能离开具体事物，穷理又必须穷至其极。

朱熹又认为，格物的范围十分广泛，包括形而下之器和形而上之道。他说："天地中间，上是天，下是地，中间有许多日月星辰、山川草木、人物禽兽，此皆形而下之器也。然这形而下之器中，便各自有个道理，此便是形而上之道。所谓格物，便是要就这形而下之器，穷得那形而上之道理而已。"可见，朱子讲的格物涵盖天地万事万物，无所不包，无所不格。但总体而言，可分为两类，即格自然之理和格伦理之理。

就格自然之理而言，"上而无极、太极，下而至于一草一木，一昆虫之微。亦各有理。……须着逐一件与他理会过"。理具有何物不在的普遍性、一般性。它是事物之所以是事物的根据，亦是事物存在的价值和意义。须一件一件事物理会过，蕴涵着对于事物道理、原理的体认。

就格伦理之理而言，"格物，是穷得这事当如此，那事当如彼。如为人君，便当止于仁；为人臣，便当止于敬。又更上一着，便要穷究得为人君如何要止于仁，为人臣如何要止于敬，乃是"。在这里，朱子所要穷究的理，是自我意识对象化了的无人身理性。这一无人身的理性即仁义礼智，于是见父母是孝，见君自是忠。

在朱子看来，格自然之理和格伦理之理，后者更为根本。"涵养本源之功，所以为格物致知之本者也。"格物的根本目的是穷尽"天理"，"人伦"是天理的体现。这就把伦理道德的修养作为格物的根本。

何谓"致知"？朱熹说："致，推知也。知，犹识也。推极吾之知识，欲其所知无不尽也。""知至者，吾心之所知无不尽也。"这就是说，致知是从已知之理推之于未知，以达到对事物的透彻认识。知至是天下事物之理知无不到，表里精粗无不尽。知至作为致知的终极境界，也是指心之所知无有不尽。

朱子认为，"格物致知"的过程，就是知识积累的过程、道德行为善化的过程。积累到一定程度，量变就会达到质变，"一旦豁然贯通"，道德修炼就达到了"仁"的境界。他还认为，孔门教人，就是让人今日理会一点，明日理会一点，时间久了，也就自然贯通了。朱子还用耕田来说明这个道理。朱子说："孔门教人甚宽，今日理会些子，明日又理会些子，久则自贯通。如耕荒田，今日耕些子，明日又耕些子，久则自周匝。虽有不到处，亦不出这理。""贯通"是"积累"的必然结果，"'积习（积累）既多，自当脱然有贯通处'，乃是零零碎碎凑合（积累）将来，不知不觉，自然醒悟"。穷尽"人心"至极之"理"，用力久了，积累多了，就会"脱然贯通""自然醒悟"，掌握"天理"，看透众物表里精粗，心明眼亮，仁之境界也就达到了。

朱熹曾认真地研究了《中庸》关于"已发""未发"的思想，

以及二程以来诸儒对此问题的讨论，其观点在四十岁前后有所不同，前期认为"心为已发，性为未发"，这个思想是受到胡宏的影响；后期则修正了自己的观点，认为"已发""未发"是心理活动的不同阶段或状态，并以"未发"为性，"已发"为情。

（四）"存天理，遏人欲"说

"存天理，遏人欲"是朱熹理学思想的重要观点之一，然而在历史上屡受批判。实际上，这些批判多半是望文生义，断章取义，凿空妄言，没有真正理解朱熹的观点的内涵。

朱熹认为，"天理"是"仁"，循"天理"就是"义"。"天理"应包含道理、规律、秩序、准则，既是天之大理，又是物之小理，是事物本来之规律，也是社会之秩序。"存天理"中的"天理"，是一种贴近生活的解释。"天理"是多种含义的词汇，正如现代哲学中的"物质"定义一样，不能把它看成是具体的物质，如岩石等。

朱熹所称"人欲"，又谓之为"私欲"，认为这是"恶"在人身上的具体表现，它与一般的"欲"是有区别的。他认为，"欲"是由"情"发出来的，正如"情"有"中节"与否，"欲"也有好坏之分。朱熹说的"欲"，是指人们的要求和欲望，其中也包括物质生活的欲求，如"饥而欲食，渴而欲饮"。他认为这种对物质生活的正当要求和正常生理需要的"欲"，是好的，而且合乎"天理"。

因此，他说："饮食者，天理也；要求美味，人欲也。"这就明确地告示人们：凡是超过节度的嗜求，就是"人欲"，反之，只要在道德规范之内的正当要求，都是"天理"。所以，朱熹反对笼统地提倡"灭欲"。他对"欲"与"人欲"的区分，是对二程"天理"与"人欲"之辨的重要修正；同时，也划清了与佛教禁欲主义的界限。

朱熹还提出"天理人欲，同行异情"的观点，认为天理、人欲是既对立又相互依存的，他不同意二程把天理、人欲截然对立开来。

他说："有个天理，便有个人欲。盖缘这个天理，须有个安顿处，才安顿得不恰好，便有个人欲出来。"这就是说，"天理"须"安顿"得"恰好"，"欲"便体现"天理"；反之，则为"人欲"。因此，"天理"与"人欲"是"同行异情"。何谓"同行异情"？朱熹举例说："如口之于味、目之于色、耳之于声、鼻之于臭、四肢之于安佚，圣人与常人皆如此，是同行也。然圣人之情不溺于此，所以与常人异耳。"可见，所谓"同行"，指的是同一的"情"所发的"欲"，是人们正当的物质欲望；所谓"异情"，就"异"在"溺"于物质欲望，而超出了道德规范的嗜欲或纵欲。所以，朱熹认为，如果任其纵欲，就会破坏社会的稳定性，因此他把南宋社会问题的严重性都归结为君臣上下的"心"都被"嗜欲所迷，利害所逐，一起昏了"。朱熹虽然认为天理、人欲之间并非截然对立而有互相依存的一面，但仍强调理欲之间的对立是主导的、不可调和的："人之一心，天理存则人欲亡，人欲胜则天理灭。"因此，道德修养的任务，就在于"革尽人欲，复尽天理"，即要求人们通过自身的道德修养灭掉作为"恶"的"人欲"，复归到"本然之性"的"天理"。

朱熹主张"重义轻利"。富贵是人们欲求的，贫贱是人们所厌弃的，但不符合道义而得到的富贵，不应去得，假如道义应当贫贱，那就安贫乐道。但朱熹也不是完全地排斥利，因为物欲是人所不可无，而义的价值追求，也包含着功业和利益。他认为："包含行为结果的利，即义蕴含利。""循天理，则不求利而自无不利；殉人欲，则求利未得而害已随之。"即做事只要符合天理，义中有利，但不可先有求利之心，为一己私利而见利忘义，反而害己。

在如何提高道德修养上，朱熹提出要"克己复礼"，认为"克己"就是灭除"私欲"，"复礼"就是要使其言行都合乎"礼"的准则。他认为，"礼"是"天理"的外在表现形式，只要通过对社会礼仪准则的自觉遵循，就能复归于"天理"。这就不难看出，朱熹把"革尽人欲，复尽天理"与"克己复礼"结合起来时，他的道德修养论的封建性和阶级性实质就显露出来。

最后，有必要强调的是，以朱子为代表的宋明理学家所说的"遏人欲"，要灭的并不是人的生存之欲和正常、正当的欲望以及各种合理的需求，而是特指私欲、纵欲和贪念，以及为满足这些私欲、贪欲和贪念而产生的种种违反道德的行为。

二 朱子的教育思想

朱熹是中国古代教育史上继孔子后的又一重要的教育家。他从政 10 年，从事教育 40 余年——他一生大部分的时间从事教育活动、私人著述讲学。就是从政做官期间，他每到一处，整顿县学、州学，经常提倡设立书院。他在知南康军时，重修白鹿洞书院，亲自拟订了著名的《白鹿洞书院揭示》，成为后世书院的圭臬。在处理政务之余，仍教诲诸生不倦。在编撰"小学"和"大学"的教材方面，他也取得了突出成就，并为国家培养出一大批知识分子。

他认为教育的目的是"明人伦、为圣贤"，教育的作用在于"变化气质"，"明明德"，以实现"引导人们追求道德完美，达到心灵的升华，使人们能够遵循天理，顺应人伦"的根本任务。他总结了长期教育实践经验，提出一套系统的教育理论，对后世影响巨大。

（一）论教育实践

实践是人们认识世界、提高能力、塑造人格的重要途径。朱熹在教育教学过程中对实践的作用有了深刻的理解。他说过："为学之实，固在践履。苟徒知而不行，诚与不学无异。"意思是说，治学的实质，本来就在于实践。如果只是懂得道理而不去实践，那与不学没有什么不同。

朱熹不仅倡导实践，而且身体力行。他的学术思想是通过教育活动得以贯彻和推广的。《宋史·朱熹传》记载："熹登第五十年，仕于外者仅九考，立朝才四十日。"他的一生直接从事教育活动达40余年。从政的近十年中，每到一处，兴办书院教育，并亲自讲学。南宋书院的发达和理学的盛行与朱熹的贡献密不可分。朱熹将学术与教育相结合，通过从事学校和书院教育活动来传播理学思想。朱熹一生勤勉于兴办书院、传道授业、著书立说、会友辩学、订立学规、编定教材，其丰富的教育实践，体现了他教育伦理思想的"知"与"行"。

兴办书院，传道授业。朱熹不仅修复了白鹿洞书院与岳麓书院，还创建了四所书院。绍熙五年，朱熹知潭州，在岳麓书院原来的基础上修建、增广学舍至百余间，亲手在书院里题写了"忠""孝""廉""节"四个大字。岳麓书院经朱熹修复，面貌焕然一新，前来求学的学子曾达上千人。这些学生继往圣、开来学，成为朱子理学和书院的传人，成为中华优秀传统文化的耕耘者和传承者。朱熹亲自创办的四所书院分别是：乾道六年春在建阳寒泉坞其母墓旁修建的寒泉精舍，淳熙二年在建阳崇泰里云谷山庐峰之巅修建的云谷晦庵草堂，淳熙十年在崇安隐屏峰下修建的武夷精舍及绍熙三年在建阳考亭创建的竹林精舍，后改名沧洲精舍、考亭书院。朱熹不仅重视书院建设，还亲自升堂讲学，传道授业，教学相长。

朱熹还致力于出外讲学传道，足迹踏遍了全闽各地。各地学者从游朱熹者甚多，朱熹弟子"得及门者四百六十七人，未及门而私淑者二十一人一共四百八十八人"。《朱子年谱》曾这样记述："先生穷日之力，治郡事甚劳，夜则与诸生讲论，随问而答，略无倦色，多训以切己务实，毋厌卑近，而慕高远，恳恻至到，闻者感动。""前来听讲者极众，座不能容。"可见朱熹当时讲学之盛况。

他用一生的行动，诠释了自己倡导的"实践"之论。

（二）论教育阶段

朱熹根据学生的年龄、心理和理解能力的特点，把学校分成"小学"和"大学"两个阶段，并明确了"小学""大学"所学的内容和学习的侧重点。

朱熹从多角度对小学、大学做了区别。一是从年龄上进行区别。8 到 15 岁为"小学阶段"，15 岁之后为"大学阶段"。二是从学习要求上进行区别。朱熹认为，"小学是直理会那事，大学是穷究那理因甚恁地。""小学是事亲事长且直理会那事，大学是就上面委曲详究那理，其所以事亲是如何，所以事长是如何。"学生在小学阶段是学习做事，到大学阶段再去探究其中的道理。所以，小学教育可概括为"事教"，大学教育可概括为"理教"。所谓"做事"，包含的内容有"礼乐射御书数，及孝悌忠信之事"。"礼乐射御书数"是生活技能，"孝悌忠信"是行为规范。行为规范就是教育学生应该做什么事不该做什么事，该做的事要怎么做，做到什么程度，归根结底，是让学生在小学阶段养成好习惯。大学教育阶段，朱熹认为 15 岁以后的青年需要在"圣贤坯璞"的基础上再"加光饰"，培养分析任务和解决问题的能力，即"读书穷理"。三是在教育方法上的区别。在小学教育方法上，朱熹主张先入为主，及早施教，形象、生动地呈现教育内容。在大学教育方法方面，他重视学生自学。他曾说："书用你自去读，道埋用你自去究索，某只是做得个引路底人，做得个证明底人，有疑难处同商量而已。"同时，朱熹提倡不同学术观点之间要相互交流。他不囿门户之见，进行不同学术观点之间的交流的做法，一直是教育史和学术思想史上的美谈。四是教材上的区别。朱熹专门为小学编著了《训蒙绝句》《童蒙须知》《小学》等教材，这些蒙学教材充分反映了他的以"教事"为主的思想，具有浓厚的讲求伦理道德的气息。《童蒙须知》编于淳熙十三年（1186），分为衣服冠履、言语不趋、洒扫涓洁、读书楔子、杂细事宜等目，全书篇幅简短，但内容涉及日常生活的各个方面，不仅包举广泛，又非常切近儿童，对他们养成良好的生活习惯很有教育意义，比如帽子、衣服、鞋袜要收拾整洁，对如何洗脸漱口、如何写字也有说明。朱熹为大学编写了《四书集注》《近思录》《白鹿洞书院学规》等教材。

朱熹关于小学和大学教育的见解，为中国古代教育思想增添了新鲜的内容。他的"小学"教育及蒙学教材编写，对儒家学说大众化和文化重心下移起了重要的推动作用。

（三）论家庭教育

朱熹非常重视家庭教育，不仅写有大量的教育子女的书信，而且系统地提出了关于家庭教育的理论，编写了许多有关家教的书籍，如《朱子家训》《朱子家规》《朱子家政》《朱子格言》等。其中，《朱子家训》内容丰富、字字珠玑，仅仅317个字，却全面阐述了朱熹教育子孙做人的准则，对后世影响极大。

"家训"又称"家诫""庭训""庭诰"等，是中国特有的文化现象。所谓的"诫""训""诰"，均揭示出其最早的形态是一种口头训诫或劝诫。经过长时期的演变和完善，形成了"家训"这一文体。

朱熹撰写《朱子家训》与当时的历史背景有密切关系。南宋中期，金兵南侵，赋税苛重，百姓怨声载道，民族危机深重，人们精神空虚，理想失落，社会动荡不安。为了稳定国家秩序，加强家庭和社会的凝聚力，拯救社稷，拯救国家，朱熹以弘扬理学为己任，奉行"格物致知、实践居敬"的教育理念，力主以"存天理、去人欲"为内容的道德修养，力求重整伦理纲常、道德规范，重建价值理想、精神家园。《朱子家训》正是在这样的背景下产生的。

《朱子家训》原文：

> 君之所贵者，仁也。臣之所贵者，忠也。父之所贵者，慈也。子之所贵者，孝也。兄之所贵者，友也。弟之所贵者，恭也。夫之所贵者，和也。妇之所贵者，柔也。
>
> 事师长贵乎礼也，交朋友贵乎信也。见老者，敬之；见幼者，爱之。有德者，年虽下于我，我必尊之；不肖者，年虽高于我，我必远之。慎勿谈人之短，切莫矜己之长。仇者以义解之，怨者以直报之，随所遇而安之。人有小过，含容而忍之；人有大过，以理而谕之。勿以善小而不为，勿以恶小而为之。人有恶，则掩之；人有善，则扬之。
>
> 处世无私仇，治家无私法。勿损人而利己，勿妒贤而嫉能。勿称忿而报横逆，勿非礼而害物命。见不义之财勿取，遇合理之事则从。诗书不可不读，礼义不可不知。子孙不可不教，僮仆不可不恤。斯文不可不敬，患难不可不扶。守我之分者，礼也；听我之命者，天也。人能如是，天必相之。此乃日用常行之道，若衣服之于身体，饮食之于口腹，不可一日无也，可不慎哉！

《朱子家训》的主要内容是关于君臣、父子、兄弟、夫妇、朋友以及长幼之间的道德伦理关系，并提出每个人在家庭与社会中应如何承担自己的责任与义务。此文虽短，但却精辟地论述了父慈子孝、兄弟友善、夫妻和睦等正确处理家庭关系和建立和睦家庭的道德准则；提出了容人之短、扬人之长、以善待人等处理社会各种人际关系的道德理念；论述了敬师长以礼、交朋友以信、敬老爱幼的一般原则，以及尊重有德之人而远离不肖之人的道德至上的特殊原则。家训要求人们在处理家庭关系和其他人际关系中都要按照这些伦理道德的基本要求来履行自己的道德责任，并向人们揭示了在人际交往中应有的文明礼仪和加强道德修养的基本途径。《朱子家训》所要阐扬的理念是非常明确的，它用通俗、精练的语言规范了人之为人的基本哲学信条，划出了一条做人的底线，深刻而隽永。

一是倡导丕振家声，厚植家国情怀。朱熹把《大学》中的名言——"格物致知、正心诚意、修身齐家治国平天下"，作为家训伦理框架。《朱子家训》开头第一句就说："君之所贵者，仁也。臣之所贵者，忠也。"当国君所珍贵的是"仁"，爱护人民；当人臣所珍贵的是"忠"，忠君爱国。于是，朱熹的家训就超越了"家"的范畴，与"国"联系在一起，使之进入到一个新的层次，充分体现"家"即"小国"，"国"即"家"，"家""国"一体，把"忠君"与爱国联系在一起。这种家国情怀，成为朱熹的生命自觉和家教传承。

二是倡导个人自律，建立和谐家庭。人是社会的动物，他来到这个世界一定附着着某种社会的定位，因此要实现家庭和谐，每个家庭成员必须遵循基本的约束，做到自律，这样才能负起该负的责任。朱熹的"家庭和谐"思想主要表现在夫妻关系的和谐、亲子关系的和谐和兄弟关系的和谐。《家训》提出："父之所贵者，慈也。"所谓"慈"，即父母要疼爱子女，强调父母对子女的抚养、关心和爱护责任，重在对子女的培养和教育。"子孙不可不教"，父母在对子女倾注慈爱的同时，还要加强对孩子的管教。人在孩童时期，神情未定，可塑性大，要抓紧这个有利时机给予教育，使其懂得礼仪，懂得做人的道理。《家训》要求："子之所贵者，孝也。"子女要善待父母，父母在世，子女要奉养、尊重，父母死后要葬之以礼，祭之以礼。总之，朱熹《家训》从"慈、教、孝、友、恭、和、柔"诸方面对父子、兄弟、夫妻之间伦理道德关系做了重要论述，指出每个人在家庭中应尽的道德责任和基本准则，而家庭和谐氛围的形成，每个家庭成员自律地去遵循它是前提。

三是倡导完善人格，和谐人际关系。《朱子家训》教导人追求人格的自我完善，且是通过"禁""慎"和"实行""作为"来实现的。如在人际交往过程中，"慎勿谈人之短，切莫矜己之长"，才能不骄傲自大、目中无人，保持谦逊的本色。当与人发生冲突时，解决矛盾的方法则是"仇者以义解之，怨者以直报之"，意思是用真话回击别人的恶意攻击，用正义的方式化解仇恨。这种做法不仅可以维护自己的尊严，还能够展示自己的价值观和人格魅力。只有通过这种方式，才能真正地打破恶性循环，实现和平共处。在与人交往上，要做到"人有小过，含容而忍之；人有大过，以理而谕之"，要学会理解和宽容，别人有小的过错要用宽容的态度对待之，别人有大的错误，也要做好思想工作，以理服人，用道理使他明白错误的地方，促其而改之。

四是倡导尊重宽容，重德修身致远。"重德修身"是朱熹家训的核心内容。《家训》中指出："有德者，年虽下于我，我必尊之；不肖者，年虽高于我，我必远之。"从中可以看出朱熹对重德修身的重视程度。在重德修身方面，朱熹提出了许多深含哲理的见解。他指出："勿以善小而不为，勿以恶小而为之。"意思是每个人不能因为是细小的好事就不去做，不要因为是细小的坏事就去做。朱熹认为，善心和恶念不可能同时存在于一个人的心灵河流中，人之所以有善恶之别，只是各自内心所禀的气有清浊厚薄之分。他认为："人有恶，则掩之；人有善，则扬之。"这句话是指对别人善恶行为所持的态度，别人做了坏事，应该帮助他改过，不要宣扬他的恶行；别人做了好事，应该予以尊重，多加赞扬。别人有小过失，要谅解容忍。朱熹还认为，内心禀清气厚者，为善的可能性大，禀清气薄者，为恶的可能性大。

《朱子家训》内涵丰富，不仅有益于家族，也有益于国家，在全球化的大潮中，它也有益于整个人类——它具有普世的意义。

（四）论读书方法

《朱子读书法》堪称集古代读书法之大成，为历代最系统读书法之总结，是古代最有影响的读书方法论。他把"格物致知，读书穷理"和"为学之实，固在践履"作为读书的基本原则，总结出一系列的读书方法。他的学生张洪、齐熙将其编成《朱子读书法》一书，归纳为"六条"。

一是循序渐进。指读书要按照书本的逻辑体系和学习者的智能水平有系统、有步骤地进行。同时强调读书应持之以恒，踏踏实实，稳步前进。

他推荐的读书顺序是，"凡读书，先读《语》《孟》然后观史，则如明鉴在此，而妍丑不可逃。若未读彻《语》《孟》《中庸》《大学》便去看史，胸中无一权衡，多为所惑。"

不仅是书的次序，句与句之间也要按照顺序读。"以二书言之，则通一书以后及一书。以一书言之，篇、章、文、句，首尾次第，亦各有序而不可乱也。""上句了然后及下句，前段了然后及下段，乃能真实该读，无所不通。"这样扎扎实实地读懂每一句，才不至于囫囵吞枣，读而不通。

二是熟读精思。"熟读"指的是能把书本背得烂熟。"精思"指的是要反复思考书中蕴含的意味，接近于理性认识。朱熹强调，"谓读书有三到：心到、眼到、口到。"朱熹认为，对于经典，必须熟读。读书"百遍时，自是强五十遍时；二百遍时，自是强一百遍时。今所以记不得，说不去，心下若存若亡，皆是不精不熟之患"。同时，还要分析、思索，朱熹说："读书之法，读一遍了，又思量一遍；思量一遍，又读一遍。读诵者，所以助其思量，常教此心在上面流转。若只口里读，心里不思量，看如何也记不仔细。""学者观书，读得正文，记得注解，成诵精熟，注中训释文意、事物、名件，发明相穿纽处，一一认得，如自己做出来底一般，方能玩味反复，向上有通透处。若不如此，只是虚设议论，非为己之学也。"

三是**虚心涵泳**。指以谦虚的态度求学，不可先入为主，不可穿凿附会地理解书中义理。同时读书要仔细认真，反复研磨，反复体会，落实自身修养，达到圣贤境界。

朱熹说道："看书不可将己见硬参入去，须是除了自己所见，看他册子上古人意思如何。"又说："凡读书，先须晓得他的言辞了，然后，看其说于理当否。今人多是心下先有一个意思了，却将他人说话来说自家底意思。其有不合者，则硬穿凿之使合。"朱熹批评当时人们读书的坏风气，就是将自己的看法强硬加入书中，穿凿附会。

四是**切己体察**。指将书中体会应用于日常活动当中，设身处地，感同身受，进一步加深体会。然后不断反省自查，修正自己的思想行为。

朱熹说："读书要切己体察，不可只作文字看。"意思就是读书要亲身实践体察，不可局限在文字中。朱熹反对纸上谈兵式的读书，仅仅停留在书本和口头上，是不可取的，必须身体力行。他举了个例子："学者读书，须要将圣贤言语，体之于身。如克己复礼，如出门见大宾等事，须就自家身上体看，我实能克己复礼，主敬行恕否？件件如此方有益。"克己复礼这样的道理，如果没有亲身去做，是没有办法得出结论的。

五是**着紧用力**。指读书要抖擞精神，下苦功夫，不能优哉游哉、得过且过，还要制定好课程计划，抓紧时间进行研习。

"饥忘食，渴忘饮，始得。"朱熹的这句话强调的就是要抓紧时间读书。"为学要刚毅果决，悠悠不济事。且如发愤忘食，乐以忘忧，是甚么精神，甚么筋骨！"朱熹的这句话包含两层含义：其一，必须抓紧实践，发愤忘食，反对悠悠然；其二，必须抖擞精神，勇猛奋发，反对松松垮垮。"如撑上水船，一篙不可放缓。"朱熹用比喻的修辞方法，生动形象地强调读书必须用功，不可"三天打鱼，两天晒网"，否则难有长进。

六是居敬持志。指读书要持身恭敬，端正学习态度；专静纯一，排除私心杂念；志向坚定，永不懈怠。

朱熹说："读书须收敛此心，这便是敬。"这里强调的就是读书时要收敛心境，全心全意地投入。朱熹还说："立志不定，如何读书？"读书要树立一种志向，习圣贤之道，或修身养性，立定志向，读书才会成效卓著。

《朱子读书法》"六条"，不是孤立的，而是有相互联系的有机统一体，具有内在的逻辑关系，是一个完整的读书、求学、进业的程序和步骤。读书有法、法无定法。时至今日，朱熹的读书方法对我们仍有不可估量的启示和引导作用，但是必须选择适合自己的读书方法，不能生搬硬套，更不能千书一法。

三 朱子的科学思想

宋朝的科学技术空前发达。中国古代四大发明中的"活字印刷术""火药""指南针"是在宋代产生的。沈括撰写了一部涉及古代中国自然科学、工艺技术及社会历史现象的综合性笔记体著作《梦溪笔谈》。社会文人群体对学习科学技术热情高。朱熹积极投身于自然科学的研究，且颇有建树。他在阐述"格物致知"时说："上而无极、太极，下而至于一草一木一昆虫之微，亦各有理。一书不读，则阙了一书道理；一事不穷，则阙了一事道理；一物不格，则阙了一物道理。须着逐一件与他理会过。""天地中间，上是天，下是地，中间有许多日月星辰，山川草木，人物禽兽，此皆形而下之器也。然而这形而下之器之中，便各自有个道理，此便是形而上之道。所谓格物，便是要就这形而下之器，穷得那形而上之道理而已。"认为对天文、地理、生物、农业、气象等万事万物都应该研究。朱熹对诸多领域进行了深入研究，敢于创新，提出自己的科学主张。

（一）关于宇宙

探索宇宙和人的关系既是一个科学的问题，也是一个哲学的问题。朱熹认为，宇宙万物是理与气妙合而成的，理和气是统一的，二者不能截然分开。宇宙万事万物皆是"一体两分"，是对立统一的。朱熹的宇宙论，主要有两方面：一是宇宙结构的理论，二是宇宙演化的理论。

关于宇宙结构。古代主要有盖天说、浑天说、宣夜说三派，另外还有虞喜的安天说、虞耸的穹天说、姚信的昕天说。盖天说起初认为天圆像张开的伞，地方像棋盘，后来变为天像个斗笠，地像覆着的盘，天在上，地在下，日月星辰随天盖而运动，其东升西没是由于近远所致，不是没入地下。盖天说是汉民族一种非常古老的宇宙观，早在殷周时期就已经出现。浑天说的基本观点认为日月星辰都附着于天球之上，不停地运转着。从这点来说，无疑与现代球体天文学相近。相比于盖天说，浑天说无疑是更推进了一步，其认为天地并不是一个半球体，而是一个球体。宣夜说主张天没有形质，抬头看去高远没有止境，日月众星都是在无所不包的气体中飘浮运动，各自遵循着自己的轨道，有规律、有秩序地不停运转，气体构成了无限的宇宙。从前面的盖天说、浑天说的观点来看，都将天体看成一个球体，即一种实体的观念。与这两种观念相比，宣夜说无疑是一场思想革命。

盖天说、浑天说、宣夜说中宇宙结构的观点以及它们之间的争论，一直延续下来。北宋的张载继承并发展了古代宇宙结构的理论，把古代地球浮于水的说法，改为"地在气中"，并认为"地有升降，日有修短；地虽凝聚不散之物，然一气升降其间，相从而不已也。"他认为，地球浮于水中，由于阴阳两气的推动，地球有升有降，并影响到昼夜的长短。张载的这种宇宙结构理论，是浑天说和宣夜说的结合，被称作元气说。

朱熹吸收了宣夜说和张载的元气说的思想，提出了自己的宇宙结构思想。他认为，但天之形，圆如弹丸，朝夜运转。其南北两端，后高前下，乃其枢轴不动之处。黄帝问于岐伯曰："地有凭乎？"岐伯曰："大气举之。"亦谓此也。

朱熹的意思是，天圆如弹丸，与浑天说的天如鸡子相似，而非拱形的盖子。地不是如浑天说所言浮在水中，而是与宣夜说相似，在气之中。然而，中国古代的气，是以气体为模型来进行思维的。它与古希腊罗马以固体为模型来思维大异其趣。固体有不可人性，而气体有可人性；固体可以作为另一物质的浮载体而使其不下坠，气体在古人看来是不能作为另一物质的载体的。既然如此，气如何举地而不使之下坠呢？这个问题在朱熹之前一直没有得到完满解决。朱熹首次将"气"想象为不断运动的物体，处于气中的地也在不停地运动。运动便产生出一种托举地的能量，足以使地不下坠。朱熹是这样阐述他这一观点的："地则气之渣滓，聚成形质者，但以其束于劲风旋转之中，故得以兀然浮空，甚久而不坠耳。"从中可见，朱熹将整个宇宙设想为动态结构，而非静态结构。这是朱熹超越前人的地方。

根据"天无体"的思想,朱熹认为,日月星辰都是由"清"之"气"构成,并且"只在外常周环运转",不是缀于天球之上,他说:"星不是贴天,天是阴阳之气,在上面,下人看见星随天去耳。"他认为,日月列星"其悬也,固非缀属而居,亦非推挽而行"。他还认为,月是"黑晕"的,它本身没有光,月光是日光的反射,月蚀是日、月、地三者的相对位置造成的。

朱熹的宇宙结构理论,是对宋以来宇宙理论发展的集大成的又富创新意义的成果。由此确立了新浑天说的地位,并开拓了浑天说发展的正确方向。

关于宇宙演化。中国古人不但对人与自然的关系有过深入的思考,而且对我们置身于其中的宇宙的由来也作过长期的探索。宇宙如何产生和发展,先秦屈原(约前340—约前278)在《天问》中就提出了。然而,先秦时期的中国人对宇宙生成演化问题的探讨只能停留在观念阶段:人们承认宇宙是生成的,经过漫长的演化过程,形成了现在的宇宙,但是宇宙是如何生成演化的,却无从回答。

时至西汉,情况有了转机,《淮南子》率先解答了"无"是如何生出"有"来的这一问题,从而为宇宙生成演化理论的形成扫清了障碍。《淮南子·原道训》中有这样一段话:"夫无形者,物之大祖也。……视之不见其形,听之不闻其声,循之不得其身,无形而有形生焉。……是故有生于无,实出于虚。"这段话明确指出,所谓有生于无,是指有形生于无形,而无形并非绝对的虚无,它虽然看不见、听不到、摸不着,但却是一种客观存在,天下万物都是由它化生出来的。

《淮南子·天文训》记载:"天地未形,冯冯翼翼,洞洞驯驯,故曰太昭。道始于虚廓,虚廓生宇宙,宇宙生气。气有涯垠,清阳者薄靡而为天，重浊者凝滞而为地。清妙之合专易，重浊之凝竭难，故天先成而地后定。天地之袭精为阴阳，阴阳之专精为四时，四时之散精为万物。积阳之热气生火，火气之精者为日；积阴之寒气为水，水气之精者为月；日月之淫为精者为星辰。"这段话描述了宇宙生成演化的过程和图景：宇宙初始是一团混沌不分的气，由这团气中产生了时间和空间，这导致阴阳二气的分离。阳气轻清，飞扬上升而为天；阴气重浊，凝结聚滞而成地。阴阳二气的推移运动，造成四季往复，万物衍生。阳气的积聚，导致火的产生、日的形成；阴气的积聚，导致水的产生、月的形成；生成日月的阴阳之气的多余部分，则积聚成星辰，散布在空中。显然，在《淮南子》的作者看来，阴阳二气性质上的差异是宇宙生成演化的根本动力。

东汉的张衡是浑天说的集大成者，他描绘的宇宙演化的最后格局是"天成于外，地定于内"，这与《淮南子》中天在上、地在下的天地关系截然不同。汉代宇宙演化理论全面繁荣的景象，到张衡这里戛然而止。中国古代的宇宙生成演化理论步入了它的停滞期。这一停就停了近千年。

到了宋代，学者邵雍意识到研究宇宙演化不能再从阴阳二气的性质上做文章了，应该从运动的新角度思考这一问题。他说："人皆知天地之为天地，不知天地之所以为天地。不欲知天地之所以为天地则已，如其必欲知天地之所以为天地，则舍动静将奚之焉。"邵雍明确指出，要想知道宇宙之所以如此，必须从运动的角度出发思考问题。尽管他对应该如何从运动的角度出发，没有构建出一个合理的宇宙演化模型，但他揭开了中国古代宇宙演化理论发展的第三个历史阶段的帷幕，为朱熹宇宙演化论的问世奠定了基础。

朱熹把邵雍的学说具体化了，提出了以"气"为起点的力学宇宙演化学说。他说："天地初间，只是阴阳之气，这一个气运行，磨来磨去，磨得急了，便拶许多渣滓，里面无处出，便结成个地在中央。气之清者便为天，为日月，为星辰，只在外常周环运转，地便只在中央不动，不是在下。"他运用阴阳相互作用以及日常生活中的磨面作类比，描绘了一幅宇宙演化过程的图景。在朱熹的视野里，宇宙的初始是由阴阳之气构成的气团，气团不断作旋转运动；阴阳二气相互作用，就像磨面那样，"磨来磨去"地运动，而且经过了分化，"清刚者为天，重浊者为地"，于是，重浊之气聚合为"渣滓"，便在中央形成了地，清刚之气则在地的周围形成天以及日月星辰。他的说明是如此之合理，以至于在他之后，中国古代的宇宙演化理论再难有新的发展了。他的学说成为中国古代宇宙演化理论发展到成熟阶段的标志性成果。

该学说对后世影响很大，甚至还传到了欧洲，对欧洲的思想界产生了影响。1755 年，德国哲学家康德在《宇宙发展史概论》中提出了太阳系起源的星云说。1796 年，法国天文学家拉普拉斯也在《宇宙系统论》中独立地提出星云说。星云说认为，太阳系内的所有天体都是由同一团原始星云形成。在他们之前 600 年，朱熹就提出了类似的说法。

朱熹提出以"气"为起点的宇宙演化学说，不仅指出了宇宙的发生发展过程，而且还为他建立以地为中心的宇宙结构奠定了基础。

（二）关于天文

朱熹从小就对天文感兴趣，在四五岁时便为"天地四边之外，是何物事"所烦恼。在《宋史·天文志一》中记有"朱熹家有浑仪"，而且还从自己的研究出发，探讨过对浑天仪的改进等问题。1186 年，朱熹在《答蔡伯静》中详细地描述了自己设想的一种可以使人进入其中观看天象的庞大的浑天仪——"假天仪"。他设想设计一个球体类似天球，在球体内部标上星辰的位置，而人能进入球体内部，随着球体的转动人便可以随之观察星辰。从中可以看出朱熹对天文学的喜好，对天文学研究的执着。

朱熹的天文学理论和思想也就在这一历史背景下形成。其主要内容为：

一是天体的运行。朱熹说："南极和北极，是天的枢纽，只有此处不动，像舆脐。"朱熹认为，天体在其运动中，有一个枢纽，这便是南极和北极（北辰）。北宋谢良佐说："北辰，天之机也。以其居中，故谓之北极。"朱熹对谢良佐把北极看作天之机的观点持否定态度，说："北辰，即北极也。以其居中不动而言，是天之枢轴。天形如鸡子旋转，极如一物，横亘居中，两头称定。一头在北上，是为北极，居中不动，众星环向也。一头在南，是为南极，在地下，人不可见。"朱熹的意思是，南北极构成了"天环"的中轴，天体运行是围绕此中轴旋转，否定了运行没有轨迹的说法。朱熹还利用浑天仪观测，并得出北极并非北极星所在的位置。

关于日月五星绕地旋转的方向。朱熹赞同张载所谓"天左旋，处其中者顺之，少迟则反右矣"的说法，反对"日月五星右行"之说，并且还进一步解释说："盖天行甚健，一日一夜周三百六十五度四分度之一，又进过一度。日行速，健次于天，一日一夜周三百六十五度四分度之一，正恰好。比天进一度，则日为退一度。二日天进二度，则日为退二度。积至三百六十五日四分日之一，则天所进过之度，又恰周得本数；而日所退之度，亦恰退尽本数，遂与天会而成一年。月行迟，一日一夜三百六十五度四分度之一行不尽，比天为退了十三度有奇。进数为顺天而左，退数为逆天而右。"朱熹赞同"天左旋，日月亦左旋"，这就把日月五星的旋转方向与天的旋转方向统一起来。

这里，朱熹从太阳和月亮的周日视运行看太阳和月亮的运动，太阳周日视运行度数的进退与本数相符，月亮周日视运行度数的进退有差，这样便产生了进顺天而左，退逆天而右的问题。据此，朱熹又推算出阳历一年为365日余，但阴历每月29日或30日有异，十二个月为"三百五十四日九百四十分日之三百四十八是一岁"。

二是日月的变形。朱熹经过研究已经认识到太阳是发光体，月亮是不发光体，月亮会发光是因为它反射了太阳光。朱熹说："月体常圆而无缺，但常受日光而明。初三、初四时，是日在下照，月在西边明，人在这边望，只看见眩光；十五、十六时，日在地下，日光由地四边射出，月受其光而明。"意思是月亮始终都是圆的，但是由于月亮受太阳光照射角度不同，所以地上的人似乎觉得月有圆、有缺。

朱熹具体论述了月亮受日光照射的几种情况："方合朔时，日在上，月在下，则月面向天者有光，向地者无光，故人不见；及至望时，月面向人者有光，向天者无光，故见其圆满；若至弦时，所谓'近一远三'，只合有许多光。"这里基本上正确地描述了月亮受光发生变化的几种情况。"合朔"是指日月会合。"朔"日即阴历初一，这时日在上，月在下，地又在月下，因月亮受阳光照射的一面背向地，故不见。"望"即阴历十五，地在日月之间，月亮的受光面与地相对，人们就可以看到满月。"弦"有上弦、下弦之分，上弦为黄道（地球绕日公转的轨道平面在天球上截出的大圆，叫黄道）上月在日东九十度，阴历初八前后，月面西半明东半暗，自地上看见的月亮，如弓形之半圆；下弦为黄道上月在日西九十度，阴历二十三前后，月面东半明西半暗，自地视月，也恰如弓形之半圆。

在解释日食和月食的现象时，朱熹说："日所以蚀于朔者，月常在下，日常在上，既是相会，被月在下面遮了日，故日蚀。"这种解释是正确的。但对于月食的解释，他说："望时月蚀，固是阴敢与阳敌。"这种解释固然是非科学的。而在解释月中的暗影时，他却说："到十五日，月与日正相望。到得月中天时节，日光在地下。迸从四边出，与月相照，地在中间，自遮不过。""所以日光到月，四伴更无亏欠；唯中心有少压翳处，是地有影蔽者尔。"这种解释也是不对的。

朱熹还提出了"所蚀分数"问题："或日行月之旁，月行日之旁，不相掩者皆不蚀。唯月行日外而掩日于内，则为日蚀；日行月外而掩月于内，则为月蚀。所蚀分数，亦推其所掩之多少而已。""所蚀分数"即"食分"，黄、白道（月绕地公转的轨道平面同天球相交的大圆，叫白道）不重合，二者交角平均为5°9'，朔时太阳在黄、白道交点15°21'以内便发生日食，距交点18°31'以上，则不发生；望时月亮在黄、白道交点3°45'以内，可发生月全食，距交点12'15"以上，便不发生，这就是"食限"。在此"食限"之内，依照"所蚀分数"，便可推其所食的多少。这便是日全食、月全食、月偏食、日偏食、日环食等各种情况。朱熹当然不可能有这样深刻的认识，也没有举出准确的数值，然而他是用日、月交距的远近来说明"食分"的大小或所食的多少，这则与现代天文学原理一致，他的思路是正确的。

（三）关于气象

观察天气现象，是朱熹"格物致知"的重要内容之一。他尝试用自己"阴阳变化，无处无之"的理论，进行十分有益的探讨，解读天气变化背后的深层原因。

一是气候与气象。针对气候，朱熹认为，天地之间充满了气，阴阳二气此消彼长，从而产生了寒暑往来，四季更替。他说："天地中间，此气升降上下，当分为六层。十一月冬至自下面第一层生起，直到第六层上，极至天，是为四月，阳气既生足便消，下面阴气便生，只是这一气升降，循环不已，往来乎六层之中也。"这里朱熹之所以分为六层，似以喻《周易》六爻。六爻构成了阴阳二气往来运动，因此气候也是在不断变化的。

在天气方面，朱熹还用"气"（阴阳二气）的概念，解释了雷电、云雨、霜雪、雹虹的成因，并批判了前人神秘主义的错误。

如雷雨，朱熹对雷的解释是："阳气伏于阴气之内，不得出，故爆开而为雷也。"这与古人对地震的解释相似，尽管不正确，但坚持了唯物主义精神。至于雨的形成，朱熹的解释则有一些合理的成分，他说："皆是阴气盛，凝结得密，方湿润下降为雨。且如饭飘，盖得密了，气郁不通，四畔有湿汗。"我们知道，水蒸气升到空中遇冷凝成云，云里的小水滴增大到不能浮悬在空中时，就下降成雨，朱熹所讲的形成机制与此有相合之处。

如霜雪，朱熹认为霜是露结成的。但是，霜与露不同。《语类》中有这样的记载：

> 问："伊川云：'露是金之气。'"曰："露自是有清肃底气象。古语云：露结为霜。今观之诚然。伊川云不然，不知何故。盖露与霜之气不同；露能滋物，霜能杀物也。"

这里，朱熹不同意程颐的说法，而取传统的说法，并通过观测验证霜是露结成的。他也不同意程颐露是星月之气的说法。他说，如果露真是星月之气，那么，高山顶上应有露。不然，高山顶上虽晴亦无露。所以，露只是自下蒸上。这说明露只是地上阴阳之气蒸发上升而形成的。至于高山无露的原因。朱熹解释道："上面气渐清，风渐紧，虽微有雾气，但都吹散了，所以不结露。"这表明是由于风紧吹散了露霜的原因。

雪不是露霜结成，是雨结成的。雨遇冷而凝结成雪。雪是风吹不散的，相反，风与雪相联系而成为风雪。同时，朱熹又用阴气解释雪花六瓣的形成原因："六者阴数，太阴玄精石亦六，盖天地自然之数。"朱熹用《周易》数理来解释雪花六瓣的形成原因，显然是牵强附会。

如雹虹，朱熹认为雹是阴阳二气交争时，阴气胜，阳气衰的结果。由于阴胜而凝聚为雹，所以下雹时必阴寒。虹是雨气（阴气）被日（阳气）照射而成。虹不能止雨，它往往出现在雨过天晴时，是雨气已薄，日光散射雨气的结果。

二是潮汐。最迟至春秋战国时期，古人就已经认识到潮汐这种现象，但还不能进行科学的解释。东汉王充第一次将潮汐与月亮联系起来，唐代窦叔蒙极大地发展了这一理论，达到了很高的水平。到宋代，潮汐理论发展到顶峰，沈括批评了唐卢肇认为潮汐是由日出没而激成的观点，坚持月亮对潮汐的作用。朱熹继承了沈括的思想："潮之迟速大小自有常。旧见明州人说，月加子午则潮长，自有此理。沈存中《笔谈》之说亦如此。""陆子静谓潮是子午月长，沈存中《续笔谈》之说亦如此，谓月在地子午之方，初一卯，十五酉。"由于月亮和太阳的引力作用，海洋水面发生周期性的涨落，潮汐的大小和涨落时刻逐日不同。然而，每当月亮正好在上中天或下中天的时候，就会发生海潮。"潮，海水以月加子午之时，一日而再至者也，朝曰潮，夕曰汐。"按生潮的时间分为早潮（白天发生）和晚潮（夜晚间发生），早潮称潮，晚潮称汐。每天有一潮一汐，二者的时间间隔平均是 12 小时 25 分，所以每天的潮汐并不是在同一个时刻发生。

朱熹不仅继承了沈括的思想，而且还对北宋余靖的潮汐说很是赞赏，他引之说："潮之涨退，海非增减。……彼竭此盈，往来不绝，此系于月。何以知其然乎？夫昼夜之运，日东行一度，月行十三度有奇，故太阴西没之期，常缓于日三刻有奇，潮之日缓其期率亦如是。自朔至望，常缓一夜潮，自望至晦，复缓一昼夜潮。朔望前后，月行差疾，故晦前三日潮势长，朔后三日潮势大，望亦如之。月弦之际，其行差迟，故潮之去未亦合沓不尽。盈虚消息，一之于月，阴阳之所以分也。"现在已经知道，除了月亮引起潮汐外，太阳的引力也起作用。但由于太阳比月亮距离地球远，作用力比月亮小得多，所以因太阳引起的潮汐被月亮引起的潮汐掩盖了。

除了以上较为系统的天文气象研究之外，朱熹还有散见的许多自然科学研究，有些价值非常高，如在地质学上。沈括曾经说过："山崖之间，往往衔螺蚌壳及石子如鸟卵者，横亘石壁如带。此乃昔之海滨。"朱熹则从高山上有螺壳化石的现象联想到沧海桑田、地壳变化以及山岳成因。明确提出了地表升降变化的规律，认为地表"下者变而为高"的升降变化"有可验者"，是常有的现象。对此，李约瑟认为，朱子的这些论述在地质学上具有重要意义。

（四）关于农学

朱熹认为："民生之本在食，足食之本在农，此自然之理也。""契勘生民之本，足食为先。是以国家务农重谷，使凡州县守卒皆以劝农为职，每岁二月，载酒出郊，延见父老，喻以课督子弟、竭力耕田之意。"因此，朱熹在各地担任地方官时，非常重视发展农业生产，推广农业技术，促进农作物的丰收。

朱熹的农业科技思想主要反映在他任地方官期间所颁发的若干《劝农文》及有关的榜文之中，其中宋淳熙六年（1179）十二月在南康军（今江西星子）颁发的《劝农文》、宋绍熙三年（1192）二月在漳州（今福建漳州）颁发的《劝农文》较为重要。他在南康军颁发《劝农文》前，对当地农业生产的基本条件做了调查，因此在《劝农文》的开头分析了南康军"所以土脉疏浅，草盛苗稀"，气候稍差，雨水不足。就造成"荒歉"的原因，从客观上说，一是"地瘠税重"，二是地方官"劝课不勤"；从农民自身而言，则是"民间又不勤力耕种，耘耨卤莽灭裂"，即农活草率，从而形成了"较之他处大段不同"的局面，造成"荒歉"的结果。找出了"荒歉"的原因，朱熹接着提出了自己解决问题的方法：

一是深耕细耙，改良土壤。朱熹深知深厚的土壤对农作物生长的重要性。他在分析南康军土壤贫瘠的原因时说："本军田地硗埆，土肉厚处不及三、五寸，设使人户及时用力以治农事，犹恐所收不及他处。"他还认为，正是由于"土脉疏浅"，因此土壤的保水性能差，"雨泽稍愆，便见荒歉"。所以，他主张要深耕。他还认为深耕须在冬闲进行，"一例犁翻，冻令酥脆"，正月以后反复耙耕，使"田泥深熟，土肉肥厚，种禾易长，盛水难干"。深耕细耙之后，"春间须是拣选肥好田段，多用粪壤拌和种子，种出秧苗"。这样犁耙、施肥有利于春天出好苗，秋天获得丰收。

二是牢记农时，适时播种。人误地一时，地误人一年。朱熹时时刻刻把与百姓生计有关的农时牢记于心。他知南康军、知漳州期间，每年春播时节，他都要事先颁发《劝农文》，要求农民及时播种。淳熙七年（1180）二月，他在南康军先是颁发《劝农文》，后又颁《申谕耕桑榜》。在《劝农文》中写道："今来春气已中土膏脉起，正是耕农时节，不可迟缓。""趋时早者，所得亦早，用力多者，所收亦多，无致因循，自取饥饿。"他认为，只有及时播种才会有好的收成，才不会挨饿。

三是多施基肥，除草追肥。庄稼一枝花，全靠肥当家。朱熹针对南康军土地瘦瘠，农民又施肥不到位的情况，提出要多用粪肥肥地。此外，他还十分重视农作物生长时的追肥，专门颁发《劝农民耘草粪田榜》，督促农民及时除草追肥，确保农作物对养分的需求。

四是因地制宜，广种多种。朱熹认为种什么品种的农作物要根据土地的特点进行选择，并且要多品种地种："山原陆地，可种粟麦麻豆去处，亦须趁时竭力耕种，务尽地力。庶几青黄未交之际，有以接续饮食，不至饥饿。"这样才能保证农户一年四季都有充足的食物。同时，"桑麻之利，衣服所资"，因此应多种，解决穿衣盖被的问题。

五是加强管理，壮苗丰产。田间管理是农业生产的重要一环，而耘田除草是其中的一项，可起到培苗壮苗的作用。对此，朱熹说："禾苗既长，秆草亦生，须是放干田水，仔细辨认，逐一拔出，踏在泥里，以培禾根；其塍畔斜生茅草之属，亦须节次芟削取令净尽，免得分耗土力，侵害田苗，将来谷实必须繁盛坚好。"他还强调，耘田时应把清除的杂草踩入泥中使之腐烂肥田。

六是水利设施，协力兴修。水利是农业的命脉，各种农作物的生长都离不开水，尤其是南方的水稻生长需要大量的水。因此，朱熹在兴修水利设施上不遗余力。他在漳州的《劝农文》中说："陂塘水利，农事之本。今仰同用水人，叶力兴修，取令多蓄水泉，准备将来灌溉，如是干众即时闻官，纠率人功借贷钱本，日下修筑，不管误事。"又在南康军的《劝农文》中说："陂塘之利，农事之本，尤当协力兴修。如有怠惰，不趁时工作之人，仰众列状申县，乞行惩戒；如有工力浩瀚去处，私下难以纠集，即仰经县自陈官为修筑。"朱熹还在南康军留下兴修水利、泽被后人的事迹。《宋史·朱熹传》记载："淳熙五年，除知南康军。至郡，兴利除害，值岁不雨，讲求荒政，多所全活。讫事，奏乞依格推赏纳粟人。"说的是朱熹到任之后到各处调研，在走访中发现南康军所在地星子县城外的堤坝年久失修，砌石损动，河道内淤泥堵塞，逐渐失去了往日的作用。于是他上奏朝廷申请拨款维修，但是，这笔钱始终没有得到批复。朱熹不等不靠，发动南康府民众以及地方士绅赞助募捐，筹钱百万两、米五百斛，用于维修堤坝。工程竣工之后，远望宛若一城屹立于鄱阳湖之滨，"三邑之民欢而趋之"。后人为了纪念朱熹的恩德，用他的别号"紫阳"命名石堤。

农业是治国生民之本。朱熹认为，衣食丰足是实现社会良善的基本前提，合乎道德的教化则是获取民心、稳固礼法秩序的重要基础。因此，他在建构他的理学体系时不是排斥而是以吸收的方式接纳各种思想，其中农业科学技术思想是重要的一个方面，而且在这方面研究上，朱熹卓有成就。

四 朱子的美学思想

（一）朱熹美学的产生背景

两宋理学的核心课题，是人的本体存在和人的自我实现。他上达道体，下即器用；上达穷理尽性，下即格物致知。上达理性，为道德价值和宗教价值的形而上之道，为求善的心灵主体的实践之道；下即格致，为知识价值和科学价值的形而下之道，为求真的世界客体的实用之技。上达与下即、道体与器用、理性与格致、宗教与科学、心灵与世界的冲突融合，即求善与求真冲突融合，便是美的和合心灵生命境界。这是两宋时作为民族文化的理学美学的特质，也是时代精神脉动的体现。朱熹的理学美学是综罗诸家之说提炼发展而来的，是宋代美学思潮的重要代表，是宋代人文精神的集中体现，他在宋代美学思潮中占据着重要地位。

宋代美学的发展的辉煌成就与当时的社会背景有密切关系。在经济上，宋代经济繁荣，生活相对富足，人们对审美欣赏的追求有了一定的条件。在政治上，国家大兴科举，办教育，大批文人步入仕途。在文化学术上，当时文化可谓极其繁荣，学术文化相对自由。这些都促进了宋代美学的发展。

朱熹美学的基础是"理"，有着十分丰富的内容和意蕴。朱熹所谓美，一是指审美对象的外在表现形式；二是指精神心态的内在状态。其核心是"心性"问题。他强调情感的"中和"、心灵的"平静""无欲"。朱熹的"心与理一"强调"格物"与"涵咏"的统一，具体到美学及艺术领域就是强调"理"与"情"、"法"与"我"等如何统一的问题。他在整合前辈理学美学的成果的思想基础上，认为美是给人以美感的形式和道德的善的统一。基于美是外在形式的美和内在道德的善相统一的观点，他探讨了文与质、文与道的问题。认为文与质、文与道和谐统一才是完美的。

朱熹推崇平淡自然的审美风格。平淡是南宋文人普遍崇尚和追求的艺术风格，朱熹也崇尚平淡自然之美，平淡是道心的自然发露，自然是自然而成。正因为如此，朱熹不像其理学前辈那样有过分压抑情感的方面，而对情感有了一种较为平和的态度。

善之美也是朱熹极力倡导的。他说："美者，声容之盛；善者，美之实也。"（《论语集注·八佾》）认为声音的和谐，容貌的俊丽，具有诉之视觉和听觉的美，但不能脱离善这种伦理道德内容。这是对儒家的传统看法和张载"充内形外之谓美"的继承和发挥。

在审美情感上，朱熹将审美情感限制于儒家道德观念的范围，提出"诗理合一"的主张，认为学诗即如学道（理），诗道融合如一，并强调"学诗之大旨"，在于"修身及家平均天下之道，其亦不待他求而得于此矣"（《诗集传序》），倡导以"中和"为审美理想，主张人心在"寂然不动"的状态时，就自然地符合"理"的境界。

朱熹追求平淡为美的审美风格，以道德为目标的人格审美取向，以善为美的审美本质，体现了人与自然、人与人、人与社会以及自身之间的价值关系。朱熹的美学思想，具有深邃的审美内涵。

（二）朱熹美学的审美形态

朱熹理学美学的主要审美形态是"艺术哲学"和"山水美学"。

一是朱子的山水美学思想。朱熹对自然山水有着传统文人特有的喜好。他一生写下山水诗近400首，约占其全部诗歌的三分之一。他的山水诗，在承继前代优良传统的基础上嬗变超越，别具特色。朱熹以理学家的思维来观照客观世界，诗作中浓缩了理学思想和审美元素，体现的是理学家对人与自然关系的独特思考。

朱熹的山水美学思想立足于理学体系。其山水审美客体论的本体归之为理或道，其实体归之为气，其形态则归结为阴阳与刚柔。"鸢飞鱼跃，道体随处发见"，"那个满山青黄碧绿，无非天地之化流行发见"，山水美无非是道体的自然呈现。对于山水审美取向，朱子更为崇尚阳刚、动态之美。他也深刻地揭示了山水美和艺术美的互动关系，一方面，"自然触成佳句"，自然美为创作体提供了丰富的素材，还为作者推敲好的作品提供了动力；另一方面，自然山水"与人共"，对人而现，因人而生动，"言有尽而意无穷"。他还认为在山水审美过程中能"观造化之理"，从而体现"天地之教"、山水美育的功能。在写作风格上，朱熹喜欢"天生成腔子"，指的是一种天然、朴素、平易的风格。因为，平淡是道心的自然发露，自然是自然而成的。

在理学家中，朱熹的诗于平易中见雄健，艺术性最高。在朱熹众多的山水诗作中，不乏情景交融、意蕴深刻的佳作。《偶题三首》（其一）就是其中的一首："门外青山翠紫堆，幅巾终日面崔嵬。只看云断成飞雨，不道云从底处来。" 这是一首观景诗。"门外青山翠紫堆，幅巾终日面崔嵬。"门外青山云雾弥漫，朦朦胧胧，在阳光下变幻着色彩，呈现着迥异的风姿。"青""翠""紫"三种鲜亮的色彩接连不断地扑入眼帘，且成堆成簇，重叠交错，使人意趣怡然。这犹如一幅现实世界的画，诗人先在这上面着上了鲜丽、驳杂的色彩，让人真切地感受到它是多么纷繁杂乱，要看清现象后面的本质又是多么不容易。兀立在画面中央的是巍峨的高山，它变化不息，像整日投入诗人视野的诸多现象一样，阻挡着人们寻求事物本质的视线。

"只看云断成飞雨，不道云从底处来。""云断成飞雨"是动中的变化。云雨变幻，世事无常。这云雨翻复，是静观诗人参悟的表层禅意。那么化雨之云又来自何处呢？ 这可以是自然科学的命题，也可视作哲学本体论的命题。但主张 "我心即佛"的禅宗，是绝不会探究此问题之答案的。因为目中所见，心物化一，彼己莫二，怎么还需要去推究 "云从底处来"呢？ 如要去推究，必坠入俗庸，便全失却 "妙悟"的高趣。

对此首诗的感悟，不同人是有差异的，甚至同一个人也可从不同的角度去理解。如，这首诗还可以有这样的领悟：这首诗旨在告诉人们，无论修身处世还是治学力行，只有透过事物探究其根源本质，才能使人们对事物的认识更深刻，人生才能有更大的收获的道理。此诗旨在言外，潜含哲理，深寓禅机，蕴味深长。

二是朱熹的艺术哲学。在朱熹理学美学的体系中，艺术哲学是体系的主导部分。其建立在"理本气具"的哲学本体论基础上，朱熹构架了严整的艺术哲学体系。整个体系由六部分组成，即"文从道出"的艺术本体论、"托物兴辞"的艺术特征论、"感物道情"的艺术发生论、"涵泳自得"的艺术鉴赏论、"气象浑成"的艺术理想论及"远游精思"的艺术修养论。其理论的主要特色是系统性、伦理性和矛盾性。

"文皆是从道中流出"是朱熹艺术哲学全部思想的发起点和辐射点。这就是朱子艺术哲学的本体论。这个命题决定了朱熹对艺术本原的根本看法，也规范着他对艺术的地位和作用。从"文皆是从道中流出"可知，艺术的终极根源是"道"，艺术本质上是"道"的"流行发见"，艺术最深层的意蕴也是"道"，以致朱熹用"气象近道"来形容艺术理想境界的极致。

朱熹对艺术鉴赏见解独到。首先，他认为对艺术进行鉴赏之前，鉴赏主体必须"涤肠宽胸"，涤尽心中的成见和杂念，进入一种虚明从容的审美准备状态。其次，朱熹强调要"玩味本文"，即必须把艺术本体放在审美的聚焦点上，"但涵泳久之，自然见得条畅浃洽，不必多引外来道理言语，却壅滞却诗人活底意思"。再次，他提倡在艺术鉴赏中，"熟读涵泳"，深入体验艺术内容的情感内涵，直至达到"通身下水"的程度。最后，他主张在艺术鉴赏中，应"通悟""自得"，面对被鉴赏对象要"将意思想象去看"，把作品当作有机的活的整体去品咂、欣赏。

五　朱子的文学思想

朱熹是宋代理学家中最具文学修养的一位。他一生中留下大量文章诗词作品，其中有不少名篇佳构，理趣盎然，耐人寻味，发人警醒，长期以来为人们吟哦、传诵，还撰写了有深度的文学学术文章或专著。朱熹的文学思想不仅自成体系且独具特色，"文从道出""文道合一"则是其最基本的文学思想。（朱熹的"文"和"道"所指对象相当广泛。"文"有典章制度、文化学术、文学、文章等含义；"道"有永世长存的"天道"、儒家的学说、人伦秩序、文章的思想内容等多种含义。）

（一）文道合一，重道轻文

文道关系是贯穿中国文学发展过程的核心问题，不同时期的论者对"文"、对"道"有不尽相同的理解和认识。从魏晋、唐以来对文道关系的论述看，发展呈由文学本体的关注，逐渐到文道分离的态势。到了南宋，朱熹在有选择性继承前人思想的前提下，发展了文道关系学说——以理学为中心，将文学纳入理学轨道，最终建立起"文道合一"的理论，使文学与儒学重新在理论上合流。

天地万物皆由理气二者构成，理气不可分离，万物皆有此理，万物各有禀受，这是朱熹对整个世界的认识和把握。朱子在实际论述"文""道"关系时，一方面说"文是文，道是道"，另一方面又说"文便是道"，这是在两个不同的层次上说的。如朱子站在理学家的立场上说："这文皆是从道中流出，岂有文反能贯道之理？文是文，道是道，文只如吃饭时下饭耳。若以文贯道，却是把本为末。以末为本，可乎？其后作文者皆是如此。"此处所说的"文"和"道"是两个事物，"道"带有本体论的意义，它不但是事物的规律，而且是事物的本源，宇宙万物都是从"道"派生出来的。那么，作为万物之一的"文"无论它是典章制度、文化学术还是文字、文章，应该都是"从道中流出"的了，所以"文是文，道是道"。朱熹站在理学家的立场上重视"道"，轻视"文"，认为作文就是为了"明理"（也即"载道"），毋需追求文学性。同时朱子又说："道者，文之根本。文者，道之枝叶。惟其根本乎道，所以发之于文，皆道也。三代圣贤文章，皆从此心写出，文便是道。"这是朱子站在文学家立场上的言论，他既重视"道"也重视"文"，认为文学本身也有其价值，所以应下功夫去研求。这里所说的"文"是指"文章"（实即文学形式），而"道"是指"文"所表达的"道理"（实即思想内容）。对于文章来说，思想内容和艺术形式两者都是不可缺少的。在这个层面上，"文"与"道"是合一的。

朱子倡导"文道合一"，实际上仍旧隐含着重"道"轻"文"的思想，他仍然坚持"道"是第一义的。因此，朱熹以"道"作为文学批评的第一标准。他将文章分为三类：一类是有"本"之文，一类是有"实"无"本"之文，一类是无"本"无"实"之文。在他看来，孟子去世之后，圣学不传，庄子、荀子之言，屈原之赋，以至后来的韩非、李斯、贾谊、董仲舒、司马迁、刘向、班固的文章，都只能归入第二类，他称之为"先有其实，而后托之于言，唯其无本，而不能一出于道，是以君子犹或羞之"。朱熹将宋玉、司马相如、王褒、扬雄的文章，归入第三类，即"一以浮华为尚，而无实之可言矣"。他认为文章内容"有邪有正，有是有非"，必须"讲去其非，以存其是"，因此，他反对"肆意妄言"，认为"言而一有不合于道者，则于道为有害"。

朱熹对文学的批评也存在偏见。他认为如果文字"极其高妙"，而"于理无所得"，这样的文章既无益于自身，也无用于当世。因此他批评杜甫"叹老嗟贫，志亦陋矣"，批评白居易"其实爱官职，诗中凡及富贵处，皆说得口津津地涎出"，批评苏轼"诡经诬圣，肆为异说"。照他的看法，仅仅"古之圣贤，其文可谓盛矣"，后来的人都是道德不纯正，文章都很少有价值。

朱熹持理气本体论，以"理一分殊"思想解释文道关系，强调文道合一，以道为本。他提倡"文从道中流出"，认为作文的目的主要是用来弘道，也就是用来提高人们的道德修养，这与其理学家的自身追求是分不开的。

（二）以《诗》为教，涵咏道德

《诗经》是文学史上第一部诗歌总集。对后代诗歌发展有深远的影响，成为古典文学现实主义传统的源头。而《诗集传》是宋代朱熹研究著作，堪称《诗经》学史上的第三个里程碑式《诗》学著作。

朱熹晚年隐居闽北，创办书院，宣讲他的学术思想。对于封建文人来讲，《诗经》是他们必读的书目，其中大部分篇章还要熟背于心。

为了能用通俗易懂的语言给学生讲解《诗经》，朱熹编写了《诗经》的简明读本《诗集传》。

《诗集传》有个特点——对注《诗》体例作了一些改革。首先，朱熹将每首诗前的《毛诗序》归并到一起，放在全书末尾，这就是后来单独成书的《诗序辨说》。撤去《毛序》后，他并没有像其他反《序》派学者那样，将自己的序放在每首诗前。而是将自己对全篇诗旨的分析，置于每首诗的第一章下面串讲章句的文字中。这样安排，体现了他要求读者熟读本文、即文求义，不要受任何注解（包括朱熹的注）影响的读诗方法，是十分切实的。其次，朱熹在注释的时候尽量减少穿凿附会的虚言，按照诗歌本身字面的意思进行注释，还原这些诗歌的本来面目。如果一般人这样做，一定会被认定是离经叛道，朱熹的学术地位让他有这个能力按照自己想法注疏。此后大儒也采用了朱熹的主张，再解读《诗经》的时候少了很多曲解，这个功绩应该算到朱熹身上。不过，他的注释有时过分简略，致使语意不明。不标出处的做法，有时也容易引起歧义。

朱熹的"诗教"思想最集中地体现在《诗集传》中。其诗教内容有自己鲜明的理论特色：

一是朱熹诗教进入《诗经》学的"宋学"阶段，即融入"理学"内涵。朱熹认同《诗》是感物道情的产物，他从理学的教育观和教化逻辑出发，在继承前人以义理解《诗》的基础上，将"修齐治平"之道落实到具体诗篇的训释上，将"得性情之正"作为"诗教"目标。同时，朱子继承并发展了欧阳修"求诗人之意，达圣人之志"的观念，在《诗集传》中采纳了欧阳修《诗本义》对部分诗篇的阐释，最终完成了《诗经》理学化的进程。

朱熹打破《诗经》"汉学"藩篱。这主要体现在他对《诗序》的态度上。朱熹经历了遵序—反序—废序三个阶段，最后突破旧说，破除"诗序"。他曾回忆自己的解《诗》历程说："某向作《诗解》，文字初用小序，至解不行处，亦曲为之说。后来觉得不安。第二次解者，虽存小序，间为辨破，然终是不见诗人本意。后来方知，只尽去小序，便可自通。于是尽涤旧说，诗意方活。"

二是朱熹对沿袭千年的《诗经》学观念进行重新审视思考，革故鼎新，得出自己独到的看法与结论。如，他提出诗与"六义""二南新说""淫诗说"等。

《诗序》对"诗之六义之说"论述不够详细，而朱熹在《诗集传》做了详尽分析、标注。朱熹在《诗集传》中首次使用"赋""比""兴"及兼体标注方式逐章解说《诗经》，补前代标注不够详细的缺憾。朱熹认为风、雅、颂是主干，"做诗的骨子"，赋、比、兴则是诗歌的表现手法。在《诗集传》中，朱熹能够具体指出各篇的表现手法，同时又注意到赋、比、兴三种手法的综合运用，并且对赋、比、兴加以具体解释，便于读者阅读学习。

朱熹根据《大学》中的"修齐治平"思想对"二南"的25篇诗歌进行了诠释。他认为，"二南"诗篇不仅是里巷歌谣，同时也是周文王王道政化后的诗篇，将"二南"诗旨与其理学思想结合起来，认为"二南"是《诗经》学的总纲，主题都是歌咏"文王之化"。束景南认为，朱熹建立了一个理学化的"二南"解说体系。

在《诗集传》中，有三十多首诗被朱熹称作"淫诗"。所谓"淫诗"即"男女相与咏歌，各言其情者"的诗作。这些诗作是《诗经》中文学性最强烈，也是历代受到经学家最大曲解的作品。朱熹在《诗经》学研究中对所谓的"淫诗"惊世骇俗的解读，打破了经学的藩篱，使《诗经》学迈出了从经学向文学的第一步，为后人正确地认识《诗经》中的爱情诗打下了良好的基础。

三是《诗集传》训诂的成就。朱子不拘泥于前代注疏，敢于质疑古人，敢于开拓创新，破除门户之见，广泛吸收古今学者研究《诗经》的成果，辨识出文本本来的意思。朱熹反对汉学那种繁琐注疏的学风，力求简明扼要，语言明白晓畅、浅显易懂，就诗说诗，注重从诗本身探求诗义找寻诗文本身独立存在的价值。同时，朱子创新训诂材料和方法，首次使用金石文材料证《诗经》词语，是训诂学上的一大进步，成就卓著。

总之，《诗集传》以朱熹的《诗》学大纲统摄一切，诸如"淫诗说""思无邪说""风雅正变说""二南说"乃至体例的改革等，无不依大纲而行。这些完全改变了汉人以《诗》为美刺、为谏书的传统，将理学的涵咏道德、修身齐家，作为读《诗》的最终目的，在当时确有其现实意义。

（三）诗须平易，理融于景

在诗的风格论、方法论上，朱熹特别提倡自然平淡，反对纤丽浮巧，雕琢粉饰。朱熹推崇陶渊明的诗作，认为："渊明诗平淡出于自然，后人学他平淡，便相去远矣。"大赞父亲朱松的诗作"不事雕琢，而天然秀发，格力闲暇，超然有出尘之趣"。因此他说："诗须是平易，不费力，句法混成。"基于此，他赞誉《离骚》不用奇字，平常写来，"自是好"；评价江西诗派的鼻祖黄庭坚时说："恁地着力做，却自是不好。"朱熹对后期的江西诗派颇有微词，认为他们过于追求炼字、造句、谋篇等，刻意追求工巧精丽，已经全然不同于黄庭坚最初倡导的突破技巧的禁锢，进入到"不烦绳削而自合"的老成境界。他批评宋代诗人陈与义的"乱云交翠壁，细雨湿青松"和"暖日熏杨柳，浓荫醉海棠"，认为不成句法；对唐代诗人常建的"曲径通幽处，禅房花木深"则极为推崇。

朱熹虽然主张诗要"平易"，但是也不否认诗要艺术加工和锤炼。他说："然须还他新巧，然后造于平淡。"朱熹认为一首好诗"新巧"与"平淡"是相辅相成的，有时"新巧"能够在"平淡"中营造出非常美好的意境，追求平淡之美并不是要摒弃所有的技巧、形式。评论诗歌时也要遵循平淡之美的标准，"借得新诗连夜读，要从苦淡识清妍""争新斗巧，时出古淡，篇篇有思致"。这是对当时社会形式美思想的反拨，从中可以看出朱熹评论平淡美的辩证思维过程。

北宋学诗者普遍以"平淡"为美，朱熹提出了自己的观点："所论平淡二字，误尽天下诗人。""古人之诗，本岂有意于平淡哉！"朱熹的美学理想是："不为雕琢篆组之工，而其平易从容不费力处乃有余味。"他非常强调这个"味"字，认为"事物须要说得有滋味，方见有功"。他论诗讲究"余味""余意"，反对"一滚说尽"，也反对因追求"平淡"而流为"枯淡"。

朱熹本人的诗，有些写得相当精彩。作为理学诗人，朱熹的诗歌创作当然以说理诗居多，如其《训蒙诗》100首，就是向初学者阐明理学义理的，又如《致知》："此心元自有知存，气蔽其明物又昏。渐渐剔开昏与蔽，一时通透理穷深。"这是纯说理的诗，从内容上看，正是刘克庄说的"语录讲义之押韵者"。

朱熹更为人称道的是那些形象生动、深刻警策的说理诗，即陈衍《宋诗精华录》所称的"寓物说理而不腐"。

将"理"融入景中。朱熹诗歌说理常常使用类似于融情于景的手法，融"理"于景，描绘一个真实可感的景象，使读者设身处地地感受理的存在，有一种被理趣包容的奇妙感觉，从而生发出自身的理性观念和见解来。就像他的《水口行舟》一诗："昨夜扁舟雨一蓑，满江风浪夜如何？今朝试卷孤蓬看，依旧青山绿水多。"

朱熹在诗的开头就描述了自己身处的环境：风雨之夜的第二天。这个大环境就给人一种强烈的带入感，读者与作者一样，坐在船中，不由得会好奇下了一夜的雨之后外边的景象是怎样的。在第三句作者果然试着卷起船篷朝外观看。最后一句揭示了看到的景色：青山绿水。朱熹在句前加上了"依旧"，强调出外界未变化，与前文的风浪形成对比：无论外界环境如何变化，青山绿水总不会改变；变与不变，正是人生哲理所在。

《春日》《观书有感》也是朱熹写的极精彩的诗。《春日》："胜日寻芳泗水滨，无边光景一时新。等闲识得东风面，万紫千红总是春。"全诗不用奇字、难字，明白如话，但有情有景，完全符合他自己的要求："平说而意自长。"《观书有感》："半亩方塘一鉴开，天光云影共徘徊。问渠那得清如许，为有源头活水来。"貌似浅近平易，但却意味隽永，包含着深刻的哲理。

这类诗作将本来抽象、深奥的学理表达得如此生动形象、富有新意，确非易事，这充分展示了朱熹在理学、诗学两方面的深刻体悟与认识。也难怪论评家们对朱熹的诗歌创作"网开一面"，评价甚高。

贰

朱子文化向海外传播的方式与路径

——

概　述

　　朱子文化是中华优秀传统文化思想的重要组成部分，是中国社会的正统思想，对中国社会各方面均发生了重大影响。朱子文化产生不久，便通过多种渠道向周边国家及西方国家广泛传播。

　　国家是文化对外传播的主导力量，同时推动文化的传播还必须依靠民间的人文交流，而推动朱子文化向海外传播的途径可概括为"走进来、送出去"。"走进来"指的是大批来自东南亚各国及西方诸国的学者、留学生、官员和僧侣、传教士等来到中国，学习吸收朱子文化。"送出去"指的是宋以降由官方派遣的官员、学者、僧人前往各国推广朱子文化，并依靠侨居海外的知识分子、专业技艺人员和商人推进朱子文化在海外的传播。

　　朱子文化是关于自然、社会和人自身的认识成果的总结，是中华民族的珍贵文化遗产，是超越时代、超越区域的，影响深远。13 世纪至 16 世纪，大批来自日本、朝鲜的学者、官员和僧人等来到中国，吸收朱子学。就韩国而言，高丽和朝鲜时期的学者，以朱子理气论为基础，对心情哲学展开了深入细微的探讨。韩国朱子学强调"气"的功能性和自主性，倡导"重实"思想，后来发展为实学。实学是韩国"性理学划时代的转换"，是一种"改新的儒学"，一种以经世致用为标志的新学风。其结果是使韩国朱子学向着近代的性格转换，成为后来韩国"开化思想"兴起的先导意识。日本朱子学着重发挥了朱熹的"格物穷理"思想，注重"即物思维"。具有这种特性的日本朱子学，在日本近代化过程中发挥过重要作用。明清时期，一些华人移民将朱子学传入新加坡、泰国、马来西亚和印度等东南亚、南亚国家，朱子学逐渐融入东亚、东南亚地区的思想和文化。

16 世纪，朱子文化相关著作开始被翻译成西方文字并传入西方世界，并于 17 世纪由西方文字转译为英语，18 世纪进入美国，19 世纪起直接由汉语译成英语，实现了在英语世界的"旅行"。在东学西渐的过程中，朱子文化成为孟德斯鸠、伏尔泰和莱布尼茨等西方启蒙思想家以及近代康德、黑格尔等西方哲学家的思想渊源之一，对西方文明的塑造产生了影响。

总之，朱子文化不仅是宋代以后中国传统社会最核心的文化元素，也是朝鲜、日本、越南等东亚、东南亚国家政治制度、文化制度最直接的源泉；朱子文化学是西方社会了解与认识中国文化的桥梁和纽带，在推动东西文明交流互鉴中发挥了积极作用。

一　朱子文化传入朝鲜的方式与路径

中国与朝鲜（韩国）早在秦末汉初就建立了友好关系，那时汉字和儒学就传入了朝鲜。唐代儒学进一步在朝鲜传播，北宋二程理学已传到朝鲜，为朱子理学在朝鲜的传播奠定了基础。朱子学在朝鲜（韩国）主要通过使臣传播、朱子后裔移居传播。

朱熹后裔传播。朱潜，字景陶，号清溪，系朱熹的曾孙，朱熹次子朱埜之孙，朱钜之子。南宋光宗绍熙五年（1194），朱潜在福建建阳考亭出生，当时朱熹 65 岁。小时候，跟随朱熹女婿黄榦学习，接受家学与朱子学熏陶。

朱潜的父亲朱钜曾任顺昌知县，是一位很有气节的爱国之士。南宋开禧二年（1206），生活在我国北方的少数民族鞑靼族奴隶主称蒙帝，灭西河燕南，大肆南下侵扰宋境。朱钜临危受命，与车骑将军崔锡季一道率军北伐。在一次战斗中，面对强敌，朱钜"力战不屈而殉节"，南宋朝廷褒旌其忠义，"诏封光国侯，谥中武，立忠烈祠"。此后朱潜"以蒙为不共戴天之仇，痛哭不已"；居忧三年，一从家礼，克绍家传。

宋嘉定十三年（1220），朱潜27岁，登进士第，赐文科翰林学士，授登仕郎。朱潜配刘氏，敕赠孺人，生了朱栋、朱槐、朱楠、朱梓四个儿子。宋宝祐年间（1253—1258）任湖州府乌程令，全家迁往湖州。任职届满，朱潜先寓于南浔黑漆桥，后搬迁至安吉芝里村居住，不到半年带着部分家人迁居杭州。任职期间，朱潜政绩平平，无突出建树，所以在《湖州府志》《乌程县志》中均无他的传略，在名宦栏中也无他的名字。唯一有史可考的政绩是对"长春书院"进行整修，增设了斋宇。淳熙九年（1182），朱熹任提举浙东常平茶盐公事期间，来过湖州寻访其从祖朱弁的竹墩故居，并为朱弁创建的长春书院题写了"长春书院"匾额，亲自为从游者讲学。

宋宁宗末年，南宋国力衰竭，金兵又屡屡南侵，权臣主和误国，毫无救亡图存之计。对此，秉承乃祖主战遗志的朱潜，痛心疾首，十分苦恼，又恨官卑言微，无力可挽狂澜。他便如前朝仕宦"达则兼济天下，穷则独善其身"。一天，当他读《论语》看到《居九夷章》时，不禁慨然兴叹，遂"呼门弟子而诫之曰：'海外青邱，箕圣攸封，素称礼垠，吾属可居'"（海外有个美丽岛国，是古圣贤箕子的封地，素称礼仪之邦，是我们理想的寓居地方）。于是，南宋嘉定十七年（1224）朱潜"袖家谱携二男一女，与门人陈祖舜、叶公济、赵昶、杜行香、周世显、刘应奎、陶成河7学士浮海而东。舟泊高丽全罗道元锦城，乃以为家"。他们在高丽全罗道元锦城修建起书院，收徒讲学，传播朱熹思想，并且行朱子学及其家礼。高丽人把朱潜居住的地方称作"仁夫里""朱子川"。并在全罗北道出现了 "武夷山""武夷岩""玉笋峰""白鹿洞""考亭"等与朱熹中国故乡周围完全相同的地名。由此可见，朱子学及其《家礼》其时在当地产生了一定的影响，但是由于影响面有限，一时没有进入官方的视野，因此官方的史料中找不到对朱潜及门人传播朱子学的记载。

据《竹溪朱氏族谱》《荻溪紫阳家乘》《桃南朱氏宗谱》《浔溪紫阳朱氏家谱》记载，其部分儿孙继续在湖州繁衍生息，后代瓜瓞绵延，形成一支人数众多的由荻溪分派、竹溪分派、浔溪方丈港分派、安吉芝溪分派组成的婺源紫阳朱氏湖州支派。朱潜不仅是湖州紫阳朱氏的开山始祖，而且也是韩国紫阳朱氏的开山始祖。因此可以说，从某种程度上，韩国朱子学中的一脉，存在着朱子家学的部分。

朱潜带着家人和门人入高丽寓居讲学，成为朝鲜（韩国）传播朱子学的始祖。元时，又有程思祖（宋学奠基人和洛学创建人之一的程颐第十四世孙，元顺帝时任御尉校丞）、孔昭（孔子第五十四世孙，元翰林学士）一起陪侍恭悠王妃鲁国公主访朝，而归化朝鲜。孔昭之孙孔俯与郑梦周、李穑等结交并为好友，诗文、书法皆著名。

他们移民到朝鲜半岛时，带去理学书籍近 600 册。他们在朝鲜半岛设坛讲学，弘扬程朱理学。因此，可以说朱子学在朝鲜最早是以移民为传播纽带而传入、以民间私学的形式存在与发展的。

使臣传播。安珦（1243—1306），初名裕，字士蕴，号晦轩，谥号文成，出生于兴州（现庆尚北道丰基）。高丽中后期儒学领袖，是第一个以官方身份将朱子学引入高丽的人。

安珦，从小就笃志好学，研精覃思，十分懂礼。他出类拔萃，18 岁就考中文科，当上了校书郎，接着调职至直翰林院。当时高丽正是元朝入侵而发生三别抄之乱的时期。为了躲避蒙古军的侵略，高丽迁都于江华岛。此时，首都是否要重新迁回开京（现开城）的问题，在朝廷内部发生激烈争论。以元宗为中心的文臣们赞成迁都回开京，而武臣们却认为这是对蒙古的屈服，坚决反对，因此安珦在江华岛生活了一段时间。此后，安珦历任监察侍御史、尚州判官等职，在36岁时，进入国子监（高丽的国立教育机关），为培养人才尽心尽力。

元世祖至元二十六年（1289），作为新设立的高丽儒学提举司提举的安珦陪同世子忠宣王出使元大都燕京（今北京）。他在燕京非常注重对主流文化的观察和学习。一天，他读到刚印刷出来的《朱子大全》，爱不释手地阅读起来。认为《朱子大全》是孔孟儒教之正脉，于是完整地手抄了这本书，还临摹了朱熹画像。他回国时，把手抄本《朱子大全》带回朝鲜。为了这门新学问的兴起，他把自己的房子贡献出来，建造当时的国立大学"泮宫"（成均馆）。建议六品以上的官员捐献银品，七品以下的官员捐献布匹，建立当时的奖学金机构"赡学钱"。1304年，供奉孔子的大成殿终于建成，是隶属于开京的国学机构。他担任高丽朝集贤殿大学士、宰相后，还到高丽成均馆讲授朱子之学，朱子之学勃兴。

安珦十分推崇朱熹，用尽毕生精力传播理学。晚年的他，根据朱子的号"晦庵"，自号"晦轩"，以示对朱熹的敬重。他去世后，人们为了纪念他对朱子学传播的功绩，不但把他的牌位置于韩国历史最悠久的书院——绍修书院、合湖书院（忠清南道燕岐郡）、道东书院（全罗南道谷城郡）和临江书院（京畿道长湍郡）等处进行供奉，还安置在成均馆、文庙中，每年春秋进行祭拜。

高丽后期的白颐正也是朱子学重要的早期传播者。作为高丽忠宣王的侍臣、安珦门生的白颐正，于1298年赴燕京学习程朱理学。他在燕京研修程朱理学10余载，学有所成，并携带大量程朱著作回国。《高丽史》对白颐正学习程朱理学和教育学生的情况作了记载："时程朱之学始行中国，未及东方，颐正在元得而学之东还。李齐贤、朴忠佐首先师受颐正。"禹倬（1263—1342）也是朱子学早期传播者。他官至成均馆（国学）祭酒（相当于大学校长），通晓经史，尤好易学，开辟了以易学为中心的朝鲜（韩国）性理学的道路。据载，朝鲜朱子学以易学为中心，接近于性理学，便是由他开创的。权薄（1262—1346），号菊斋，官至都金议使司事，积极主张普及性理学，建议刊行朱熹《四书集注》。李齐贤（1287—1367），字仲恩，号益斋。他先随白颐正学习朱子学，后跟随忠宣王入元深造程朱理学，与元朝著名朱子学者赵孟頫、姚燧等友好，理学精进，其学注重程朱"敬以直内"，又强调"新民之理"的实践。学成回国，他对脱离社会实际的汉唐经学和佛学提出批评，倡导作为"实学"的朱子学。他倡导改革，制定了举贤能、惩污吏、兴节俭、杜奢侈的社会改革方案。

经安珦、李齐贤等人坚持不懈地传播和李朝初期的朱子学者李穑、郑梦周、郑道传和权近进一步深入传播，朱子学传播在朝鲜终于迎来了全盛期——李朝朱子学。李朝朱子学的主要代表有徐敬德、李彦迪、李滉、李珥。徐敬德为李朝朱子学主气派代表，李彦迪是李朝朱子学主理派代表，李滉是朝鲜朱子学集大成者，朱子学也因此在李朝社会意识形态中占据正统地位。

朱子学一方面成为朝鲜王朝的国家意识形态，另一方面也充满各种各样的思想论争，而且论争非常激烈。朝鲜儒学史上出现过三大论辩，即"四端七情之辩""道心人心之辩""人物性同异之辩"，而朱子学在韩国争议的焦点是"理的活动性""退溪主理动""栗谷主气动"等方面的问题。从这些论辩与争议中，也可以发现一些新问题，有时候必需先重回朱子学进行观察思辨，才能将一些模糊的问题理清楚。

还有，在互相论辩的过程中，为了把对方辩倒，促使论辩双方的学者们不断深入研究朱子学，找到能够支持自己观点的证据。他们越深入研修，对朱子思想的认识越深刻，有些人还会提出自己的新发现和新观点，并著书立说。韩元震是一位极有见地的学者，撰写了《朱子言论同异考》一书。他对《四书章句集注》《朱子语类》等进行了逐字逐句的考证，把版本、观点，甚至文字，都进行了详细考证，对其中的异同进行了比较和研究。当然，不光是文字，对朱熹思想的发展也作了归纳总结，把朱熹前后思想分成了四个阶段。这些，都有利于读书人更好地阅读、理解朱子学的思想。

书籍传播。在推动文化发展上，高丽统治者既重视派遣官员和学者到宋、元学习朱子理学和其他文化，也重视从中国采购理学书籍和其他图书，供高丽朝野对学习朱子学的需求。1312年，高丽忠宣王在元大都设立"万卷堂"书库，为朝鲜理学家和中国理学家相互交流创造了条件。他还派专人到中国的南方挑选采购图书，数量达10800余卷。周敦颐、"二程"、张载、邵雍、游酢、杨时、胡安国、罗从彦、李侗、朱熹、陆九渊、蔡元定、真德秀等一大批宋元理学家的书籍，一批又一批地流入朝鲜半岛。

元朝元仁宗也非常重视对高丽的书籍输出。他将原宋廷秘阁所藏的4371册（计1700余卷）书籍赠送给高丽王室，还设立了"儒学提举司"专门管理有关事务。这样极大地推动了高丽理学教育事业的发展和朱子学的传播。

时至中国明代，朝鲜的李朝仍然到明朝采购了大量的图书，而且相当一部分是福建建本图书。为了弥补藏书的不足，他们不断地从明朝购买朱子学和经史著作。李朝太宗二年（明建文四年，1402年）七月，"内书舍人李孟畇，购进蔡沈的《书集传》"，但是缺失了《舜典》和《尧典》两个章节。太宗觉得不完美，于是下诏命补购。从这以后，购买图书就成了朝鲜使臣到明朝后的一项事务。

由于建本图书质量较高，受到了朝鲜朝野的喜欢，于是每每有建本图书，特别是新版本的图书传入朝鲜，就会被他们拿去翻刻印刷。如，朝鲜端宗二年（1454）密阳府翻刻元建安虞信亨宅刻本朱熹《楚辞辩证》和《后语》。卷末印了翻刻的监督、校正、刻字官员的名字，可见端宗一朝对翻刻书质量的重视。

科举传播。元仁宗皇庆二年（1313），针对吏治混乱等腐败问题，元廷终于决定恢复科举，选拔有真才实学的读书人入朝为官。朱熹的《四书章句集注》被定为科举考试的专用书。从这一年开始，《四书章句集注》成了那个时代读书人最重要的读物。

元朝将"四书五经"作为科举考试的必考科目，明确地点明了朱熹的《四书章句集注》是标准答案之一。这些考试内容传到朝鲜王朝之后，马上就被高丽王朝完全接受，而且很快将朱子学上升为国家意识形态。1314 年，高丽仿照元朝科举，规定考试必须以朱熹《四书章句集注》的观点作为依据，不得进行随意发挥。他们也是以文官来治理天下。上朝时，君王坐北向南，以君王为中心，文官排列在东边，武官排列在西边，即"文武两班"，后来也用"两班"指代士大夫。在施行科举考试的过程中，他们会把《四书章句集注》等"教科书"，下发到各地的府县，再由府县下发到各地的县学，最后发放到县学读书的学生的手上。

高丽王朝效仿元朝，将朱熹《四书章句集注》、真德秀《大学衍义》等理学著作作为科举考试用书，推动了朱子学在朝鲜士大夫阶层和儒生中的普及。

书院传播。朱熹一生致力于书院教育，复兴白鹿洞书院，并为其撰写《白鹿洞书院学规》，被后来中国、朝鲜半岛以及日本许多书院院规所效仿。在朝鲜半岛，"朱子学"的传播与书院关系甚为密切，据相关统计，朝鲜奉祀朱熹的书院有 25 所，占整个奉祀中国先贤的书院的 43.8%。而"朱子学"在朝鲜广泛传播，又促进了朝鲜教育的发展。

二 朱子文化传入日本的方式与路径

中国文化对日本的影响历史悠久。早在 3 世纪末，中国儒学传入日本。6 世纪，日本开始系统地学习儒家经籍及思想学说，并且多措并举促进儒学的传播。隋唐以降，中日高僧往来频繁。12 世纪，朱子学由中日僧人传入日本。

僧侣传播。程朱理学在日本被称为"朱子学"，也被称为"宋学"。在日本镰仓时代（1185—1333）初叶，朱子学开始在日本传播。安井小泰郎在《日本僧学史》中记载："日本学者清原赖业为高仓天皇侍读时，曾从《礼记》中辑出《大学》《中庸》进讲，他还自注《中庸》一书，其说与程朱暗合。"高仓天皇（1161—1181），讳宪仁，日本第 80 代天皇。他在位时，约为中国南宋孝宗淳熙年间（1174—1189），"二程"理学、游杨（游酢、杨时）思想、朱子学就已经传入日本。此时的朱熹年未逾半百，身体硬朗，奋笔著书立说。而将朱子学传入日本的是当时的僧侣。禅僧荣西是将朱子学传入日本的第一人。荣西，字明庵。他于 1187 年入宋时，正是朱熹《论语集注》完成十周年。他在宋游学五年，到过建阳，与朱子门生钟唐杰、窦从周交往密切。他们时常集在一起探讨朱子学，学业精进。窦从周作诗赠荣西："论诗生终日，问法天花零。相得同臭味，蔼蔼生兰馨。"朱熹评价窦从周"忠信可行于蛮貊"。1191 年，荣西归国，带走数量可观的书籍，朱子学遂传入日本。

在朱熹去世前一年——宋庆元五年（1199）四月，日本京都泉涌寺开山大师俊芿（1116—1227）率弟子安秀、长贺入宋游学。他们先在临安（今杭州）、明州（今宁波）和秀州（今嘉兴）等地的寺庙参禅学法，之后住临安下天竺。俊芿大师在学神、律、天台教义的同时，常与临安的史丞相、钱相公、楼参政、杨中郎等博学儒士交往，学习探讨程朱理学。他与弟子们在中国游学 12 年，耳濡目染下，程朱理学的思想给他们留下深刻的印象。1211 年，俊芿大师回国，带走中国书籍 2013 卷，其中有朱子著作等儒家经典256 部。恰巧的是朱熹的《四书集注》在俊芿回日本之前出版了，所以它也被俊芿带回日本。由此，日本伊地知秀安在他的《汉学记源》中说："宋书之入本邦，益首乎俊芿，多购儒书回自宋。"坂本太郎也在《日本史概说》中说："最早由俊芿传入日本，后来又随禅宗传播。"

俊芿大师之后，临济宗的开祖圆尔禅师于宋端平二年（1235）来宋，学习佛法和程朱理学。回国时携去书籍数千卷，其中有朱熹的《论语精义》《大学》《大学或问》《中庸或问》《孟子经义》《集注孟子》等。这对日本传播宋学创造了条件。

回国后，圆尔讲述南宋圭堂居士所编著的《大明录》，介绍二程和朱熹的思想。他还讲述三教概要，既精通佛学，又对儒学有较深的造诣。随后又有一批日本僧侣如静照、绍明、道元等到中国留学，学禅、儒，归日后均传播禅和朱子学。据史书记载，仅南宋就有 120 多名日本知名僧侣到中国留学，学佛学、程朱理学。

在日本僧侣走进中国留学，学习中华文化的同时，中国的僧侣也到日本传播程朱理学。宋元时期的禅僧大休、兰溪、普宁、无学就扬帆东渡日本。无学祖元，又称子元祖元，字子元，号无学，宋明州庆元府（今宁波）人，俗姓许氏，七岁入蒙，博学强记。宋祥兴二年（1279），即日本弘安二年，应北条时宗之聘赴日，遂随日僧荣西、道元从宁波出发，东渡扶桑，住建长寺，出任镰仓建长寺第五世住持。祥兴五年（1282），即日本弘安五年，时宗建圆觉寺，无学祖元为开山初祖。他弘扬佛学和程朱理学，有"生不食元黍，死不葬元土"的气概。元成宗大德三年（1299），禅僧一山（浙江临海人，自幼出家）奉派前往日本传禅宗及宋儒之学。在日本二十年的时间里，他培养了一大批如虎关师炼、义堂周信、中岩圆月等禅儒兼通的禅僧。在宣讲禅儒的同时，他又提倡汉诗文，并教授弟子写汉诗文。到后醍醐天皇时代，禅僧玄惠法印开始为后醍醐天皇进讲朱熹的《四书集注》——朱子学登上了宫廷讲台，推动了朱子学在日本快速传播。时至14世纪末，日本逐渐形成了以五山禅僧为中心的汉诗文热潮，史称"五山文学"，为日本汉文学史上增添了浓重一笔。

14至16世纪，一批"五山僧侣"宣讲朱子学，他们中有一部分人曾经到过中国留学。日本《五山寺僧传》载，日本入宋求法者三十七人，他们归国后既传禅学也播讲朱子学。宫廷中也有一批公卿贵族研习朱子学。"五山僧侣"偏重于禅学与朱子的哲学、认识论等方面的联系，公卿贵族学者重视研究朱子学伦理纲常、经世治国。他们的研究推动了朱子学的日本化。

室町时代后期，日本朱子学者打破了昔日禅僧独占朱子学的局面，形成博士公卿、萨南、海南三个朱子学派。博士公卿派成员主要是朝臣和贵族，采用朱子注释来阐释原创儒学。萨南派由桂庵玄树开创，笃信朱子学，"儒学不源于晦庵者，不以为学焉""违背晦庵之义者，皆不敢取也"，是日本传播研究朱子学的中坚力量，完成了"四书"日本化工作。海南派代表人物南村梅轩，其朱子学带有阳明学和禅学倾向。到德川家康时代，藤原惺窝及其弟子力排佛老，朱子学被奉为官学，儒学脱离禅学束缚，走上了独立发展的道路，成为日本治国的意识形态，进入全盛时期。

移民传播。宋末元初与明末，由于蒙古及满族即将入主中原，为逃避异族统治，有不少有气节的汉人儒学家、读书人亡命日本。他们移民日本，或为官，或讲学，在客观上起了传播程朱理学的作用。

宋遗民李用东渡日本传播朱子学。李用（1198—1279），字叔大，号竹隐，广东东莞篁村白马乡（今东莞市南城区白马社区）人，南宋著名理学家。李用最初研修的是与科举考试有关的学问，自从读了周敦颐、"二程"等人的理学著作后，便放下科举，足不出户地攻读理学。经过三十年的研学，他的学术水平大有长进，撰写了《论语解》。书中阐明周、程理学深奥的意旨，得理学精髓，皇帝下诏把他所著的《论语解》印刷发行全国。他为人敏于事而讷于言，行为讲规矩，全无傲慢之气；孝顺母亲，安贫乐道；教育生徒循循善诱，众多学子慕名而来，拜在他门下。

李用不但是著名理学家，还是一位"死节之士"。南宋末年，元军大举鲸吞南宋疆土，社会板荡，南宋政权岌岌可危。李用心系大宋朝廷，坚决不屈服于元军，表示"生不食元粟，死不葬元土"。具有强烈民族大义思想的李用，面对元军的侵略，勇于激励晚辈参战。当女婿熊飞扬起抗元大旗，以布衣起兵勤王时，他给予鼓励，赞赏有加。1276年7月，文天祥率军经过江西，熊飞随即率义军前去呼应。在韶关保卫战中，熊飞与元军鏖战，死战不退，英勇殉国。熊飞为国甘洒热血的爱国表现，正是李用家庭教育的直接反映。

年过半百，心怀一腔爱国热情的李用，于1276年登上了前往日本的商船，只身东渡，希望在海外寻找到挽救南宋政权的机会。日本此时正处在镰仓幕府时代，与宋朝商贸往来频繁，商业城市博多初具规模。许多宋朝商人在博多定居，形成了一条唐人街。宋商们还兴建了许多中国式的祠堂，被称"宋人百堂"。李用乘风破浪抵达日本后，为大宋请兵勤王之志却未酬。因为，他只是一介儒生，想游说他国出兵援救南宋谈何容易。时日一长，为了生计，他只好"设馆授徒"，讲授中国诗书和朱子理学。

李用以宋末遗民身份侨居日本讲学，一直坚持了30余年，被当地人尊称为"夫子"，为朱子理学的传播做出贡献。

朱舜水（1600—1682），名之瑜，字鲁琪，明浙江余姚人。生于一个士大夫家庭。他文武双修，获得过松江府"文武全才第一"，被举荐入朝为官，却被他回绝了。南京成立南明弘光政权，弘光帝朱由崧三次征召朱舜水做官，但他依然不为所动，受到通缉，流亡舟山群岛。

南明弘光政权覆灭后，满清铁骑屠戮江南，到处生灵涂炭。此时的朱舜水却毅然走出书斋，誓要驱除鞑虏，中兴大明。朱舜水加入监国鲁王的阵营，两次乘船前往日本当说客，试图说服德川幕府出兵抗击满清，然而德川幕府并未同复。朱舜水第二次东渡，却被清廷捕获。他坚持不剃发、不归降，最终看守被他的忠诚所感动，偷偷将其放走。向德川幕府借兵未果的朱舜水，并没有气馁，前往安南争取援军。然而此时的安南国内动荡不安，烽火时兴，拒绝了朱舜水的请求。

明朝复国无望，朱舜水宁可做遗民，也不愿意归附满清。65岁的他，不顾身体老迈，毅然决然再次前往日本。他被幕府征夷副将军德川光国聘为宾师，当起了德川家族的顾问，传授儒家学说。他有感于宋明心性之学空谈形上之道而忽略践实，提倡经世致用的实学。他说："为学之道，在于近里着己，有益天下国家，不在掉弄虚脾，捕风捉影。"其"实学实理""尊王攘夷""四民平等""王政复古""义利合一"等思想，由其弟子在全日本流传开来。在朱舜水的影响下，德川光国参照古代中国修史方式，组建写作班子，编纂出版了《大日本史》，为日本历史上第一部纪传体史书。

还需一提的是，朱舜水是日本"拉面始祖"。他在传授德川光国儒学、建筑学的知识外，还教会了德川光国制作中式面条——和面时添加碱水，接着将面团制作成面条，再放进熬好的骨汤中烹煮。后几经改良，才成了流传至今的日本拉面。

还有一种向日本传播朱子学的方式——从中国移居到非日本国的移民，也推动了朱子学在日本的传播。程顺则（1663—1734），生于那霸久米村一个书香仕宦之家，是琉球古国的儒学大师，也是这种移民的典型代表。他小时候名叫思武太，字宠文，号念庵行一。著书经常以雪堂或念庵为题款。明洪武年间，程顺则的祖父程复从福建移居到琉球。程复不但有才学，而且出类拔萃，受到琉球中山王察度的重用。他两次被选为琉球进贡使团成员赴华，很好完成了各项任务。程复在琉球任职 40 余年，恪尽职守，官至国相兼左长史。程泰祚（1634—1675）为程顺则的父亲，官至琉球进贡都通事，受命监督孔子庙的修建。程顺则自幼生活在有浓厚中华文化底蕴的家庭中，因此也如祖父辈一样，认真学习中华文化——他拜琉球儒学大师郑弘良为师攻读儒学，刻苦研习。1683年，程顺则跟随王明佐率领的琉球谢恩使团来华，以"勤学"（即自费留学生）的身份拜福州鸿儒竺天顺和陈元辅为师，潜心研究儒家经典，日就月将。1707 年，程顺则在任进贡副使来华期间细致研读了《六喻衍义》，并捐资刊刻了这本书。他回去时，携带了数量可观的《六喻衍义》和理学书籍到琉球，于是书中倡导的国民修身齐家标准在琉球流传开来，继而在日本广为流传，教化民众。

被掳儒生传播。明代发生了"万历援朝战争"。1588 年，日本太阁丰臣秀吉基本统一日本后，以朝鲜拒绝攻明为由侵略朝鲜。在战争初期，由于朝鲜承平日久，武备松弛，被日军打得节节败退。日军一个月内攻破汉城，朝鲜国王李昖北逃义州，向宗主国明朝求援。李如松受明朝廷诏，统率 4 万劲旅援朝抗倭，取得平壤大捷。在碧蹄馆之战后，明日双方开始议和。同时，朝鲜全罗道左水使李舜臣在海上取得多次海战的胜利，鼓舞了士气，抗敌之心更加坚决。此次战争于 1595 年基本结束。

不甘失败的日军又于 1597 年正月再次入侵朝鲜。朝鲜再次向明朝求援，明朝调 7 万兵力赴朝救援，与 14 万日军对垒。日军在秀吉死后难以为继，于是从朝鲜半岛撤退。"万历援朝战争"以中朝联军的胜利告终。尽管日军战败了，但是在战争期间，他们掳掠了大量朝鲜的学者、知识分子、技术工人、陶工到日本。这些朝鲜被掳人对战后日本社会的发展产生了重要影响，如朝鲜陶工李参平就是日本著名陶瓷品牌有田烧的陶祖。

当时朝鲜半岛著名儒生姜沆就是被日本掳去的众多儒生中的一员。被掳到日本的姜沆，由于受过良好教育的原因，便为大洲城主做些文案工作，后因才华出众被送到伏见城。藤原惺窝早闻姜沆大名，于是专门前往见面。结果，两人一见如故，相谈甚欢，并结为好友。后来两人多次相见，姜沆就把朝鲜的儒家思想研究情况，以及研究朱子学代表人物李退溪的"退溪学"，都介绍给了藤原惺窝。藤原惺窝听后，对朱子学的兴趣更为浓厚，于是开始研究朱子学，思想也慢慢地从佛教向儒学转变，经历了一场弃佛归儒的思想大转变。此外，姜沆在伏见城还结识了不少学者、僧侣和受过教育的大名，指导他们撰文、作诗、学习理学思想，推动了朱子学在日本的传播。

翻刻传播。林罗山继承了其师藤原惺窝的反佛思想和朱子学在日本的官学化重任。他不但终生侍奉幕府进讲朱子学，还建造了孔庙，大批量翻刻来自中国的文化典籍。宽永七年（1630），在德川幕府第三代将军德川家光的支持下，林罗山仿照江西白鹿洞书院的模式，建造了一座气势恢宏的孔庙。延请著名画家狩野山雪创作《历圣大儒像》，画的是从孔子至朱子共21位中国儒学圣贤的像。这是现存日本古代画家笔下的朱子像中最早的一幅。

在满足日本社会各阶层对中华典籍的需求方面，日本采用的方法是大量翻刻来自中国的文化典籍，而且以江户时代（1603—1868）翻刻的最多。这一时期的"和刻本"中，有不少包括朱子在内的儒学先贤的图书，而且许多刻本源自麻沙的建本。现保存在日本早稻田大学的《袖珍四书》，翻刻于日本宽文十二年（1672），是影刻明正德六年（1511）刘弘毅慎独斋刻本。刘弘毅为当时建阳著名的刻书家，他刻印的图书质量好，深受读书人和藏书家的喜欢。《袖珍四书》分上下两册，上册为《大学章句》《中庸章句》和《论语集注》，下册是《孟子集注》，是至今还存留的最早袖珍本古籍刻本，和璧隋珠。

被翻刻的朱熹著作版本不一，内容丰富。朱熹的《仪礼经传通解》23卷与《集传集注》14卷，分别有宽文二年（1662）五伦书屋刊本、宽文九年山本平左卫门刊本。《朱子语类》140卷，先后有宽文六年细谷次兵卫刊本和宽文八年山形屋刊本。朱熹、吕祖谦合编的《近思录》14卷，有宽文十年山崎嘉序、京都菱屋孙兵卫刊本。朱熹《四书集注》，有元禄五年（1692）梅花堂刊本。明嘉靖福建刻本《晦庵先生朱文公文集》100卷，有日本正德辛卯（1711）寿文堂翻刻本等。这些翻刻的朱熹著作，很好地满足了日本各阶层的需求，对朱子学的传播大有裨益。

三 朱子文化传入越南的方式与路径

公元1世纪前后，儒学传入了越南。汉武帝平南越，将越南列为郡县，达一千余年。北宋初，越南脱离中国独立。南宋时期，越南建立陈朝（1226—1400），儒学地位日益提高。宋末元初，程朱理学主要通过移民、科举传入越南。

科举传播。陈煚（1218—1277），又作陈日煚，对蒙古帝国上表奉贡时名为陈光昺，初讳陈蒲，越南陈朝开国皇帝。陈煚原出生于李朝末年的权贵家庭，从叔陈守度把持国政。陈煚被安排侍奉李昭皇（李朝末代女帝），不久后李昭皇退位，陈煚登基，开创陈朝。陈煚对于南宋，奉行的是友好入贡态度。南宋绍定初年，陈朝遣使入贡，宋理宗册封陈煚为"安南国王"，南宋与陈朝为"朝贡关系"。

陈煚（陈太宗）为了选拔出有能力的官吏，施行科举制度。他重修了文庙，最高儒学教育机构国子监，并塑孔子、周公、亚圣，画七十二贤像奉事。1232年（建中八年），陈太宗仿效宋朝通过殿试录取进士的做法，根据成绩高低分三甲录取人才。天应政平十六年（1247），陈朝科举又设状元、榜眼、探花三魁，开儒、佛、道三教科试。儒学科仿效中国以朱熹《四书集注》为科场程式和取士标准，科举考试内容以朱子学为主，并对科举高中者给予奖励、重用。科举取士，激发了读书人研修儒经和程朱理学的热情，朝野学习程朱理学蔚然成风。

陈太宗所行科举之法，成为之后越南历代王朝的标杆，绵延承袭。至陈明宗，科举选拔官吏已成定制，因此大批儒生入仕，一些人逐渐进入上层统治集团，在朝廷担任要职，取代了僧侣的地位。

兴学传播。越南李朝（1010—1225）时期，封建统治者即已仿照中国的制度修建文庙，建立国子监，"进侍帝学"，供皇亲国戚的子弟读书。陈朝（1225—1400）时期，学校体制和教育水平进一步完善。元丰三年（1253），设立"国学院"，讲授四书五经，并设立讲武堂练习武术。陈太宗诏谕天下儒生到国学院讲习"四书""六经"，向全国儒士介绍儒学新流派——包含有"二程"、游酢、杨时等理学家思想的朱子学，并且要求皇子和百官子弟都要上学，都要研读朱子学和"四书""六经"。同时，中央还设立了国子监、太学、一撮斋、资善堂等数类中央一级学校，进一步加强对人才的培养。不过陈朝与李朝相比，招生范围呈逐渐扩大的趋势——不只招贵族子弟，少量民间俊秀也能进入这些中央一级的学校读书。国学院教员的选拔很严格，必须德高望重、学养深厚、洞识朱学。

陈顺宗进一步确立了官学制度。顺宗光泰十年（1397），越南首次制定了路、府、州、县地方官学制。这也基本奠定了越南从中央到地方的官学体制。

明成祖永乐四年（1406），朱棣应越南故王陈日奎之弟陈王平之请，命太子太傅成国公朱能为将军，率军南下，推翻胡朝。次年，明朝昭告天下，改安南国为交趾省，越南进入"属明时期"（1407—1427）。这回安南再成为内属于中国的郡县，时长为21年。在这段时间内，明朝对交趾地区施行了全方位的同化统治。按照明朝学校的建制在交趾各府、州、县设立各级学校，希望达到"盖无地而不设之学，无人而不纳之教"的目的。《安南志原》载，明朝在交趾统治的21年时间，共建立各级儒学161所，每年从内地运送书籍教材颁发给各个学校。据《大越史记全书》记载："永乐十七年（1419）二月，明遣监生唐义，颁赐《四书五经》《性理大全》《为善阴骘》《孝顺实》等书于府州县儒学。"如此庞大的学校建设规模以及覆盖率远远超过了越南陈朝时期的学校建设规模，既培养了忠于明朝的人才，又促进了朱子学在越南的复兴。

后黎朝（1428—1789）时期，科举制度和学校教育取得进一步发展。中央增设了秀林局、崇文馆、昭文馆，专供官员子孙上学，并规定六品以上官员子弟可入监读书。国学院改称太学堂，依然是越南的最高学府。后黎朱子学得到长足发展，开始进入全盛时期。

移民传播。元灭南宋，一些宋人以死殉国，而一些不愿降元的宋人则选择远走逃亡。南宋左丞相陈宜中、吏部尚书陈仲微、参知政事曾渊等逃入越南，或仕占城，或婿交趾。陈宜中，字与权，号静观，又号仲矗，永嘉（今浙江永嘉）人，景定三年（1262）进士。累官监察御史、刑部尚书、左丞相。在抗元过程中，他采取了一系列措施，收到了稳定局面的效果，缓解了元军对临安的直接威胁，使宋廷有能力组织主动的抵抗，并为后来的焦山之战奠定了基础。宋军于焦山之战失利，陈宜中去占城借兵。陈仲微（1212—1283），字致广，瑞州高安（今属江西）人。嘉熙二年（1238）进士。益王赵昰在海上即位，拜任吏部尚书、给事中。崖山兵败以后，亡走安南。此外，还有30艘海船，载满儒者和百姓也逃入越南。这些南宋臣民给越南送来了程颐、程颢、杨时、游酢、朱熹等理学家的理学著作，也给越南送来了一批学识渊博的儒者。他们在越南办学堂，继续朱熹理学的研究，于是，"二程"、杨时、游酢、朱熹理学在越南传播的范围越来越广，越来越多的越南百姓接受了朱子理学。

在越南进入"属明时期"（1407—1427），明朝向交趾进行了移民。位于越南中部的会安，就有朱、丁、伍、莫、游等十大姓移民，逐渐形成一个繁荣昌盛的华埠。这里华人会馆众多，如中华会馆、潮州会馆、福建会馆、广肇会馆、琼府会馆等，且会馆建筑飞檐翘角、雄伟壮观，保持了中国传统建筑的风格。他们生聚繁衍成大族，并且在越南各地办私塾，学习"四书""五经"，研修游酢、朱熹的理学著作，推动了儒学在越南的传播。

立法传播。《朱子家礼》成书于南宋，为朱熹秉承《仪礼》及宋代官方礼书，以《温公书仪》为蓝本，斟酌古今、折中损益、集诸家之长而写成，是宋儒对传统礼仪承传与创新的标志性成果。这套礼仪制度，贴近普通百姓，具有很强的实用性，对中国封建社会后期的民间通用礼仪影响颇深。元世祖至元八年（1271），《朱子家礼·昏礼》被国家礼典所采用。进入明代，明太祖将《朱子家礼》的部分仪程收录《大明集礼》中，以官方礼书的形式呈现《朱子家礼》程序。明成祖对《朱子家礼》更加重视，直接将全书颁行天下。在官方的大力推广下，《家礼》不但被官方刊刻的《性理大全》《明会典》等书收录、刊布，亦在民间出现了注释本、节编本、附图本、综合改编本等不同形式的《家礼》相关书籍，如刘璋的《家礼补注》、杨复的《家礼附注》等。这些版本的《朱子家礼》阅读容易，实用性强，易于庶民阶层接受。

《朱子家礼》很早就传到了越南，直到黎圣宗才得到最有力的推广传播。黎圣宗对《家礼》进行了国法化改造——《家礼》的婚丧葬礼在圣宗黎思诚时期被写入国法。圣宗发布敕谕："朕惟人之所以异于禽兽者，以其有礼之为防范也。苟或无礼，则肆情纵欲，放僻邪侈，无所不至。今后官吏诸色，某或迁升除授，即吏部札示府县社，责令社长备状端供，本员人年已及格，嫁娶遵行婚礼。"他认为，人区别于禽兽之处是因为人有道德礼节，懂得克制自己的欲望，所以官民嫁娶都要依照《朱子家礼》进行。之后，他又先后发布敕旨，及于三年通丧礼，明确品官与庶人葬制。依《家礼》颁行正嫡次子令，要求子孙奉祀之事，一律委之嫡子；若嫡子先死则委以长孙，若无长孙则用次子……正因为黎圣宗科举考试的内容以朱子学为主，官学、私学主要学《四书章句集注》《朱子语类》等理学著作，人们日常生活中的礼节也要遵守《朱子家礼》中的规范，所以在后黎朝"朱子学"取得独尊地位，成为社会正统思想。

黎圣宗不仅将《家礼》进行了国法化改造，还将《家礼》中的一些内容越南化，编写并颁布了《二十四条伦理》。如"婚嫁祭祀，遵依礼法，毋得逾越""丧祭如礼，毋得私挟财产潜回本家""民间戏场、法会，男女游观，毋得混杂，以杜淫风""家长躬行礼节，以正其家，若子弟为非，各坐家长"等条目，多数有参考《家礼》中的"司马氏居家杂仪"。之后，玄宗景治元年发布申明教化 47 条，其中包含"家长以礼立教，子弟恪敬父兄。……男女毋为巫觋之徒，丧家勿为中元之唱"等。裕宗保泰元年，再颁行教化 10 条："同宗表亲，毋相混娶。""礼节从中，以昭俭约之俗。"这些儒礼成为民间社会乡规、民约、家训等的思想基础，同时也推动了《家礼》思想在越南社会扎根与播迁。

四　朱子文化传入新加坡的方式与路径

两宋时，中国文化就通过海上"丝绸之路"传播至新加坡。1882 年，在新加坡皇家山上，出土了北宋的铜钱和瓷器碎片，是很好的历史见证。19 世纪初，随着大批华人前往新加坡谋生，朱子理学也传入新加坡。

学校传播。新加坡是一个城市国家，原意为狮城，古称淡马锡，主要是由华人组成的国家。据考古发现，在中国的五代、宋代就有华人埋葬于新加坡，可见早在一千多年前就有华人在这里活动。元代航海家汪大渊的《岛夷志略》中记载了他至正九年（1349）在龙牙门（今新加坡岌巴海湾）看到的景象，"男女兼中国人居之"，并描写了他们的外貌特征，"多椎髻，穿短布衫，系青布梢"，还提到他们与当地人相处融洽，与当地妇女通婚的情况也不鲜见。当时这里的人以"易货"的形式"通泉州贸易"。这说明到了元代，有更多的中国人来到新加坡谋生，在这里定居，卒葬于此。但或许是来这里的华人毕竟有限，程朱理学在当时并没有传播开来，直到19世纪初华人大量来到新加坡才有改观。那时，众多华人从中国的福建、广东等省远渡重洋来到新加坡。思想已根植了程朱理学的他们，身体力行儒家所提倡的仁义礼智、忠信勤俭、勇恕正直、慎终追远的美德，与各族居民和谐共处，努力拼搏出属于自己的一片天地。

自从新加坡1819年开港之后，移民到新加坡的华侨就办起书院、私塾，传播朱子学。尽管他们大多不是读书人，没有深厚的儒学理论修养，但是故土尊师重教、以教化人的风尚已深深印刻在他们的思想深处，所以办学教化子孙勤奋、节俭、守信、守法、守规矩、知礼仪、讲孝道、爱学习、懂感恩成为他们自觉的行动。

在新加坡的华侨中，初始兴办的学校是私塾、义学、书室，再到书院，"四书""五经"和朱熹《四书集注》是学校的主要用书。1849年，华侨在新加坡创办第一所正规的华文学校——"崇文阁"。它由闽籍商人陈金声筹资创建，1887年他的儿子陈明水捐款对"崇文阁"进行修葺，1915年"崇文阁"成为崇福女子学校的校址和福建会馆办事处。创建了"崇文阁"后，陈金声又带头捐资创办了萃英书院。之后，新的华文学校层出不穷。

清光绪七年八月初二——公元1881年9月25日，32岁的左秉隆抵达新加坡，出任中国驻新加坡领事（1881—1890），成为中国近代史上由朝廷直接派驻新加坡的首位专业外交官。从此，新加坡华人社会在左秉隆的倡导下，掀起了兴学之风，朱子学在新加坡的传播进入了一个新的时期。在他的任期内，新加坡建起毓兰、乐英、培兰、养正、进修义学等众多书院、义塾，还有不少富商自设家塾，延聘名师教导晚辈。故在当时新加坡华人社区内有书院、义塾"多至不可胜言"之说，学习中华文化，传承朱子理学在华人社区中蔚然成风，扩大了朱子学在新加坡的传播和影响。

进入 20 世纪，由于中国教育制度的变革、维新派和革命派的影响，新式教育在新加坡兴起。书院、私塾逐渐被新式的学堂所替换。1905 年至 1911 年，新加坡先后建起养正、崇正、应新、端蒙、启发、宁阳、道南、育英、中华女校等学校。辛亥革命后，华侨学校发展更盛。1938 年，新加坡华侨学校发展到 329 所，学生 28000 多人，已是大大小小的学校遍布城乡。这一时期，新加坡华人学校在对接新式学制、课程的同时，依然保留了传承中华文化的传统。

社团传播。最早到新加坡定居的华侨，大多来自广东、福建等沿海地区，这里的人宗族、乡谊观念非常重。他们移居新加坡，多是投亲靠友，或是由已在新加坡的人到老家招募来的亲戚、同乡、朋友，因此相继创建了宗亲馆、同乡会馆。1819 年，广东台山人曹亚志移居新加坡，创办了新加坡第一个华侨宗乡会馆——曹家馆，成为新加坡开埠的华人功臣。之后，随着各种姓氏的华人不断移居新加坡，又建起四邑陈氏会馆、林氏九龙堂、台山黄家馆、濂溪别墅周家祠等会馆。据《新加坡华族会馆志》记载：至 1974 年，新加坡华侨、华人计有陈、李、张、黄、王、吴、林、游等 102 个姓氏，分别有大小 200 个宗亲社团组织。这些宗亲馆和同乡会馆既起到追思祖先，融洽乡谊的作用，又起到对儒家伦理道德、孝悌观念、仁爱思想传播的作用，以增强华侨的凝聚力，以克时艰，共谋发展。

随着时代的变化，新加坡的华侨、华人又创办文化社团，扩大对朱子学的传播。1890 年，黄遵宪创立了"图南社"。他在《图南社序》中写道："夫新加坡一地，附近赤道，自中国视之，正当南离。吾意必有蓄道德能文章者应运而出，而寂寂犹未之闻者，则以董率之泛人，而渐疲之日浅矣……遵宪愿与诸君子讲道论德，兼及中西之法治，古今之学术，窃翼数年之后，人才蔚起，有以应天文之象，储国家之用。"黄遵宪倡导，在新时期，人们既要学习、坚持传统的道德伦理，又要敞开胸襟接受西方文化，这样才能培养出适应时代发展的人才。之后，左秉隆创立了"会贤社"，邱菽园创立了"会吟社""丽泽社"，林文庆等创办"中华孔教会"等。这些文化社团，以广泛传播朱子学，重点宣讲儒家的主要范畴仁义、孝悌、忠恕、诚信等为目的，采取研讨、演讲、征文、征联等多种形式，吸引当地的读书人参与。为了确保征文题目的质量，"会贤社"每一个月都举行"月课"，讨论征文的题目，被采用的题目大多从"四书五经"中来。它们有《人皆可以为尧舜》《致知在格物论》《夫子之道，忠恕而已矣》《人之行莫大于孝论》等。由此激发了当地读书人的学习兴趣与热情。

报纸传播。19 世纪 80 年代后，儒学传播在新加坡华人圈勃兴，而华文报纸的出现，又为传播朱子学增添了有生力量。1881 年，新加坡侨领薛有礼创办了第一家华文日报《叻报》，聘请安徽籍大儒叶季允为主笔。《叻报》版式设计是仿照上海的《申报》，因而具有鲜明的中国近代所办报纸的特点。他在《叻报》上发表了许多以儒家思想为主题的文章，向华人灌输朱子学的伦理道德观念。1890 年，福建籍印刷商林衡南创办《星报》；1898 年，福建籍华侨邱菽园创办《天南新报》；1904 年，闽粤华侨陈楚楠与张永福合办《图南日报》以及后来的《总汇报》《中兴日报》；1923 年，福建籍侨领陈嘉庚创办《南洋商报》；1929 年，华侨胡文虎和邓荔生合股创办《星洲日报》……当时，这些报纸聘请了许多知名学者、文人担纲重任。如，胡愈之被《南洋商报》聘为总编辑，郁达夫被《星洲日报》聘为副刊主编。这些报纸或以社论或以评论的形式刊登了《如何尊孔》《论为善莫先于孝悌》《论为政以顺民为贵》等一大批读者关注又内涵深刻的文章。朱子学在新加坡得到广泛传播，使新加坡呈现新气象。正如叶季允1888年2月4日在《叻报》的社论中所说："近来叻地（即新加坡）已大有中国衣冠文物之气，非复当年狂臻初起简朴之风。"

有些报纸至今还在发行。《联合早报》是新加坡主要华文综合性日报，前身是1923年创刊的《南洋商报》和1929年创刊的《星洲日报》；1983年两报合并，合并后共同出版《南洋·星洲联合早报》，简称《联合早报》。《联合早报》的平日发行量约为20万份，除新加坡发行之外，也在中国大陆、中国香港和文莱等地少量发行。至今，《联合早报》在对中华文化的薪火相传上，仍然在发光发热。

五　朱子文化传入泰国的方式与路径

泰国是泰王国的简称，原名暹罗，1939年5月易为今名。秦始皇统一中国后，就派出使者出访过泰国，彼此民间贸易往来频繁。唐宋时，就有华人前往暹罗定居。尽管泰国是个崇信佛教度，但是儒家文化、朱子理学在泰国华侨中薪火相传。

社团传播。泰国是东南亚国家中华侨华人人数众多的国家，社团是泰国华侨华人社会的基本组织形态，而且相当活跃。据记载，泰国最早的华侨华人社团出现在19世纪60年代。之后，各类华人社团如雨后春笋般冒出来。根据其成员构成、活动特点，泰国华侨华人社团可分为五类，即以亲缘为基础的宗亲会、以地缘为基础的同乡会、以业缘组成的行业工商社团、以善缘为基础的慈善和宗教团体、以文缘结谊的文化教育团体。这些社团中，同乡会、宗亲会、文化教育社团对传播中华文化、朱子理学起到重要作用。

中泰两国交往的历史悠久，移居到泰国的华侨将中国先进的农耕、矿冶、造船、航海、工程、工艺、丝绸、陶瓷等科学技术、工艺传入泰国，推动了泰国经济发展。宋元的陶瓷不仅远销泰国，而且有陶工前往泰国的素可泰、宋卡洛等地建窑生产具有中国风格的陶瓷，饮誉东南亚。这些移居泰国的陶工，将中国古代陶瓷文化及烧造技术移植于泰国本土，既弘扬了中华文明，又促进了泰国制陶业的发展。明代，郑和七下西洋让更多的人知道了暹罗这个国家，随之越来越多的人乘船来到暹罗定居。《明实录》中有记载：在暹京已有京城南郊、河中"唐人岛"和湄南河东岸等 3 处华侨聚居地。明末清初，徐世英、郭意公、王元等移居暹罗的华人被任命为暹罗对中国官方贸易的官员。《清实录》记载，暹罗对外贸易的人员中有 252 人是华侨，他们"住居该国，历经数代，各有亲属"。这些均说明，移民泰国的华人在不断增多，为 19 世纪下半叶华人社团的出现形成条件。

在泰国首先出现的华侨社团是同乡会。这是一种以"祖籍地"为基础、以"地缘"为纽带而成立的地缘性华侨华人社团。1862年，来自广东梅县的侨胞李家仁、任福等人创建了第一个华人社团"集贤馆"。随后福建籍、广肇籍、海南籍、客家人华侨纷纷成立同乡社团。1872 年，福建籍华侨在曼谷达叻仃顺兴宫内设福建公所；1877 年，广肇籍华侨创立广肇别墅，并在曼谷石龙军路购地建筑会址；同治年间（1862—1874），客属华侨在曼谷三王府左面设立了集贤馆；约 19 世纪 80 年代，海南籍华侨在曼谷成立琼州公所。同乡社团既是全体成员联络感情、促进乡谊、守望相助的地方，也是社团全体成员学习传统中华文化，传播儒家朱子理学的地方。

宗亲社团是泰国继地缘性社团后出现的又一数量众多，且有影响力的社团。

以血缘关系建立的宗亲社团，很多是从同乡同宗的基础上发展而来的。中国社会，宗族是社会结构的核心。中国移民离开故土带着这种传统的社会关系和观念来到泰国，并仿照他们所熟悉的社会组织模式建立自己新的团体，以血缘为基础的宗亲会（会馆）就是这样产生的。宗亲会成立之初的目的是定期组织聚集祭祀祖先，向成员宣传以孝悌忠信为核心的伦理道德，灌输慎终追远、团结血亲、敦宗睦族、孝思不匮的思想。这样家族成员从幼年起，就知道长幼有序，将孝悌之礼扎根于心。

泰国最大的宗亲组织是成立于1970年的泰华各姓宗亲总会联合会。其宗旨是团结泰国各姓宗亲，弘扬祖德，促进中泰两国人民友谊，帮助边远地区贫困学生，发扬传统文化，推动华文教育，和睦各宗亲侨团，为社会做出积极贡献。目前，泰国泰华各姓宗亲总会联合会中有83个宗亲会，最早的至今已有一百年的历史，还有新的宗亲会在陆续筹备中。随着时代的发展，泰国的华侨宗亲会越来越活跃，活动的范围也越来越广——不但在为传播朱子理学继续努力，而且在为加深中泰两国人民的友谊做贡献。

在泰国，文化社团对朱子理学的传播也起到重要作用。1975年中泰建交，两国间经济和文化交流日益加强，服务于文化、教育的侨社纷纷成立。目前，在泰国有两个代表性的华侨文化、教育社团：一是成立于1986年的泰国华文作家协会，二是成立于1988年的泰国华文民校协会。泰国华文作家协会成立以来，积极发挥组织、协调作用，创办刊物《泰华文学》，举办多次文学征文活动，出版多本《泰华微型小说》集等，为华人作者提供发表文学作品的平台。泰华作协还经常开展文学座谈会、研讨会以提高会员的创作水平，并加强同中国文化艺术团体、东南亚及世界华文文学界的交流，取长补短，蓄力发展。泰国华文民校协会成员主要由各民校的校董事会组成。积极组织有关华文教育的研讨会，经常走访各地华校，组织中文教师赴华培训等。近年来，协会加大对华文民校支持力度，协助国侨办、中国汉办等部门落实外派教师和志愿者，组织培训，组织学生赴中国参加夏令营等活动。这些活动，有力地促进了侨社的文化教育建设，促进了中华文化在泰国的传承与发扬。

学校传播。在泰国，有文字记载华侨、华人创办有规模的华文学校的历史，始于 18 世纪。据史载，泰国早在阿瑜陀耶王朝时，在民间和皇宫中就已经有华文教育的存在。《新编暹罗国志》对泰国出现的第一所有规模的华文学校有较为详细的记载："曼谷王朝拉玛一世（1782—1809）在位时代，泰国华侨在大城府阁凉区创办一所华文学校。该校有可容学生 200 人的教室……"19 世纪初至 20 世纪 30 年代，泰国华人创办华文学校进入高速发展期，出现华益学堂和新民、南英、大同、进德、培源、明达等学校及育民公学等。1917 年创立了第一所女校——坤德女校。1925 年培英学校首办初级中学，随之完全的华侨中学、中华中学建成。至1938 年，泰国华文学校达 293 家。华侨、华人在这些学校里坚持传承中华文化，学《三字经》《弟子规》《百家姓》《千字文》《孝经》《幼学琼林》《家礼》等，读儒学经典"四书五经"等。

中泰两国建交后，随着两国经济、文化交往日益密切，泰国汉语教育和儒学研究也得到迅速发展。诗琳通公主于 1980 年开始学习中文简化字和汉语拼音，逐渐改变泰国长期使用繁体汉字的状况。诗琳通公主还在北京大学研修中国语言并获得名誉博士学位。诗琳通公主的行动激发了泰国人民学习华文和中国文化的热情，许多泰国大学设立了中文系，培养精通汉语、中华文化的人才。开设中文系的泰国大学有诗纳卡琳威洛大学、华侨崇圣大学、清迈大学等；将中文课程从选修课提升为主修课的有朱拉隆功大学、法政大学等，朱拉隆功大学还开设了汉语课研究班。清莱王太后大学专门设立诗琳通中国语言文化中心和泰国华教促进会，开展华校中文师资培训。此外，泰国还成立华文教育语言中心，创办东方文化书院、泰国中华语文学院、百姓华文学院、曼谷语言学院等华文教育学校 200 多所。这些学校，从中国聘请对中华文化有造诣的教师到校讲课，因此，汉语和儒学主流思想的研究在这里迅速发展，朱子理学得到进一步传播。

　　报刊传播。泰国华文报刊是宣传、传播朱子理学的重要载体。其历经百年，几度沧桑。被认为是泰国第一家华文报的《汉境日报》，大约创始于 1903 年，庄银安主编。之后，华文报纸络绎不绝地涌现，生生灭灭。在这些华文报纸中，有些影响很大。1907 年创刊的《华暹新报》，同一报各出中、泰文版面，开启了中国资产阶级民主革命派在泰公开鼓吹革命、与保皇派论战的局面，成为当时曼谷很有影响的一份报纸。1928 年创办的《华侨日报》首倡"报纸大众化"，充实内容，出版星期刊，削减报价，并在泰国率先改用卷筒机印刷，成为当时华文报业劲旅；《晨钟日报》为吸引读者由晚报改为早报，一改过去泰国华文报都是晚报的面貌……这些改革，吸引了更多的受众，促进了泰国的报业发展。创办于 1950 年的《星暹日报》，是由当时的南洋著名侨商胡文虎、胡文豹兄弟创办的。自创刊始，该报就秉承"中立性报纸"的办报理念，基本坚持中立立场，因而在过去动荡不定、反复无常的泰国政局中均免于难，知名度日高。

　　1903 年至今的一百多年里，泰国先后出现不下 334 家华文报刊，其中期刊 150 家、报纸 184 家。有的昙花一现，有的则生生不息地滋养着一代又一代泰国华人的心田。如今，泰国华文传媒业主要由《京华中原联合日报》《星暹日报》《世界日报》《新中原报》《中华日报》《亚洲日报》6大华文日报构成，不忘初心地宣传中华文化，传递着朱子理学的伦理道德。

六 朱子文化传入马来西亚的方式与路径

汉唐时就有华人移居马来半岛，宋代随着对外贸易、文化交流的频繁，有更多的华人来到马来西亚定居。元代，史弼出征爪哇，留下不少兵卒，有的在婆罗洲与当地妇女通婚后同化。明代，郑和七次下西洋又带动了一批华人到马来半岛定居。19世纪40年代后，又出现了一波华人前往马来西亚的移民潮。朱子学也随着华人的脚步传入马来西亚。

社团传播。马来西亚，简称大马，是个多民族、多元文化国家。其中马来族、华族、印度族是马来西亚的三大族众。18世纪，成批的华人、印度人、阿拉伯人涌入马来西亚生息繁衍。之后，随着华人移民的日渐增多，具有华人特色的各种社团开始出现，尤其是19世纪初华人大量移民于此，华人、华侨社团进入快速发展期。马来西亚华人社团多为地缘性、血缘性和业缘性的社团，以地缘性和血缘性的社团最多，历史也最为悠久。一些地缘性的社团已经有近200年的历史，其创建时间跟华裔先驱者初期抵达马来西亚的时间相似。单在砂拉越，超过100年历史的华人社团就有福建公会、古晋广惠肇公会、琼州公会、古晋潮州公会和嘉应五属同乡会等。大部分华人社团的宗旨是"敦睦乡谊、促进团结、共济互助、同谋福利"。华人会馆和公会的传统功能是"守望相助、扶贫济困、慈善公益，为初到的新华侨提供生活和就业帮助，调解华人社团内部纷争，维护社团自身利益"。这些与朱熹提出的伦理道德规范标准相契。

根据 2001 年 6 月的统计，马来西亚正式注册的华人社团约有 7276 个，其中较活跃的华团大约 2000 个。其中多家有关朱子学的学术机构，对推广朱子文化起到积极作用。1996 年 4 月，在砂拉越州美里市成立了"砂拉越美里紫阳学会"。该学会的宗旨是学习和研究中国伟大学者及哲学家，尤其是朱熹的学说，并评估这些学说对传统和现代文化的影响，促进砂拉越州内不同社群之间的亲善及了解。该学会成立后，创办了《紫阳学讯》会刊，积极与中国朱子学研究团体开展学术交流。朱祥南会长说："我们创建学会，编印会刊，目的是弘扬儒家学说与文公（朱熹）思想，促进各民族文化交流，希望在文化沙漠中的砂拉越开辟一个绿洲。"2001 年，成立了"马来西亚朱熹学术研究会"，不久研究会就组织学者编辑出版了一套《朱熹文选集》，分为《认识篇》《教育篇》《思想篇》三册，用以宣传朱子及其思想，弘扬朱子文化。之后研究会举办了多场朱熹国际学术研讨会。2004 年 7 月 11 日，马来西亚朱熹学术研究会与新世纪学院中文系，在吉隆坡新世纪学院举办"朱子学说面面观"国际研讨会。出席这次会议的有中国、新加坡和马来西亚的学者。马来西亚高等教育部副部长胡亚桥在开幕式致辞中说："儒学在中华文化形成与发展过程中扮演主导角色，而朱熹是儒学发展到宋代另创高峰，贡献至大的人物。要发展文化，不能只推动'表层文化'，应兼顾各方面，尤其不能忽略'思想性'的高层文化，因为它是'表层文化'的活水源头。"他还建议马来西亚朱熹学术研究会聘请国际著名朱子学者到马来西亚进行讲学活动，以推动朱子学研究的发展。马来西亚朱熹学术研究会还创办了《朱子学刊》，该刊主编林纬毅博士说："我们希望《朱子学刊》的出版，达到两个目的：一是在马来西亚普及、推广儒家价值观，深化文化理念；二是培养后进，鼓励青年学者对中华文化的主流儒家思想，进行探讨与深入研究。"

此外，马来西亚华人公会、工商联合会、中华大会堂总会三大社团组织，联合发起"马来西亚华人思想兴革运动"。华人踊跃参与讨论。大家认为，在社会活动中必须践行儒家的"己所不欲，勿施于人"思想。从事工商者必须践行朱子学中"勤谨俭朴、敬业爱岗、诚实守信、知礼和谐"的思想；政界、华人领袖须遵守"中庸之道"，做好与政府及其他族群的协调，营造和谐发展的环境；普通华人群众须奉行三纲五常，践行孝道，用朱子学来修身、齐家，以便更好地融入社会，更好地发展。

学校传播。马来西亚的华人、华侨，一向重视教育，让子孙学孔孟之道，接受程朱理学的熏陶。在 19 世纪的马来西亚华人聚集区，纷纷办起私塾、义学、书院，讲授"四书""五经"和《家礼》《朱子家训》《孝经》等儒家经典，宣扬中华传统文化，培养具有传统价值观的华侨子弟，推动中华文化传承不绝。1819 年，槟城华侨创办了五福书院，目的是为来自广府十二县（讲粤语）的华裔子女提供华文教育，开启在马来西亚兴办华文学校的先河。在此后数十年的光景，私塾、书院不断涌现，极大地推动了华文教育的发展，为众多华侨子弟提供了接受华文教育的机会。1888 年，华侨在槟榔屿创办了一所义学学堂。学堂制定了《章程》，第 13 条规定全体学生要读《四书章句集注》和《孝经》。马来西亚华人社团创办学校，进行华文教育，"以吾人之母语教授吾人之儿童，发扬本族文化，使吾人子孙可以适应本族社会环境而生存"。

随着时代变迁，华人办学的模式也随之变化。1909 年，五福书院经过改制，发展成商务学校。之后又经历了广东公立商务学堂和新式小学的改编与改制，最后于 1958 年接受政府部分津贴，易名为商务国民型华文小学。五福书院的创办,开启了海外华文教育的大门,推动各类华文学校在马来西亚的发展,培养了大量知晓中华文化的华裔。他们中有的成为华文作家,创作出文采斐然、思想深刻的文学作品,丰富了海外华人的精神家园。

经过众多华文教育志士持之以恒的奋斗,以及华人社会不遗余力的支持,马来西亚华文教育得到长足发展。据 2021 年 3 月马来西亚华校教师总会的统计,马来西亚有华文小学 1301 所,在校生总数截至 2021 年 2 月为 507177 人。有超过 90% 的华裔家长把孩子送到华小接受基础教育,反映了华人对母语教育的重视。华文小学吸引其他族裔的学生,占比从 2010 年的 11.84% 提高到 2020年的 19.75%。华文独立中学有 61 所,华文大专院校 3 所。除此之外,还有 153 所国民小学提供华文课程,78 所国民改制型中学设有华文必修课程,24 所寄宿中学向马来学生提供华文课程,16 所师范学院开办中小学华文教师培训课程,马来亚大学、博特拉大学、国民大学等国立大学也设有中文系,其中马来亚大学还设有中国问题研究所。近年韩江学院、新纪元学院、南方学院得到政府的拨款,有所发展。

马来西亚的华文中小学、大学不但用华文上课,学习的内容也以中华传统文化为主,有时还会举办全国性的书写比赛,传承朱子文化。2010 年,来自马来西亚全国各州的 420 名中小学生齐聚吉隆坡,共同默写 317 字的《朱子家训》。因为场面浩大,这项活动被列入马来西亚纪录大全,成为全国人数最多的一项默写纪录。可以说,除了中国之外,马来西亚是华文教育保留最完整的国家。华文学校是马来西亚传播朱子文化的基石。

报刊传播。华文教育的不断发展,为华文报纸提供了读者。1815 年,第一份华文报刊《察世俗每月统记传》创刊,主要刊登中国文化、科学知识、宗教相关的文章。每一期的封面都印上"子曰：多闻，择其善者而从之"的字句。在文章内更是大量引用"四书""五经"和孔孟程朱的言论，宣传儒家倡导的"仁义礼智信"的道德观。刊载的科学知识，给中国人打开了一扇了解西方科技知识的大门。随后，华文报刊创办开始在马来西亚发力，出现了《华洋新报》《槟城新报》《峇报》《广时务报》《南洋时务报》《光华日报》《吉隆坡日报》《四州日报》《槟城日报》等华文报刊，推动了中华文化的传播，辅助了华文教育和华文文学的发展。

这些华文报刊所开设的教育专版和文学副刊，选登了许多华人子弟的作品，激发了学生用华文写作的兴趣。这些报刊还会举办以中华传统文化为主题的征文活动，学生踊跃参与。通过征文写作，许多学生加深了对孔孟之道、朱子理学的了解，心性得到陶冶。

在传播孔孟之道、朱子理学的过程中，许多知名学者也积极参与。1898 年，在马来西亚槟榔屿出生的辜鸿铭（1857—1928），将朱熹的《四书章句集注》中的《大学》翻译成英文。1890 年下南洋的张克诚，寄寓于吉隆坡，常在《天南新报》发表"尊孔崇朱"的言论。他致力于改编儒家经典，采择群经，将其精华编纂成书，先是编成《孔教撮要篇》，1900 年至 1901 年，进一步用白话将《孔教撮要篇》改写成《孔教撮要白话》，务求使识字的人都能借以明白儒家要义。因为书中的文辞极其简明，"妇孺皆能读懂"，成为童蒙读物而广为流传。

马来西亚华人文化协会于 20 世纪 80 年代创办了《文道》杂志。曾庆豹撰写了十多篇讨论儒学朱子学与现代化、儒学朱子学与马来西亚华人社会关系的论文在《文道》上刊登。1993 年，赖顺吉在华文报纸《星州日报》上撰文提出马来西亚华族文化发展方向是："创造大马华族文化的独特性，提升华族文化内涵，……致力使华族文化为国人所接受和认同，并引以为荣。"2003 年，《星洲日报》与马来西亚朱氏联合会在吉隆坡联办讲座会，主题是"儒为商用朱子格言"。这些做法都促进了儒学朱子学在马来西亚华人社会的传播。

七 朱子文化传入法国的方式与路径

法国古称"高卢"，曾是欧洲的中心，与中国的交往历史悠久。远在古代的丝绸之路时，法国就是丝绸之路的终点站之一。16世纪，随着传教士入华，他们将儒学朱子学典籍传入欧洲，朱子学开始在法国传播。

传教士传播。16世纪，儒学朱子理学是由来华的耶稣会传教士介绍到欧洲的，并很快传入了法国，而且对法国启蒙思想家产生过深刻的影响。最早被译为拉丁文的《四书》，至今仍保存于罗马的意大利国家图书馆中。翻译者是意大利人罗明坚（1543—1607），生于意大利中南部的斯品纳佐拉城，曾获两种法学博士学位。1582年4月，耶稣会为了进入中国内地传教，选派意大利的范礼安、罗明坚、巴范济和利玛窦等数名"有突出才能"的耶稣会士赴中国传教。明万历七年（1579）奉派抵达中国澳门，学习汉语。后随葡萄牙商船至广州传教，住肇庆天宁寺。罗明坚为人谦逊、好学，与中国士大夫中开明者友好互动，克服民族、文化的偏见与隔阂，把欧洲文化介绍到中国，同时把中国文化介绍到欧洲，创造了中西文化交往史的多个"第一"：建立了晚明时期中国第一所外国人学习汉语的学校，第一次将儒家蒙学经典《三字经》译成西方语言（拉丁语），编写了第一部汉外辞典《葡汉辞典》，写出西方人第一部中文著作《天主圣教实录》，绘编了西方第一本中国地图集，第一次以西班牙文、拉丁文翻译儒家经典《四书》……因此，他为当时中西文化交流的开创者和奠基人之一。《四书》不是罗明坚在中国翻译的，而是后来他返回到意大利翻译并出版的。与罗明坚一同来华的另一位意大利传教士利玛窦也极具才华。他把儒家思想与天主教义融为一体，著成《天主实义》一书；根据自己的经历，撰写了《中国传教史》；把译成拉丁文的《四书章句集注》寄回意大利。这些中国儒学典籍传入欧洲，促进了朱子学在法国的传播。

法国国王路易十四于 1685 年派遣第一批法籍神父白晋、李明、刘应、洪若翰、张诚等 5 位到中国传教，随后又有雷孝思、德玛诺、冯秉正等一大批耶稣会士来华传教，测绘地图。在 16 至 18 世纪，中国文化向欧洲传播中，他们做了扎实而系统的工作。他们翻译介绍并在欧洲出版的儒家典籍及风俗习惯、文化传统著作多达 262 部，中国史学、道德、哲学、科技、文学、法治、地理等方面成就被大量地介绍到法国，进而传播到整个欧洲。儒家经典西译除了罗明坚、利玛窦把《四书》译为拉丁文外，又有人将"四书"与《孝经》《小学》译成拉丁文，称《中华帝国经典》；朱熹《通鉴纲目》被译成欧洲文字出版；《易经》等"五经"也被译成拉丁文，而法文本的《中国六大经典》于 1711 年在比利时出版……这些书籍在法国的传播，使愈来愈多的法国人对中国的儒学、朱子学有了认识。

这一时期，法国出现许多启蒙思想家和文学家，他们都从不同角度吸收并阐发朱子学。如启蒙思潮的先驱笛卡尔、培尔，领导者孟德斯鸠、伏尔泰，以及百科全书派的狄德罗、波维尔，重农学派的魁奈等都曾研究过朱子理学，并从中汲取营养，充实和丰富自己的理论思想。朱子学在法国得到迅速传播，推动了法国启蒙思潮的发展。

留学生传播。到华的传教士是将中华文化传入欧洲的先驱，而前往法国留学的中国学生是另一股有生力量。生于南京的沈福宗（1657—1692）就是早期到达欧洲的中国留学生之一。他读书后没有参加科举考试，而是跟随比利时耶稣会士柏应理学习拉丁文。1681 年，随比利时教士柏应理（Philippe Couplet）由澳门启程前往欧洲进修，游历了葡萄牙、荷兰、意大利、法国和英国等欧洲六国。他们一行分别与罗马教皇和法、英两国国王会见。1684 年，沈福宗和柏应理应邀访问法国，法国国王路易十四会见了沈福宗一行。沈福宗将《大学》《中庸》和《论语》的拉丁文译版赠给了路易十四，并请求在法国出版。会见时，他们用拉丁文进行严格意义上的跨文化对话。沈福宗是历史上第一个会见法国国王的中国人。沈福宗出国时还随身带有中国儒家经典和诸子书籍 40 多部，并将这些书籍作为礼品赠送给所到国的友人，也就把中国语言文字、朱子理学等文化传到欧洲，帮助欧洲汉学家研究汉学。

在法国传播汉学和朱子理学的中国留学生中，黄嘉略是不得不提的一位。1679 年，黄嘉略生于福建省莆田县一个殷实的富户家庭，父母都是天主教徒，在他出生不足半月，便受到洗礼，成为一名天主教教徒，随法国传教士梁弘仁（Artus de Lionne）学习。黄嘉略于 1702 年随罗萨科主教梁弘仁来到巴黎，并娶妻生子，定居巴黎。他向法国政府毛遂自荐，要为法国的汉学效力，于是他便被法国政府委以"国王中文翻译官"之职。路易十四交给黄嘉略的主要任务是编写《汉法辞典》和《汉语语法》，为了便于黄嘉略工作，还找来东方学家埃狄纳·傅尔蒙和著名学者尼古拉斯·弗雷莱同他合作。后来这两个人都成为法国本土上从事汉学研究的奠基人。傅尔蒙撰写的《中国文典》一书，对于法国汉学的进展起了里程碑式的作用，此后的法国著名汉学家多出于傅尔蒙门下。他还经常与著名的法国思想家孟德斯鸠进行对话，内容涉及中国的历史、地理和朱子学等方面，对孟德斯鸠产生了重要影响。孟德斯鸠汲取朱熹德教与法治的思想、顺"势"变易的社会改革思想，创立了立法、行政、司法"三权分立"学说，为资产阶级革命提出革命理论和各种法治主张，为现代政治文明奠定了一块主要基石。

黄嘉略完成了用拉丁文编撰《汉语语法》的工作。这本书除了汉语口语语法外，还附有关于中国的各种知识，显然这在当时具有很高的实用价值。而《汉法辞典》则由于黄嘉略英年早逝只完成部分，1140 页的遗稿保存在巴黎国立图书馆，人们可以从中看到黄嘉略和弗雷莱等人合作的丰硕成果。黄嘉略还是将中文小说翻译成法文、将中国诗歌和音乐介绍到法国的第一人。《汉语语法》《汉语字典》等工具书的编写，对推动儒学朱子学在法国的传播具有积极作用。

学院和学者传播。法国皇家学院于 1742 年开始教授汉语，汉学确立。法国政府于 1814 年底通过法兰西研究院教授西尔韦斯特提出的"把中文列入法国最高研究院的正式课目"的倡议，课目名称为"中满语言文学"。1815 年，雷慕沙在巴黎法兰西学院发表就职演讲，学术汉学由此诞生，汉学成为法兰西学院的一门学科，中文已列为法国大学的一门正规科目，而朱子学研究在这门学科的缔造过程中起了决定性作用。法兰西学院由此出现了堪称一代宗师的熟悉中国儒学朱子学的汉学家雷慕沙和沙畹。雷慕沙翻译出版了"四书"中的一部书《中庸》，该版本刊载有汉文本、满文本、拉丁文译本和法文译本，并附有一些注释，便于读者阅读和研究。沙畹在中国历史学研究上成果卓著，其译《史记》既严谨又涉及面广；重视朱熹伦理道德研究，他的论文《论中国人的道德思想》影响大。这一时期法国出现的"汉学热"，造就了诸多的汉学家、朱子学家，也造就了法国在儒学朱子学传播与研究中的重要地位。

20 世纪 60 年代以来，法国又出现一批从事儒学朱子学研究的汉学家，而且卓有成果。汉学家汪德迈出版了《新汉文化圈》《中国文化思想研究》，谢和耐发表《论儒教传统对中国社会的影响》《中国社会中儒教传统的影响》等论文，延续了法国对儒学朱子学的研究与传播。

八 朱子文化传入德国的方式与路径

德意志联邦共和国，简称"德国"，历史上被称作"诗人与思想家的国家"。中德在很早之前就有贸易活动，但是间接发生的，因此德国人在 16 世纪前仅仅知道世界上有个盛产精美丝绸和瓷器的"中国"，而并不知道儒学朱子学。16 世纪下半叶儒学朱子学才由传教士传入德国。

传教士传播。儒学朱子学于 16 世纪中叶传入欧洲，16 世纪下半叶传入德国。胡安·冈萨雷斯·德·门多萨是西班牙传教士，编著了《中华大帝国史》一书。此书详细介绍了中国历史、文化、哲学、宗教、风俗等，作为中国很重要的儒学朱子学自然被重点提及，是首部向欧洲介绍中国情况的专著。这本书于 1585 年在罗马出版，1589 年被译成德文出版，开始在德国传播。这本德文版的书，是用德文介绍中国知识的奠基之作，被了解、研究中国的德国和欧洲学者广泛利用。

德籍天主教耶稣会士汤若望（1591—1666），字道未，于明天启二年，即 1622 年来到中国传教，在中国生活了近 50 年。他经历了明、清两朝，是继利玛窦之后最重要的来华传教士之一，为中西方文化的交流、传播做了大量的工作。在华期间，他独自或与他人合作一共撰写了《崇祯历书》《天学传概》《火攻挈要》《汤若望回忆录》等 28 部著作，尤其是他与徐光启等人编撰的《崇祯历书》，标志着中国天文学从此汇入世界天文学发展的潮流；他著的《火攻挈要》一书传播了欧洲 16 世纪的火炮制造知识，是明末有关西洋大炮的最权威的著作，一直到清朝中叶都很有影响。在清代，汤若望因人品周正、博学多才，获得统治者极高的赏识。孝庄皇太后与顺治皇帝都很器重他，赐号"通微教师"。汤若望以传教士的身份受到清朝的如此礼遇，史无前例。《汤若望回忆录》则是汤若望在德国乃至欧洲传播中国文化的著作，其核心就是传播儒学朱子学。由于汤若望在中国古典文化西传中做出重大贡献，所以他与利玛窦、南怀仁被称为早期中西文化交流史上的三颗巨星。

在德国传播儒学朱子学中，安塔纳西·基尔契、苏纳、白乃心、吴尔铎等传教士也卓有成绩。1667 年，安塔纳西·基尔契出版了用拉丁文写的论著——《中国》，之后被译成法、德文，成为当时德国和欧洲知识界了解中国的重要参阅书。白乃心、吴尔铎于顺治十八年（1661）西行寻找通往欧洲的安全陆路。一路经青海、西藏，先后到达尼泊尔、孟加拉，再由印度经波斯、土耳其、意大利，抵达目的地罗马，完成了从中国返抵欧洲的尝试。白乃心、吴尔铎将探索过程写成《从中国到莫卧儿旅行记》的报告，收录基尔旭所编《中国大观》一书。1697 年，根据白乃心所记述的中国事物编撰而成的《中华帝国杂记》出版，书后附《孔子传》和《中庸》的选译文，成为又一在德国社会传播儒学朱子学的载体。

传教士传播。德国启蒙运动中的许多学者的学说与朱子学有关，推动了朱子学在德国的传播。莱布尼茨（1646—1716）是 17 世纪末 18 世纪初德国最有才华、最杰出的学者之一，还是德国启蒙运动的先驱者。他关注中国文化在德国的发展，是"狂热的中国崇拜"者。他不但向闵明我、白晋和南怀仁等入华的耶稣会士了解中国历史、文化、哲学方面的内容，还阅读了大量由传教士翻译的有关中国情况的书籍，如《四书章句集注》《易经》《孝经》等理学著作，研读了传教士们撰写的《中国的智慧》《论中国的宗教中的某些问题》《中华帝国史》和《论中国宗教的某些观点》等论著，从中了解了中国的大致状况和博大精深的朱子理学思想。经过认真研学，中国给莱布尼茨留下深刻的印象，他认为中国是一个伟大的国家，中国文化与欧洲文化各具特色，两者可以相互借鉴。他在《论中国哲学》中说："中国是一个大国，它在版图上不次于文明的欧洲，并且在人数上和国家的治理上远胜于文明的欧洲。在中国，在某种意义上，有一个极其令人钦佩的道德，再加上有一个哲学学说，或者有一个自然神论，因其古老而受到尊重。这种哲学学说或自然神论是自从约三千年以来建立的，并且富有权威，远在希腊人的哲学很久很久以前。"《中国近事》是他 1697 年的著作，在书的序言中他建议道："鉴于我们道德急剧衰败的现实，由中国派传教士来教我们自然神学的运用与实践，就像我们派传教士去教他们由神启示的神学那样，是很有必要的。"从中可见，莱布尼茨肯定了两种文化各有所长，也各有所短，彼此可以取长补短，以图共同发展。

甲柏连孜，德国汉学家。1876 年，甲柏连孜选择北宋哲学家周敦颐的《太极图说》的翻译和解说作为博士论文的内容，论文的题目为《周子太极图说，并附有〈合璧性理〉中朱熹的注释》。这是传统的以语文学的方式对一个哲学文本进行的翻译和阐释，使用雍正十年（1732）刻板的《满汉合璧性理》作为底本。他致力于汉语、满文、蒙古文、藏文和马来文的研究。1891 年他出版《汉文经纬》，使德国汉学发展进入一个新的阶段，至今仍被汉学界认为是具有划时代意义的古汉语语法专著。在写《汉文经纬》中，他频频从《太极图说》中摘引例句。他对周敦颐《太极图说》的翻译是筚路蓝缕的开创性工作，对德国乃至欧洲了解、传播宋代理学起了积极作用。

在研究传播朱子学中，德国汉学家葛卢百把朱熹有关"理""气"的论述译成德文；1837年，德国慕尼黑大学东方学教授内曼（K.F. Neumann）在著名的《历史神学杂志》上发表了长达88页的对朱熹理气思想的德文译介成果；1953年，汉学家葛拉福（Olaf Gra）耗费多年心血完成了对《近思录》的德文翻译，为西方世界的第一种译本，对西方研究朱子学的学者来说具有很好的借鉴作用。

朱子学不仅对德国的学者有吸引力，有影响力，对德国的文学家也影响深远。歌德读过拉丁文译本的《四书章句集注》和传教士撰写的介绍朱子学的书籍，称赞孔子、朱熹是"务实的哲学家"；认为孔子、朱熹关于修身以促进自身善美发展的见解同自己的见解极为相近。他还非常欣赏朱熹提出"天人合一"的思想，专门写诗以赞美。

哲学家传播。朱熹是中国宋代理学集大成者，而黑格尔（1770—1831）是18世纪末19世纪初德国古典哲学的集大成者。黑格尔曾研读过数量可观的中国哲学经典和历史、文学书籍，因此他的哲学中明显含有中国哲学尤其朱熹理学的成分。黑格尔对儒学朱子学既批判又吸收借鉴——他苛求儒学诋毁朱子学，提出孔子、朱熹的学说只是"宗教哲学""一桩政治事物""更恰当地说，是一种一般东方人的宗教思维方式——一种宗教的世界观""中国人没有法律没有道德"，中国人"是从思想开始，然后流入空虚，而哲学也同样沦于空虚"，但他又承认自己的思想体系受到儒学朱子学影响。黑格尔的自然哲学"理性支配世界""理性是宇宙的实体""存在着的理念就是自然"等观念与朱熹"理则就其事事物物各有其则者言之""宇宙之间，一理而已。天得之而为天，地得之而为地"等说法也极类似。他根据太阳东升西沉的象征意义，把历史比作人的幼年、少年、青年、壮年、老年的历史发展观同朱熹"读史当观大伦理、大机会、大治乱得失"观点如出一辙。

研究机构和大学传播。18世纪末开始，在德国有人批判孔子是"糊涂虫"，朱子学的传播受到干扰，汉学发展进入低谷。19世纪后期，德国汉学研究机构开始建立，推动了德国汉学研究的复苏。1887年，东方语言研究所在柏林建立，并开设有汉语教学课程。随后，哥廷根、莱比锡、波恩等大学也设立了汉学教授席位，涌现了一批汉学家。其中费尔克的哲学、卫礼贤的经学、福兰阁的史学、柴赫的训诂与文学，构成了德国的所谓"四库全书"。二战期间，德国汉学研究衰微。二战后德国重建汉学。西德在哥廷根、波恩、马堡和维尔茨堡、埃尔兰根、明斯特、海德堡等大学设汉学教授席位，在法兰克福和科隆设汉学编外教授席位，在西柏林自由大学设汉学学位。东德在柏林洪堡、莱比锡等大学设汉学教授席位，柏林科学院开展汉学研究。汉堡在1956年建亚洲研究所，柏林在1958年重建东方语言研究学院……

研究机构的不断出现，为德国的汉学研究注入了活力，朱子学研究成果斐然。20世纪80年代以来，汉学家尤塔·维沙里乌斯（Jutta Visarius）出版了《朱熹形而上学研究》专著，崔海硕（Hae-suk Choi）出版了比较哲学领域的研究专著《斯宾诺莎与朱熹：斯宾诺莎伦理学与朱熹新儒家学说中的作为人之存在根据的绝对自然》；汉学家欧阳博（Wolfgang Ommerborn）先后发表了《朱熹学说中对人的哲学考察》《新儒家朱熹的生平与思想》《朱熹对孟子仁政理论的接受和这种理论的哲学根基》《评叶翰的〈从程颐到朱熹：胡氏家族传统中的正道论〉》，傅敏怡（Michael Friedrich）发表了《传统与直觉：朱熹学派的渊源史》，莫里茨（Ralf Moritz）发表了《概念与历史：论朱熹》。
这些都在为朱子学在德国的广泛传播发力。

九　朱子文化传入英国的方式与路径

英国位于大西洋东部，欧洲西部，与欧洲大陆隔海相望，在
都铎王朝（1485—1603）时期，就开始十分渴望和传说中的大中
国交往了。1583年，伊丽莎白女王派伍德作使臣，与商人一同前
往中国。伍德此行，主要是帮伊丽莎白给中国皇帝送信，然而船队
遇险未能到达中国。1637年，也就是明崇祯十年，英国商船第一
次来到广州海面，开始了和中国商业上的往来。之后，传教士罗伯
特·马礼逊来到中国，开启了英国人在中国本土学习研究中华文化
的序幕，进而将儒学朱子学传播到英国。

传教士传播。法国作为欧洲汉学中心，向周边各国也包括英
国辐射和传递着来自中国的思想与文化。特别是英国地理学家理查
德·哈克卢特主编的英文版的《航海全书》面世，为很多英国人打
开全面了解中国的窗户。哈克卢特在《航海全书》中介绍了中国的
历史、地理物产、文化教育、社会风俗、手工艺品等，特别是介绍
了中国治国、理政、安邦的儒家思想、教育制度、官吏升迁制度、
重视农业等情况。他认为中国人聘请老师教他们的小孩读圣贤之
书，尊师重教；中国农业很发达，物产很丰富，人民生活富足……
因此，英国都铎王朝（1485—1603）时期的伊丽莎白女王迫切想
与中国取得联系，于是派遣商人、使臣、传教士进入中国，缔结友
好，对中国进行全面深入的了解。但是由于种种原因，在她去世时

这个愿望也未能实现。

伊丽莎白去世 200 年后，英国传教士罗伯特·马礼逊（Robert Morrison，1782—1834）来到中国，将欧洲文化传入中国，又把中国的文化传播到英国，促进了中西方文化的交流与融合。马礼逊是基督教新教在中国传教的开山祖，是在中国的伦敦会教会创始人。他于 1807 年（嘉庆十二年）来到中国广州，学习汉语，了解中国文化和人们的生活习俗。在华 25 年里，他在许多方面都有首创之功。他编纂出版了中国历史上第一部英汉字典——《华英字典》，成为以后汉英字典编撰之圭臬；以自己具有的医学专业知识，在澳门开办了第一个中西医合作的诊所；他还第一个把《圣经》译成中文，展开了基督新教在中国的宣教历史。他精通汉语，除编纂出版《华英字典》外，还编著了《汉语语法》《广州土话字汇》。马礼逊于 1824 年回英国一次，携带一大批汉文典籍，包括朱熹的《四书章句集注》《近思录》等，这些书籍后来全由其家人捐赠伦敦大学。他回国时曾协助成立伦敦"语言学校"。在促进中英两国文化交流上，马礼逊尽心尽力。

理雅各（1815—1897），英国传教士、汉学家。1843 年，理雅各和他的家人定居香港，长期在香港从事教育和传教活动。理雅各在香港一段时间后，意识到"打开中国的钥匙，在于对中国经典著作的认知。这些著作影响着中国人整体的行为规范，包括他们的思维、信仰和生活方式，以及他们的政府体制"。于是，他就像几个世纪以前的利玛窦一样，刻苦学习汉语，广泛研读儒家典籍，并进行翻译。在理雅各之前，对儒家经典进行翻译，只是零星进行，理雅各则是大规模地、完整地进行翻译。他的《中国经典》第一卷收录了《论语》和《大学》的译文，第二卷收录了《孟子》的译文，第三卷收录了《书经》的译文，第四卷收录了《诗经》的译文，第五卷收录了《春秋》和《左传》的译文，从 1861 年至 1872

年陆续出版。近年来海内外出版社又将理雅各的《中国经典》增补到七卷，增收的译文为《礼记》和《易经》。将"四书五经"第一次完整地译为典雅英文向西方读者进行系统介绍，是他一生最大的成就。他在香港居住了30多年后，回到了英国。英国牛津大学于1875年设立中国语言文学教席，理雅各被任命为牛津大学的首席汉语教授，为传播儒学朱子学等中华优秀文化努力工作。他在伦敦去世时，还在翻译《楚辞》。

民国以后，卜道成（1861—1934）是第一个系统研究朱熹哲学的英国浸礼会传教士。他1887年来华，在山东青州创建培真书院。后在济南购地兴建山东基督教共合大学，1917年起学校启用"齐鲁大学"校名，卜道成成为"齐大"首任校长。他在中国期间，花费了大量的时间和精力研究朱子理学。1922年他出版了《朱熹人本性哲学》一书，把《朱子全书》卷42至卷48译成英文，分为七个部分：一是性与命（卷42）；二是自然界本性、命、能力（卷43）；三是心神（卷44）；四是心神、性与感情，永恒的性，感情与动机，意志与气意志与动机思想（卷45）；五是道德法、法、美德、爱（卷46）；六是爱（卷47）；七是爱、公义、尊敬、智慧（卷48）。卜道成还出版了《宋代哲学的有神论含意》，重点提出朱熹是否无神论者的问题。卜道成认为，理学在物质与精神之间没有什么区别，宁可说它是物质本性与道德之间的区别，"理"具有宗教特性，它是一切事物的本源，"理"是道德，它包含仁善与智慧。太极就是道德的总和，"天"就是"上帝"。不久，英国循道会牧师任修本也发表论文《朱熹是一个唯物主义者吗》，支持卜道成的观点。从此以后，似乎西方不再把朱熹看作一个唯物主义者，而把他看作倾向信神的。

大学和学者传播。19世纪，英国汉学发展开始由传教士汉学向专业汉学转换。从19世纪40年代开始，英国伦敦大学学院、剑桥大学、帝王学院、牛津大学和曼彻斯特欧文学院陆续设立汉学教授席位；1876 年，伦敦大学、牛津大学、剑桥大学都设立了汉学系，开展儒学研究。特别是 1890 年"东方语言学院"的建立和 1916 年伦敦大学"东方与非洲研究学院"的建立，从体制上标志着英国汉学研究走上了专业化的道路——系统的、有组织的教学和研究模式取代了以前出自自我兴趣的个体学习和研究，完成了传教士汉学向专业汉学的转换。这批从事汉学教学和研究的教育机构，也有一些设立在中国，它们大多是教会建立的，如鸦片战争以后于 19 世纪 50 年代建立的厦门英华学院、上海同文学会、宁波三一书院等。这批学校，同英国国内的"东方语言学院"和"东方与非洲研究学院"等汉学教学研究机构一起，搭起了中英文化交流的桥梁和纽带。

18 世纪，儒学朱子学在英国受到众多学者的关注，并得到他们的传播。朱子学被启蒙思想家用来构建"全球意识""世界公民"学说。奥立佛·哥尔德斯密宣扬朱熹修身、齐家、治国、平天下的奋斗精神，在他的作品中常引用朱熹的《四书章句集注》中的经典语句，证明他是站在全球意识"世界公民"的高度，用理性眼光去分析比较和吸收各国各民族优秀文明成果，以达到修养和认识的升华。《英雄的道德》是威廉·坦帕尔的名作。他在作品中宣扬朱熹的人品和思想，评价朱熹是"真的爱国者和爱人类者"。在写政论时，威廉·坦帕尔喜欢引用朱熹话语，并认为朱子学"是一部伦理学，讲的是公众道德、私人道德、政治道德、经济道德，都是修身、齐家、治国、平天下之道……为了人类的幸福，无论是权贵，还是农民都要加强德性修养，遵守国家法令，多行善事"。另外，威廉·坦帕尔在《讨论古今的学术》里强调，朱子学堪称"知识的总汇"，对他建立完善充实"全球意识""天下一家""世界公民"的学说大有裨益。此外，朱子学还被启蒙思想家用来论证资产阶级"天赋人权"理论，建立自由学说；重新解释中世纪基督教神学；宣扬经验主义理性，从观念上引发一场新的革命即用科学方法来认识世界。

李约瑟是 20 世纪最伟大的汉学家之一。他创立了科技汉学新流派，打通了古今中西以及科学与人文的壁垒，堪称天下达人。他所著的《中国科学技术史》对现代中西文化交流影响深远。此书共 7 卷 34 册，内容涉及地理、天文、生物、物理、化学等各个领域，用大量的历史资料，第一次全面系统地向全世界展示中国古代科技成就，并给予了充分肯定。沈括（1031—1095），是北宋著名的科学家、政治家。他撰写的《梦溪笔谈》是一本内容极为丰富的杂谈式笔记体科技著作。全书分为《笔谈》《补笔谈》《续笔谈》3 个部分。书中的科技知识占全书内容的三分之一以上，主要涉及天文、数学、医药、地理、物理和乐律等方面的知识，也涉及冶金、兵器、气象、化学、建筑、水利、动植物等领域。《梦溪笔谈》记录了当时科学发展和生产技术的情况，包括金属冶炼方法、活字印刷术等复杂技术。李约瑟研读《梦溪笔谈》后，在《中国科学技术史》上评价《梦溪笔谈》是"中国科学史上的坐标"。我们引以为豪的"四大发明"的说法，也源自李约瑟的《中国科学技术史》。四大发明对中国古代的政治、经济、文化的发展产生了巨大的推动作用，经各种途径传至西方，也对世界文明发展史产生了巨大的影响。因此，李约瑟对古代中国科技作出这样的评价："在中国完成的发明和技术发现，改变了西方文明的发展进程，并因而也确定改变了整个世界的发展进程。"

在《中国科学技术史》中，李约瑟对朱熹的"因材施教""有教无类""无弃人"的思想观点持肯定态度，说这是"具有革命性的主张"。在哲学思想方面，李约瑟赞同朱熹的自然哲学思想，评价道："在中国的文献中，有关山岳成因的论述……其中最有名的，是新儒家者朱熹。"他还断定朱熹理学是有机主义哲学，当代世界科学的发展还需要朱子学。

十 朱子文化传入美国的方式与路径

朱子学自 13 世纪开始向外传播，先后影响韩国、日本、越南等邻国官方哲学达数百年之久。16 世纪东学西渐，朱子学成为孟德斯鸠、伏尔泰和莱布尼茨等西方启蒙思想家的思想渊源之一，对西方文明的塑造产生了影响。18 世纪中叶随着欧洲传教士著译的朱子学书籍传入美国，掀开朱子学进入美国的篇章。

传教士传播。16 世纪开始，朱子学相关著作经耶稣会士翻译成西方文字并传入欧洲。18 世纪由欧洲耶稣会士们翻译和撰写的朱子学著作传入美国。如意大利传教士利玛窦向西方全方位介绍中国儒学朱子学的《利玛窦中国札记》传到美国。柏应理（1623—1693），比利时人，著名汉学家。他从小在当地的耶稣会学校求学，并于 17 岁那年成为耶稣会的见习修士。清顺治十七年（1660），经过 3 年漂泊的柏应理登上澳门，再由澳门到物产丰富、人才荟萃的浙江。柏应理到达中国后，并不急于传教，而是首先了解熟悉中国文化，学习中国语言。他以利玛窦为榜样，着中国服装，悉心研究中国的历史、哲学、宗教及传统的儒家思想。他勤奋好学，几年后就能够借助中国传统文化用中文著书宣传天主教。在中国生活了 20 余年的柏应理于 1681 年返欧洲。回到欧洲的柏应理，撰写发表了多篇拉丁文著作，向欧洲介绍中国，增进了西方对中国的了解。柏应理著的《中国的哲学家孔子》分四大部分："四书""五经"的历史意义；宋明理学的阐述，佛教与儒学的区别；孔子画像与孔子传略；《中庸》《大学》《论语》的译文，程颐、游酢、杨时、朱熹等理学家对"四书""五经"的注疏。1733年，这本书收藏于美国费城詹姆斯·洛根的私人图书馆里，向读者开放借阅。这些著作传入美国后，对美国启蒙思想家本杰明·富兰克林、托马斯·潘恩等均有一定影响。富兰克林曾在《丛报》《新英格兰报》等刊物上发表文章宣传儒学、朱子学。他认可儒家的道德规范，主张人应该有节制、有序、公正、俭朴等13种德行；他赞同朱子"格物致知"的修身方法，强调人们应该养成美德，成为合格公民。

杜赫德是法国耶稣会士，他编辑出版的《中国通志》于1735年传到美国。书中内容涵盖了中国地理、历史、政治、经济、文化、教育、宗教、风俗，儒学朱子学典籍中的一些段落及部分戏曲、小说。深受儒学朱子学影响的欧洲启蒙思想家的论著也大量地传入北美，如约翰·密尔的《论自由》，约翰·洛克的《政府论》，伏尔泰的《哲学辞典》《风俗论》《路易十四时代》，魁奈的《中华帝国的专制制度》，莱布尼茨的《中国新讯》，孟德斯鸠的《论法的精神》……于是，儒学朱子学逐渐在美国传播开来，想深入了解朱子学的人越来越多。

近代，第一个把朱熹著作译成英文的美国人是裨治文。裨治文（1801—1861），美国马萨诸塞州人，是第一个来华的美国公理会传教士。裨治文于1830年到广州，跟随马礼逊学习汉语。在华期间，他开设博济医院，创办报纸，还担任过林则徐的译员，支持清廷禁烟。1832年，裨治文创办《中国丛报》，任总主笔。该报以介绍中国的文化典籍和人情世故为主，成了美国人了解中国文化的一个窗口。他撰写了有关中国儒学的文章就会在《中国丛报》上发表。他把《朱子全书》中的关于宇宙、天地、日月以及人畜的某些章节译成英文，以《中国宇宙观》为题首先在《中国丛报》第

18 期发表。陈荣捷教授认为，这"标志着西方以直接的原始材料为基础研究朱熹思想的开端"。他还将《三字经》《千字文》《神童诗》《孝经》以及《小学》的第一部分翻译成英文在《中国丛报》上发表，并将清高愈《朱子传》译成英文。《皇家亚洲文会北中国支会会刊》也是裨治文负责编辑的，该刊发刊词以及第一卷中孟子的一篇文章皆出自他的笔下，在波士顿出版的美部会会刊《传教先驱报》上也刊登了大量他的书信。此外中国的报刊也常常能收到他的投稿。在推动朱子学在美国的传播上，裨治文可谓不遗余力。

鸦片战争前后，传教士卫三畏的《中国总论》及翻译朱子学的著作传入美国。他在《中国总论》中首次将"儒家学说和佛教、基督教、伊斯兰教相提并论"，认为"他们同样具有永恒的价值"。他对中国儒家文化具有"信义"的价值内涵极为推崇，称"世界上很少国家能与中国相比"。他指出，儒家的哲学向内用功，也就是通过认识自己，进而认识和掌握整个世界，儒家的哲学又是一种实践哲学，注重在实际牛活中的认知，注重实践层面的操作，而不把重点放在纯理性的思辨上。

学者传播。《朱熹的知识论》发表于 1936 年的《哈佛亚洲通讯》上，这是有资料显示的最早的美国关于朱熹研究的论文。作者霍金（Wilian E. Hocking）是当时美国新黑格尔派的代表人物，担任过哈佛大学哲学系主任和美国哲学会会长。霍金认为，朱子格物的目的在乎穷理，虽然从中可判断朱子为理性主义者，但穷理是为尽性，性理为一，知行并进，所以朱子是一个经验主义者。他又比较了朱子同斯宾诺莎、柏格森两人之异同。这篇论文的发表标志着美国哲学家开始注意朱子及其学说。不足的是，霍金对朱熹的研究在西欧的材料上进行，因此有些言论有失偏颇。由此，促使美国华裔学者在朱子学于美国兴起的初级阶段致力于中国哲学经典的翻译和推广。如陈荣捷不但出版《朱学论集》，还将《近思录》

《道德经》《传习录》《北溪字义》《六祖坛经》翻译成英文，便于美国读者对中国典籍的阅读。陈荣捷与狄百瑞的交往则把朱子学在美国的研究推向新的天地。1949年陈荣捷与狄百瑞相识，此后两人开始了长达30年的合作，他们共同编纂、翻译的中国哲学书籍，成为海外学者研究中国哲学的必备书。

谢康伦于1960年在斯坦福大学获得博士学位。他的博士论文就是《朱熹的政治思想和政治活动》。随后，他又发表了多篇朱子学研究成果——《朱熹的政治生涯：一个两难的问题》《朱熹思想中的历史与哲学》《受攻击的理学：质疑伪学》，对朱子的政治思想和实践进行了深入的探讨。因此，谢康伦成为美国研究、推广朱子学的重要学者之一。

20世纪70年代至21世纪，朱子学研究随着美国中国哲学研究队伍的扩大而逐步走向兴盛，其中不少是专门从事朱子研究的学者。如贾德讷（Daniel J. Cardner）、田浩（Hoyt Tillman）、康格理（Thompson，Kiriu O.）等。同时，一批华裔学者也在成长，如余英时、成中英、杜维明、刘述先等人，跨越了不同文化不同学术体系的障碍，在美国建立了自己的学术体系。这些学者不但自己从事朱子学的研究，还培养了一大批儒学研究的后继者。20世纪70年代到80年代，美国的哈佛大学、哥伦比亚大学、夏威夷大学等都设有攻读朱子学博士的课程，还有定期举办的朱子学、宋学研讨会，成绩显著——耶鲁大学、哈佛大学、普林斯顿大学、哥伦比亚大学、加利福尼亚大学、芝加哥大学等美国著名大学都有朱子学研究的博士论文问世。这些论文的作者大多成为当今美国专事宋代思想史研究的重要人物，甚至是研究推广朱子文化的领军人物。

现在，美国对朱子学的研究已从散兵游勇式的零敲碎打形成主流研究体系，形成开放、多元的研究局面。在社会流变中，朱子学受到越来越多美国人的关注。

2023 年 10 月 18 日集成殿开户典礼

叁

朱子文化在海外的大事件和人物

——

概　述

　　综罗百代、博大精深的朱子理学，于 12 世纪开始向海外传播。朱子理学犹如鲜花、蜜汁，无论传到哪儿都有赏识、厚爱它的人。经过几百年的传播，亚洲、欧美及阿拉伯世界都留下朱子学的印迹——朱子学对许多国家的哲学、政治、教育、宗教、文学均产生了影响，甚至占有重要地位。

　　在传播朱子学的过程中，传播者会遇到阳光，也会遭遇风雨；会遇到坦途，也会遭遇坎坷；会遇到风平浪静，也会遭遇惊涛骇浪，甚至遇到晴天霹雳。无论是在亚洲、欧美，还是在阿拉伯世界，都曾出现一些令人记忆深刻的人，一些让人难以忘怀的事。如将朱子理学传到欧洲的先驱利玛窦，他既将《四书章句集注》译成拉丁文寄回欧洲，又将欧洲《测量法义》《几何原本》《浑盖通宪图说》等有关数学、天文、地理的书籍传入中国，所以他又是当时中西文化交流的开创者和奠基人之一。《利玛窦传》的作者平川佑弘称利玛窦是"人类历史上第一位集欧洲文艺复兴时期的诸种学艺，和中国《四书》《五经》等古典学问于一身的巨人"。

　　在海外传播朱子理学的名人还有罗明坚、李退溪、藤原惺窝、康德、狄百瑞等等。在传播朱子理学中产生的重要的事件和故事有"四七之辩""伊儒会通与伊儒对话""德川时代的五学派"……从中既可感受到传播者的智慧和执着，也可以感悟到朱子理学的生命力和无限的价值。

一 把朱子文化传入西方的先驱

16世纪末，儒学朱子学开始传入欧洲，那么谁是传播先驱呢？主要是两个意大利传教士，他们是罗明坚和利玛窦。他们漂洋过海入华，让中国人看到了西方的科学、宗教和文化。他们为中西方相互了解、交流打开了一扇门，中国人开始了解外面的世界，欧洲人开始更多地了解历史悠久、文化荟萃的中国。

罗明坚（1543—1607），字复初，生于意大利那波利。明末最早进入中国内地长期居住的意大利传教士、汉学家，欧洲汉学的奠基人。罗明坚于1579年7月抵达澳门，遵循范礼安的要求学习汉语、了解中国的风俗习惯。他学习用功，2年多就能认识15000个汉字，能够比较流畅地阅读汉语书籍，3年多后能够使用汉语写作。他在澳门建立了一座传道所——"经言学校"，是中国第一个用汉语来传教的机构，也是晚明时期中国第一所外国人学习汉语的学校。

1581年，罗明坚三次随葡萄牙商人进入广州。由于他精通汉语，文质彬彬，广州海道认为他"是一有中国文学修养的神父及老师"，所以特别允许他在岸上过夜。1583年2月，罗明坚在西方传教士中第一个穿上棕褐色的直裰，开辟了在中国的"适应性传教"模式。

1583年7月，罗明坚第一次将利玛窦带入中国，成为利玛窦入华的引路人。

罗明坚独自，或与利玛窦合作创造了中国和欧洲文化交流史上的多个第一。

在中国期间，罗明坚先后到过浙江、广西传教，为天主教在中国站稳脚跟立下了汗马功劳。他在广东肇庆时，与利玛窦一起编写了第一部汉语和外语双语辞典《葡汉辞典》，以及《宾主问答辞义》，以帮助入华传教士学习汉语，向西方人介绍中国礼仪。《葡汉辞典》中的罗马字注汉字音，是汉语最早的拉丁字母拼音方案，是后世一切汉语拼音的鼻祖。

1589 年，罗明坚独自完成以西班牙文撰写的包括《中庸》《大学》《论语》前两篇的手稿，首次以"四书"这一概念将中国儒家经典介绍到欧洲。1606 年，绘编了西方历史上第一本包括明朝的两京十三省的中国分省地图集——《中国地图集》，开启了传教士绘制中国地图集的先河。他还在澳门写出了第一部欧洲人以汉语所写的著作——《天主圣教实录》，使天主教本地化迈出了关键的一步。

利玛窦（1552—1610），字西泰，意大利天主教耶稣会士。他跟随罗明坚来华后，至生命的最后一刻，一直在中国传教和生活，为中西方文化交流奔忙。由于他在中西方文化交流中做出杰出贡献，因此被誉为"沟通中西文化的第一人"。

利玛窦到中国之后，入乡随俗，认真学习汉语和中国典籍。他所创业绩，不少可称欧洲历史上的第一，或是中国历史上的第一。

在肇庆建起第一座欧式天主教堂。利玛窦与罗明坚来到广东肇庆后，剃头留须，身着中国僧袍，自称"西僧"。他们见到知府王泮，学着行磕头礼，表示他们这些欧洲人，早已仰慕东方是太阳升起之地，这次远渡重洋，是来这里度过余年的，并提出想在肇庆购地建房居住，保证不生事端。翰林出身的王泮为人开明，同意了利玛窦与罗明坚的请求。他们在肇庆的崇禧塔附近建造教堂。1585 年 11 月 24 日，中国内陆第一座欧式天主教堂全面竣工。教堂名叫"仙花寺"，由王泮题写。这个名称融入了中西文化元素，"仙花"是中国人对圣母的一种别称，"寺"是中国佛教徒聚集的场所。《利玛窦中国札记》中对"仙花寺"有如下记载："建筑结构新颖，美轮美奂。中国人一看就感到愉悦、满意。"伫立于仙花寺的窗前远眺，西江碧波荡漾，帆船往来不辍，如画铺展。

在仙花寺里安装了第一座产自中国的机械自鸣钟。这座自鸣钟是利玛窦带着从澳门来的制钟工匠和两位中国工人，加班加点，边制作边摸索，几经失败，才在中国内陆造出第一台国产机械自鸣钟，并成功安装在仙花寺内。

由于利玛窦谙熟制作机械钟表，后来他到北京还成了朝廷御用的钟表修理师。

他第一个把《四书集注》完整地翻译成拉丁文。《四书集注》是朱熹确立的。《四书》说法始于南宋，有朱熹才有《四书》的称谓。《四书》倾注了朱熹一生的心血。他以做"圣人"为志向，攻读"圣贤之学"，慨然发奋，日读《大学》《中庸》《论语》《孟子》无间断。他致力于对儒家经典的重新诠释，历经四十多年的研究，最终形成《四书集注》，是老百姓安身立命的精神支柱，是人之所以为人的依据。自明朝始，《四书》被规定为科举考试的第一要书，在文人士绅心目中占有至高的地位。利玛窦深谙《四书》在中国社会的重要地位，熟读《四书》有助于耶稣会士与文人士绅交友，有助于传教工作的展开，因此与其他会士积极研修《四书》，认知汉字，学习汉语的书面表达，体悟汉文化，了解朱子理学的内涵。利玛窦写下了与石方西和郭居静两位神父学习《四书》的事："今年一年，我们都用功读书，我给我的同伴神父讲完了一门功课。这门功课称为《四书》，是四位很好的哲学家写的，书里有许多合理的伦理思想，中国的学者，人人都热读这四部书。"从中可以看出他们学习《四书》时认真的样子。

对传教士而言，能用文言写文章实属不易。写作者既要具有汉字书写、词汇选择的能力，又要掌握古文体谋篇布局的基本规律，"东西文理，又自绝殊，字义相求，仍多阙略，了然于口，尚可勉图，肆笔为文，便成艰涩矣"。但是，利玛窦他们迎难而上，通过对《四书》的读真研读，利玛窦和石方西、郭居静的汉语水平迅速提高，达到了用汉语写作的水准。利玛窦以中文撰写和译述之论著不下19种，郭居静神父也曾著有《性灵诣主》一书，由此可见早期耶稣会士读《四书》、习汉语、著文章的案例是成功的。

利玛窦是传播朱子学的先行者。他不但以《四书》为课本学习汉语，还在深入研学的前提下，首次在中国把《四书》翻译成拉丁文。

1593年12月10日，他收到当时的耶稣会东方总巡察使范礼安神父的命令，要他翻译《四书》，同时预备一本中文的"新天主教教理"。利玛窦夜以继日地将经过"二程"、游酢、杨时、朱熹等理学家几番解释、修正后的成为官学集中代表的《四书》译成拉丁文。1594年11月15日，利玛窦在写给德法比神父的信中说："几年前（1591年）我着手以拉丁文迻译著名的中国《四书》，该书非常值得一读，是一部伦理格言集，一部充满卓越智慧之书。待明年整理妥后，再寄给总会长神父，届时您就可阅读欣赏了。"这些内容，无不展现了利玛窦对《四书》的赞许和肯定。之后，利玛窦将朱熹《四书》的拉丁文译稿寄回意大利，使之以崭新的文化形态走出国门。

利玛窦具备很高的音乐素养，是钢琴、西方乐谱传入中国第一人。他曾与中国剧作家汤显祖相遇，向汤显祖请教中国的音律。他到北京，向万历皇帝呈贡了许多礼物——除了《圣经》、自鸣钟外，还有一架西洋琴。清代《续文献通考》记载："明万历二十八年，西洋人利玛窦来献其音乐。"利玛窦献给万历皇帝的西洋琴，是钢琴首次进入中国，是当时世界上最好的钢琴之一。

利玛窦是传教士，到中国传教是他的主要工作。他在传教中尊重中国传统文化，探索出符合中国国情的传教策略。首先，他主张传教的前提是尊崇儒家，用儒家思想来附会天主教义。他在儒家和天主教之间建立一种联系，寻找两者的共同点，认为儒家经典中，是承认上帝存在的，儒家典籍中的"天"对应于天主教的"上帝"，维护儒家和天主教的相容，努力调和、调适。他在研读儒教经典过程中，感到儒家思想博大精深，在中国有深厚基础，是中国文化的主流，于是"易佛补儒"，穿儒服，戴儒冠，与中国儒士结交，会客行秀才之礼；容许中国教徒保留祭天、祭祖、敬孔敬朱子的传统，认为只要不掺入祈求、崇拜等迷信成分，本质上并没有违反天主教教义，形成"利玛窦规矩"。后来，利玛窦又了解到朱熹解释天是苍天，不过是一种义理，上帝也并非是天地唯一的主宰，于是他就以天主、天、上帝三名并用，以示中国儒家文化与天主教义本归为一。故他深得官员及儒士的推崇。

其次，在传教过程中辅之以科学知识，用科学文化来吸引人们，以消除中国人对西方人的排斥心理。他不遗余力地撰写、翻译西方各学科的知识在中国传播。单独或与徐光启、李之藻等人合作撰写和译述了《西国记法》、《同文算指》、《测量法义》、《几何原本》（前六卷）、《浑盖通宪图说》、《圜容较义》等书，制作的世界地图《坤舆万国全图》是中国历史上第一个世界地图，先后被十二次刻印，在中国传播西方天文、数学、地理等科学技术知识。其中，《几何原本》极大地影响了中国原有的数学学习和研究的习惯，改变了中国数学发展的方向，是中国数学史上的一件大事。他撰写的《乾坤体义》一书，上卷言天象，下卷言算术。他将地表分为寒温五带，将七政恒星天分为九重，以水火土气为四大亢行，以日、月、地影三者定薄蚀，认为日月星出入产生蒙气。这些见解多为西方人当时的天文观，《四库全书》将其作为"西学传入中国之始"。

利玛窦注重将中西方文化进行融合。他把儒家思想与天主教义融为一体，著成《天学实义》一书；《利玛窦中国札记》一书中介绍了儒家思想。《天学实义》深得中国士大夫赞许，冯应京、李之藻等都为之作序，并被收录李之藻所编《天学初函》，入清后被收录四库全书。此书版刻甚多，流行极广，先后被译成日文、朝鲜文，流行于东亚、东南亚一带。这两部书的流行，促进了朱子学在欧洲的传播，也促进了欧洲文化在中国乃至亚洲的传播。这一时期，法国出现许多启蒙思想家和文学家，他们都从不同角度吸收并阐发朱子学，儒学和朱子学在法国得到迅速传播，甚至出现了学习儒学、朱子学的中国热，对西方思想界产生很大影响。他还编纂出版了一本书名为《交友论》的中文著作，书中收录了古罗马西塞罗人文艺复兴时期人文主义大师爱拉斯谟等人论友谊的格言上百则，也有利玛窦根据他对中国人的思想了解而编写的内容。他提出"友道"就是"天道"，真正的友谊中要有仁爱、正义。"这部作品是文学、智慧和德行的结晶。"受到中国士大夫的欢迎，多次再版，并被编入多种汉语丛书，渐渐融入中国思想和伦理的宝库。日本学者平川佑弘是《利玛窦传》的作者，称利玛窦是"人类历史上第一位集欧洲文艺复兴时期的诸种学艺，和中国四书五经等古典学问于一身的巨人"。

利玛窦拉开了东西方对话的序幕，被尊称为"泰西儒士"，被誉为"欧洲汉学之父"，在"西学东渐"和"东学西传"中起到了重要的桥梁作用。

二 德川时代日本朱子学的五个学派

中国朱子学传入日本是在镰仓时代中期，这时日本占统治地位的思想是佛教，朱子学从属于佛教。进入德川时代（1603—

1867），由于朱子学的理论侧重于伦理道德的"大义名分"思想，符合刚刚建立起统治的德川幕府的政治需要，因此朱子学逐渐受到统治阶层的重视。在哲学家、德川时期早期理学领袖藤原惺窝及其弟子林罗山推动下，朱子学摆脱了佛教禅学的羁绊成为官学；朱子学派成为当时日本最有权势的学派，是德川幕府的正统思想、官方哲学。

藤原惺窝、林罗山是德川时期朱子学派的先驱和代表。日本朱子学派内部由于对朱熹的理气观有不同的认识，因而分为京都朱子学派、海西朱子学派、海南朱子学派、大阪朱子学派和水户学派。它们各自从不同的侧面继承、发展了朱熹思想。

京都朱子学派，又名京师朱子学派，简称"京学"或"京师学"。其代表人物有藤原惺窝、林罗山。他们让朱子学在日本摆脱了佛教的束缚，走上了独立之路。宣扬"天人合一""存天理遏人欲"以及明德、诚、敬、"五常"、"五伦"等思想学说。

藤原惺窝（1561—1619），名肃，字敛夫，号惺窝、播磨人，出生于播磨国细河村（今兵库县），日本京师朱子学派开创者和日本朱子学创始人。他七八岁时入景云寺为禅僧，三十岁左右放弃佛教信仰，皈依朱子学。惺窝弃佛归儒的一个重要原因是受到朝鲜李朝朱子学的影响。1598 年，藤原惺窝在伏见城与一位名叫姜沆的儒者会面，对他有很大的触动。姜沆是丰臣秀吉侵朝俘虏的朝鲜官员，也是一位造诣较深的李退溪学派的朱子学者，藤原惺窝对姜沆的学识极为仰慕。藤原惺窝听姜沆讲述了朱子学在朝鲜传播的情况及李退溪在朱子学研究的成就，决心脱佛归儒。

藤原惺窝的哲学思想传自朱熹的客观唯心主义。惺窝更加强调精神的作用，把理看作是宇宙的唯一根源。按照他的观点，天道、人性以及元、亨、利、贞、仁、义、礼、智都是理，所谓"天人一理"。他说："夫天道理也。此理在天且赋以物则曰道，在人心且应于事则曰性，性亦理也。"他的思想特点有三：一是与阳明学妥协，说朱熹和王阳明的言论似异而实际上入处相同；二是以儒与神道结合，开"儒学神道"，以儒学解释日本的神道，认为儒学和神道都以正我心、怜万民为最高宗旨；三是认为佛教也讲正心、治国、安万民，不应一概加以排斥。他追求"一念至诚"以达到"天人合一"的境界。在经济思想上，他主张生之者众、食之者寡。入儒的藤原惺窝的主要功绩表现在：撰写了"四书""五经"训点本，将儒典通俗化，为在民众中推广朱子学创造了条件；使儒学摆脱了佛禅的束缚，儒生不再从属于佛门和公卿，而获得独立，朱子学终于在日本成为完全独立的学派向官学化、伦理化方向发展；使德川时代武士阶层接受以朱子学为基调的文明熏陶，为日本明治维新扫清障碍，开辟道路。

曾为德川幕府的创建人德川家康讲解儒学的藤原惺窝，尽管一生没有为官，但是他的思想基本上适应了德川幕府统一日本后政治、经济发展的要求。其门下众多弟子中，林罗山、石川丈山、松永尺五、那波活所、堀杏庵都极为杰出，有"五大天王"的美誉，成为维护朱子学的独尊地位的中坚力量。

林罗山是藤原惺窝的门生，也是日本朱子学的开创者。林罗山（1583—1657），名忠，字子信，号罗山，是德川时代一位重要的政治家、哲学家和思想家。他承诏师志，力排佛老，专尊朱子学，把朱子学划为与日本神道一致的"内道"，开创出"理当心地神道"，即"儒家神道"和"王道神道"。在理气、心性关系上，主张理气合一、心统性情和性情一境；在伦理观上，主张忠孝合一，强调在幕藩体制下藩臣要效忠主君。他继承藤原惺窝所致力的儒学独立和朱子学官学化的工作，为德川幕府提供了以日本"神道教"为形式，以朱子学为内容的统治原则。他终生侍奉幕府，掌握幕府学政，进讲朱子学，参与幕府制定律令，撰写重要文书，依据朱子学理论规范幕府体制的等级秩序以及道德准则，全面促成神儒联手，使日本神道在全日本具有至高无上的地位，又使朱子学全面发展，使朱子学式的世俗规章和政策，在德川政权时代能够较为顺利地得到贯彻、推广和执行。林罗山还撰写了《本朝神社考》《神道传授》，用儒为神道奠定基础，说"神道乃王道"，"神道即理"，"心外无别神、无别理。心清明，神之光也；行迹正，神之姿也"。

在夯实朱子学上，林罗山按幕藩体制的要求建设儒学，并将藤原惺窝尚带宗教色彩、停留在"修身齐家"水平上的朱子学，提到"治国平天下"的高度，从而确立朱子学的统治地位。这也是林罗山的重要功绩。

海南朱子学派，始称南学，又称暗斋学派。主要观点是天地间唯理与气，而理须就气上认取，理只是气之理。又认为天地之间，都是一气，气是宇宙的根源。他们斥责佛教废弃人伦，信奉朱子学，恪守并发展朱子学的"持敬说"。代表人物有谷时中、野中兼山、南村梅轩、山崎暗斋等。

谷时中（1598—1649），曾出家，后还俗。儒学家，系海南朱子学派始祖南村梅轩的弟子，海南朱子学派重要代表。其排斥佛教，严守朱子学，尤其重视朱子学的"有养践履之实行，笃学缜密，厚重拘束，一身动静周旋，平常尤瑾"。他"倡程朱之学于土州，当时称之南学，从游者甚众"，确立了南学的基础。培养了野中兼山、小仓三省、山崎暗斋等有影响力的门生。该学派在学术、思想、教育各界均占重要地位，影响德川幕府直辖学校、藩校、乡学的教育。

山崎暗斋（1618—1682），名嘉，字敬义，号暗斋，通称嘉右卫门，是日本江户前期的儒学家、神道家、思想家，海南学派后期的重要代表。他幼时阅读了中国儒家的"四书"，后削发为僧，25岁还俗，成为儒学者。他认为，人身先天就具备仁爱之心，"理"就是仁爱。他崇拜朱熹，一切以朱熹的观点为标准判断分析。在日常生活中，他穿朱色衣服，用朱色手帕，包朱色书皮，以示对朱熹的崇敬；礼教伦理、道德践履皆修正朱子学；折中朱子学与神道，以朱子学思想附会日本神统神国观念，创立儒学色彩浓厚的"垂加神道"。

宋明理学是一门根据"理"和"性"来把握世界存在原理的学问，重视人的主体修养。周敦颐主张以"主静"为基础的修养论，"二程"提出"涵养须用敬，进学在致知"的主敬思想。"敬"的意思是谨慎、控制心绪，即"主一无适"。朱熹弘扬了主敬思想。他认为，"敬"是获得学问、掌握真理的入口。"居敬"与"穷理"更是相辅相成、互相促进的。主敬思想传到日本，崇拜朱子学的山崎暗斋亦倡导主敬思想。他强调修身的作用，重视"居敬"甚于"穷理"。暗斋的"敬"，是贯穿身心的。分别来说，"心敬"为强固内心；"身敬"则从"静、动、表、里"四个方面总结外在身体行为之敬。然而他对朱熹的狂热崇拜，也使得这学派走上了偏狭的教条主义道路，而且对朱熹思想只重其一面而忽视其全面，如只重视朱熹的"居敬"而忽视朱熹的"格物""穷理"，以致流于禁欲主义。他还从礼教伦理、道德践履方面修正中国朱子学，把"仁""敬"看成是道德最完善的准则，礼教的最高目标，因此他提出"敬义内外说"。"敬内"为修身而不是养心，"义外"则是以义来正国家天下，即治人。

暗斋学派的朱子学说代表了朱子学的纯粹化、日本化的趋向，对当时及其后的日本思想史、学术史和教育史都产生极大的影响。

海西朱子学派，形成于海西地区。在哲学思想上有朴素的唯物主义倾向。认为天地间唯理与气，而理须就气上认取，理只是气之理。又认为天地之间，都是一气，气是宇宙的根源。在政治、伦理方面坚持朱子学的传统观点，讲究忠、孝，但又偏重子孝，认为应把"孝"字放在君臣关系的"忠"字之上。代表人物有安东省庵、贝原益轩。

安东省庵（1622—1701），名守约，字鲁默，号省庵。朱子学家、唯物主义哲学家。约1655年，安东省庵首倡朱子学于筑后（今福冈县）。此后贝原益轩等在筑前（今福冈县）等地也传播颇具特色的朱子学。世人将这些不从师授，独立宣扬朱子学而又有共同之处的学者称为海西朱子学派。安东省庵年轻时，在江户（今东京）跟随松永尺五学习。当中国明朝遗臣、爱国哲学家朱舜水漂泊至长崎时，安东省庵独自前往求教。看到朱舜水生活拮据，安东省庵欣然将自己的一半俸禄赠给他，被传为美谈。他受舜水实学的影响很大，认为学贵自得，反对拘泥于文义与溺于成见。在理、气关系问题上，赞同朱熹的天地间唯理与气、理和气不能相离的学说，但又认为理须就气上认取。理只是气之理，持气一元论观点，反对理气合一。朱熹的存天理、去人欲学说，在他的思想中亦占有一定的地位。在天命问题上，强调听天由命。

安东省庵撰写了《耻斋漫录》《省庵文集》等作品。另外在《朱舜水全集》中还收录了"安东守约上朱先生书"24封、"祭朱先生文"4篇。从中可见，日本德川幕府初期中日学者就有了面对面的交流。

贝原益轩（1630—1714），名笃信，字子诚，号益轩，又号损轩，是江户时期著名的朱子学家、教育学家兼实学家。1630年生于筑前国（今福冈县），其父为筑前国福冈侯侍医。他写了近百种哲学作品，主要作品有《童子训》《女大学》《慎思录》《大疑录》《初学知要》《自集》《益轩十训》等。他早年学医，1657年弃医而研究朱熹的新儒学著作，强调社会的等级本性，并把儒家经典翻译成日本各阶层的人都能理解的语言。

贝原益轩对朱熹的理气、持敬论、无极太极、道器等观点提出过怀疑，但对于"格物致知"尤其是即物穷理之说却极为推崇。他指出吕祖谦、王阳明、罗钦顺等人的格物说与程朱之说相龃龉，批判诸儒之格物"皆就行之一边说，而缺知之一边"，并推崇程朱即物穷理之说，认为其"最为着实"，"与古来圣贤学脉相合而有的据"。贝原益轩强调格物穷理的重要性，认为只有格物致知之学才是真正的学问。他批判训诂、词章记诵之学，认为"词章记诵之学，不纯于经术者也。训诂之学，虽纯治于圣经贤传，不能体认于义理。其说经义虽详审，记章句虽博洽，然无致知之工夫，而不能自得乎心"。他还强调，通过格物致知工夫通晓事物之理，穷理致知，知道进而行道。只有这样才是真正的为学之道。"知道行道"才能真正做到修己治人。贝原益轩赞同朱熹的"格物致知是为学第一义"的观点，并予以继承发扬。他认为，为学第一步应该从格物开始，只有通过格物才能达到知至其极的境界。

在《童子训》一书中，他要求子女绝对服从父母管教。《女大学》一书主要宣传的是"三从四德"，在很长时期内被作为日本妇女的伦理教科书。

大阪朱子学派是五井持轩在大阪倡导创立的。他们关心朱子学中的经学方面的内容，认为朱子学之道有利于人的物质生活和精神生活的提升，主张"加上法则"；认为任何学说都是历史产物，不可能一成不变与永远适用，儒学也不例外，经书也应根据时代发展的需求加以改进；主张学风开放，不墨守成规。代表人物有五井持轩、三宅石庵、中井履轩、富永仲基。

大阪是日本德川时代商业高利贷资本的最大中心，因此发展了町人（买卖人）文化。这样，其他朱子学派与大阪朱子学派有着本质的不同——其他朱子学派是为幕府统治者武士阶级服务的，而大阪朱子学派则主要为新兴的商业资产阶级服务。

大阪朱子学以怀德堂为中心，其办学特点是，学派崇拜朱熹思想，但也兼修陆（九渊）王（阳明）之学，颇富批判精神。对神佛鬼仙之说，均给以严肃批判，批判方法与当时科学相接近。倡导尊王贱霸思想，为后来推翻幕府统治奠定了基础。实行平民化教育，平民百姓可来听课，听讲中有紧要事情的学员可以半途而退，授课内容通俗易懂，没有书的人也能听懂。这都适合于买卖人的生活习惯，对让更多的平民百姓接受到教育大有裨益。

大阪朱子学派还具有以下四个特点：一是人本主义。大阪朱子学者常常站在商人资本家立场上说话，指出商人之富，是劳动所得，理所应当的，只有贪非分之高利，才流于奸曲而背义。二是实用主义。大阪朱子学派认为所谓"道"，是指人伦日用之间所当行者而言。他们主张：天下事物之理与我无关者，不必讲求。像蚕何由而吐丝。麻何由而生缕，鸡豚何以养人，酒醴何以醉人，鱼何以游泳，禽何以飞翔，……其间之理，皆可置而不论。然而，唯我所以应物之方，则不可不知。三是合理主义。大阪朱子学派提倡合理主义的格物方法，这就是注重知行并进的实践。四是尊王主义。他们竭力宣扬大义名分论，富于尊王贱霸的精神。反映了大阪朱子学者尊王的倾向和对武人的反感心理。

中井履轩（1732—1817），名积德，字处叔，是大阪朱子学派的重要代表之一。他擅长经学，着力古籍研究，又不墨守章句。主张"道"即是人伦之道。在认识论上，他提倡"知行并进"。对中国宋代儒学提出质疑，批评宋儒近禅，认为道体、理气、性理、天理人欲之说"皆后世之配当"，非孔孟原旨。指出"四书""五经"《性理大全》是儒者二厄，反对佛学和神道，通过对经学的注解，提出无神论思想，否认富贵取之于命。政治上倾向拥戴皇室，主张尊王贱霸与大义名分论。主要著作有《七经雕题》《七经雕题略》《七经逢原》等，其中《七经逢原》是辗转相承诸经注中代表其"一家之言"的最成熟的作品。

水户朱子学派是由水户藩主德川光国扶植起来的。该学派的特点是发展了朱熹的史学思想，借鉴朱熹的《通鉴纲目》和司马光的《资治通鉴》，编纂了日本第一部正史——《大日本史》。其基本精神为提倡大义名分主义。代表人物有安积淡泊、三宅观澜、会泽正志斋等人。

水户朱子学派的形成与明儒朱舜水有极大关系。德川光国在38岁时拜流寓日本的明朝朱子学者朱舜水为师，随后设立彰考馆，延聘大批学者（其中有不少人是舜水的弟子）修史，形成了水户学派。该学派延续了234年，分为前后两期。前期主要发展的是水户史学，借鉴朱熹《通鉴纲目》和司马光《资治通鉴》的范式，编纂《大日本史》。后期以德川齐昭设立的"弘道馆"为中心，发展水户政教学，提出"奉神州之道，资西土之教，忠孝不二，文武不岐，学问事业，不殊其效，敬神崇儒，无有偏党，集众思，宣众力，以报国家无穷之恩"，奠定了水户学派后期的思想基调。即把日本神道与朱子学紧密地结合，提倡忠孝，崇文修武，以捍卫幕府的利益。

会泽正志斋（1782—1863）是水户朱子学派理论家。他著有《新论》7篇，其中《国体篇》特别强调忠孝建国，尚武、重民是日本国体的特征，把尊王攘夷思想推到了极点。会泽正志斋还提倡"神道设教""事帝祀先"政祭一致，强调君权超于一切，君臣名分是一定而不可易的"一君二民"的绵绵皇统；提出"富国策""革新内政""整备军令""颁守备"的四大富国强兵政策，以巩固德川幕府的封建统治。他一生所著颇丰，收录在《闲圣篇》《思问篇》《息邪篇》中，而以《新论》《孝经考》《中庸释文考》《迪彝篇》《下学迩言》等最为著名。他从理论上使有两百多年历史的水户学体系化，把大义名分的封建观念与内忧外患的国家政治形势联系了起来，提出了一整套维护封建统治的新理论。

三 韩国儒学史上的四七之辩

李滉（1501—1570），字季浩，号退溪，朝鲜（韩国）李朝唯心主义哲学家，朱子学的集大成者。李滉自幼聪慧，博学强记，总角之年习《论语》，弱冠修《易经》。在诗词方面，他尤其喜好陶渊明的诗句，写过《游春咏野塘》一诗："露草夭夭绕水涯，小塘清活净无沙。云飞鸟过元相管，只怕时时燕蹴波。"这首田园诗有五柳先生的诗风，充分表现了李滉对淳朴的田园生活的热爱，对理想世界的追求和向往。

他 26 岁中进士，历任礼曹判书、艺文馆检阅、公州判官、丹阳郡守、大司成、大提学等官职。他关心民瘼，担任丹阳郡令时，用各种方式展现他的民本思想，不论农忙或是水旱之时，都可以在田地里看到他为百姓纾困解难的身影。他一生屡屡辞官，又屡屡被朝廷召回任用，共担任过 140 多个官职。晚年定居故乡退溪，从事教育与著述。他创办和讲学的书院有陶山、白云洞、临皋、易东、文宪、竹溪、伊山、丘山、迎凤、蓝溪、画岩、西岳等书院。许多在野士林在他的影响下，纷纷仿效创建书院，于是一时间全国书院像春笋一样冒出。在教学中，他以朱熹白鹿洞书院教育理念为范，以书院为中心研究、传播朱子学。他重要的治学方法和教学方法是立志、持敬、存诚、熟读、深思、体认、自得。有 300 多名学子在他的培养下成为朝鲜王朝的栋梁，对于推展教化，普及朱子学卓有贡献。

著书立说贯穿了他为官和教书育人的全过程，因此他著作丰盈。《朱子书节要》《退溪集》《心经释录》《启蒙传疑》《四端七情论》《天贫图说》是他的著作。为发掘道学真谛，弘扬朱子学，他还以朱熹为道统中心，编著了《宋季元明理学通录》。这本书中记录了516人的基本情况和专长。他们是朱子门人和从南宋到元、明初与朱子学相关的儒学学者。为了让读者便于读懂朱熹的《四书章句集注》，他以《四书章句集注》为基础，编著了《四书释义》。

宋朝的朱熹综罗百代，把中国儒学发展为研究宇宙和人根本问题的理学。而朝鲜王朝的李滉进一步发展了此理论，提倡"儒学的根本为'理'"的"主理论"，并创立"退溪学派"。他对朱子学的理气论、心性论、主敬涵养论、格致论等都有深刻的理解和精到的阐述，甚至有创造、发挥、突破与超越，是对朱熹思想的继承和发展。他与朱熹一样，以"理"为最高哲学范畴，认为"理"具有世界万物本原的特性，是形而上的、超时空的观念，是社会伦理道德的准则，具有法则等多种含义。实际上，退溪学的核心可以总结为对所有人和事的一种"尊敬"，而把它转换成现代的语言就是"和谐"。如果人与自然、人与人之间都能够做到相互尊重，那么这个世界将会变得更加和谐，并且国家纷争、社会矛盾和生态危机均可逐一消弭。

李滉强调"天理"与"人欲"的对立，要求人们放弃"人欲"，服从"天理"。在他看来，"四端、七情"与"天理、人欲"有所不同。"四端"就是"天理"，"七情"却不尽同于"人欲"。因为"七情"包括为善为恶的两种可能，而"人欲"则一定是"恶"的。"天理"和"人欲"是完全对立而不可并存的。读书、修养的目的就是革尽"人欲"，复尽"天理"。

李滉对朱熹的"先知后行"说极为信奉。但他又认为人有两种人性，即"本然之性"和"气质之性"。由"气质"的"清浊"与"粹驳"而有"上智""中人""下愚"之分，即"天理""知行"相兼的人属于"上智"；"知足而行不足"的人则为"中人"；"知昧行恶"的人是"下愚"。李滉还认为，不同的人类个体虽然存在"气质"的差距，但经过个人的不断读书，不断提高修养，可以缩小差距，也能够达到圣人的境地。

李滉提出的"四端七情心性论"，亦称"四七理气论"，是他在性理学上的重大贡献。与传统的朱子学不同，朝鲜的性理学者们都不太重视对自然及宇宙问题的研究，他们更重视的是对人内在的性情与道德问题的研究。他们视理学为人的性理问题的同时，并视之为与善恶、正邪直接相连的义理问题，而且他们还将自然和人心等所有问题都用理气来解释，试图从统一性上来认识整个世界，李滉自然也不例外。如他由理气关系推导到人的性情关系，即用理气来解释人的性情。他站在朱子学的立场上，撰著《心性论争》一书，提出朝鲜哲学史上著名的"四端七情心性论"，并且积极参加"四端七情"心性论争。"四端"与"七情"是典据互不相同的两个概念。"四端"出自《孟子·公孙丑上》"恻隐之心，仁之端也；羞恶之心，义之端也；辞让之心，礼之端也；是非之心，智之端也。人之有四端也，犹其有四体也"；"七情"出自《礼记·礼运》，"何谓人情？喜、怒、哀、惧、爱、恶、欲，七者，弗学而能"。这两个概念，在中国理学史上极少被对举过，在中国本土未曾引发士人大讨论，而在朝鲜却引起一场"四端七情论辩"，与中国南宋时的朱熹和陆象山的"鹅湖之会"，被誉为儒家史上的两次大的争论。

"四端七情论辩"始于李滉与奇大升（1527—1572，字明彦，号高峰）之间，后来李珥（1536—1584）与成浑（1535—1598）又接着论辩。郑之云（1509—1561）是主理派代表人物李滉的门徒，写了《天命图说》一书，其核心观点是"四端发于理，七情发于气"。1559年，李滉在为《天命图说》撰写修改案时，在郑之云的观点上提出了"四端理之发，七情气之发"的所谓"理气互发论"观点，并解释了改动的理由："恻隐、羞恶、辞让、是非，何从而发乎？发于仁、义、礼、智之性焉尔。喜、怒、哀、惧、爱、恶、欲，何从而发乎？外物触其形，而动于中，缘境而出焉尔。"奇大升对李滉的"理气互发论"提出异议，认为"四端"和"七情"都是理和气共同作用的结果，理和气是不可分离的，所以"四端"和"七情"没有绝对的区别，都是人的性情，没有必要分这些属于理、那些属于气。李滉提出反驳，指出"四端"和"七情"虽然是经过理和气的互相作用，但毕竟是两个东西，还是有所侧重的。李滉认为，仁、义、礼、智是人的道德品性，体现了宇宙的正道，因此可以以理为主，以气为辅；而"七情"是人的一般情感，尚且谈不上是否符合天理，因此可以以气为主，以理为辅。

李滉听了奇大升的批判后，将开始说的"四端理之发，七情气之发"改为"四则理发而气随之，七则气发而理乘之"。相比于前说，后说中他在"理发"后加上了"气随之"，在"气发"后加上了"理乘之"。关于这一命题，李滉解释说："大抵有理发而气随之者，则可主理而言耳，非谓理外于气，四端是也；有气发而理乘之者，则可主气而言耳，非谓气外于理。""主理而言"句是以与气的共存状态为前提而说的。现实中，理与气在任何情况下都是不分离的。因此，理不能独自而发。若说理先发，气乘已发之理，则理与气就分离开。后来两人间还有书信的往来，但是李滉并没有修改自己的主张，而奇大升也在最后一次的复信中承认自己日前观点有"考之未详，察之未尽"之处，从而表示同意李滉的观点。

针对李滉将"四端"与"七情"并举以及理气分属的观点，奇大升摆出了自己不同的观点。奇大升认为，"七情"泛指人的一切情感，而"四端"不过是指"七情"中善的情感，所以两者是总体和局部的关系，即"四端"是"七情"的一部分。在面对李滉"理气分属"的观点上，奇大升阐述道："夫理，气之主宰也；

气，理之材料也。二者固有分矣，而其在事物也，则固浑沦而不可分开，但理弱气强，理无朕而气有迹，故其流行发见之际，不能无过、不及之差。此所以七情之发，或善或恶，而性之本体，或又不能全也。然其善者乃天命之本然，恶者乃气禀之过、不及也，则所谓四端七情者，初非有二义也。"在这里，奇大升批判了李滉把"四端"和"七情"对立起来，将它们分属于理与气，视为两个存在，这是错误的。李滉辩解说，理气虽然不能分离，但是本然之性存在于理气中理的源头本然处，所以本然之性之理，是纯粹善性的。四端虽然是理气之合，但是分开来讲主要指的是理而不是气，因此"四端，理之发"是正确的。

李滉和奇大升进行了长达 8 年的"四七之争"，李滉认为，孟子提出的"四端"发于形而上之纯理，而《礼记》中的"七情"则直接发于形而下之气，并认为气随理发。而奇大升却认为"四端"是"七情"的部分，"四七"同质、皆发于理。最后，他们尽管在相互妥协中结束了论争，但是双方都没有放弃自己的核心观点，因此这次争论并没有在性理学方面形成定论，但对促进朱子学的发展具有积极意义。

李滉和奇大升离世后，成长起来的研究朱子学的后进们，围绕"四端七情"再起论争。朱子学者李珥和成浑于 1572 年开始就"四端七情""理气关系""人心道心"等主题展开了一系列辩论。他们以书信的形式进行探讨，前后书信往来多达九次，尽管他们两人争辩没有李滉和奇大升论战激烈，但在朝鲜推动朱子学的传播上同样具有重要的意义。李珥与成浑的论辩对李珥个人的学术而言，具有推动作用——基于对成浑所提问题的答问，李珥逐渐建立了自己的学说体系。

在论辩初期，成浑把自己选定的"四端七情""人心道心"等议题寄给李珥，请他指教。在谈论"四端七情"时，李珥反对李滉的"四端七情理气互发"说，提出"四端七情气发理乘"的理气观。朱熹在对《孟子》中的"四端"进行解释时，曾说过"四端是理之发，七情是气之发"。李滉依此提出"理气互发"说，而李珥不同意李滉的"理气互发论"，主张"气发理乘一途说"，简称为"理通气局"。对李滉提出的"四端理发而气随之，七情气发而理乘之"的观点，李珥认为李滉没有理解朱熹之真谛，并认为依朱子分解的思想来看，则发者是情，而情属于气，在"理"上则不说发。所谓"四端是理之发"，其真实之意，当是说：四端，是依理而发出的情，却不能说情是从理上发出来的。理只是气发时所当遵依的标准，亦即发之所以然，而实际上的"发者"乃是气。对此，李珥举例说："见孺子入井中，然后乃发恻隐之心，见之而恻隐者，气也。此所谓气发也。恻隐之本，则仁也，此所谓理乘之也。非特人心为然，天地之化无非气化而理乘之也。""四端"和"七情"均是气发理乘。所以，李珥说："凡情之发也，发之者气也，所以发者理也。非气则不能发，非理则无所发。"概而论之，两种观点的最大争议在于：仁义礼智四端之心究竟是理发气随还是气发理乘？进言之，"理"究竟能不能自身"发动"？套用现代儒学研究的用语，这里涉及的其实是"理的活动性"问题。李滉根据朱子的说法，力主理能活动；而李珥则认为朱子哲学中的理是不活动的，活动者只是"气"，所以坚决主张"理无为而气有为"。

"说明人心道心，以解决现实道德问题"，是李珥和成浑关于"理气"论辩的重点论题之一。李珥认为理气乃是"非一非二"的存在，"人心、道心虽二名，而其原则只是一心。其发也或为理义，或为食色，故隧其发而异其名。"也就是说道心、人心虽有名的差别，但本质其实是"一"。与李滉"道心乃理之发、人心乃气之发"的观点不同，李珥认为"人心道心都是气之发"。借由这个观点，他对道心人心有如下解释："气有顺乎本然之理者，则气亦是本然之气也。故理乘其本然之气而为道心焉。气有变乎本然之理者，则亦变乎本然之气也，故理亦乘其所变之气而为人心，而或过或不及焉。"朱熹曾经说过："心之虚灵知觉，一而已矣，而以为有人心道心之异者，则以其或生于形气之私，或原于性命之正。"李滉据此而推说理气互发。不过在李珥看来，所谓"心"，其实就是"气"。他进一步解释说："或原者，以其理之所重而言也；或生者，以其气之所重而言也，非当初有理气二苗脉也。"因此，人心道心都是气发而理乘之。此外，从理欲的关系切入，李珥阐述了道心与人心的关系问题。他认为，道心是天理，所以纯善；人心有天理，也有人欲，所以有善有恶。因为道心纯善，所以不仅要"守之"，还要"扩而充之"；人心却有善恶之别，因此应当以道心加以节制。以是之故，所谓节制人欲，其实就是节制人心中那些超出合理欲求者。如此，便可避免人心"流为恶"。

"四端七情之辩"是朝鲜儒学史中最重要的辩论之一。此后，朝鲜儒学的岭南学派与畿湖学派分别奉李滉与李珥为宗师，两大派之间，发生了人性物性同异之争、道心人心之争，而各派内部的儒学论辩更是持续不断，如"知觉之争""心说之争""未发之争"等。这些涉及朱子学的学术活动，持续了300年之久，在理论探讨、文献考辩等方面都展现出对中国朱子学的重要理论推进，促进了朱子学在朝鲜的推广。

四　伊儒会通与伊儒对话

阿拉伯地区，又称阿拉伯世界，西起大西洋，东至阿拉伯海，北起地中海，南至非洲中部，地处西亚和北非，面积约为1420万平方公里。阿拉伯地区共计有 22 个国家，包括沙特阿拉伯、阿联酋、阿曼、科威特、卡塔尔、巴林、黎巴嫩、巴勒斯坦、伊拉克、叙利亚、也门、约旦、阿尔及利亚、埃及、摩洛哥、突尼斯、利比亚、苏丹、毛里塔尼亚、吉布提、索马里和科摩罗，信仰伊斯兰教。

宋元时，阿拉伯的学者、商人、使节来中国，有的甚至在中国定居，并在中国建起清真寺。也有一些学者回到了阿拉伯地区，撰写了有关中华文化的书籍，包括儒学朱子学的内容，然而没有引起伊斯兰阿拉伯地区的注意。

明以降，伊斯兰教与儒学朱子学的交流开始频繁起来。根据交流的特点可分为两个阶段，即"伊儒会通"与"伊儒对话"。

那么，什么是"伊儒会通"？"伊儒会通"是指发生于明清之际延续至民国初期中国穆斯林先贤的文化自觉活动，他们整合伊斯兰文化与中华文化的丰富资源——将外来伊斯兰文化与以儒家文化为主体的本土文化相会通，构建中国伊斯兰教思想体系。从字面看，"伊儒会通"似乎指的是伊儒两种文化的会通，而实质是伊、儒、道、佛四种文化的会通。

伊斯兰教在中国的发展过程，实际上是寻求以儒家为代表的中华文化认同的过程。明朝中叶，伊斯兰教经堂教育发展迅速，尽量将伊斯兰文化与儒家文化衔接，成效明显。在江苏、山东、云南等地，王岱舆、刘智、马注、马德新等学者著书立说，代表作品有《正教真诠》《清真大学》《希真正答》《天方性理》《天方典礼》《天方至圣实录》《大化总归》《清真指南》等。他们用汉语介绍伊斯兰教的教义、教规、哲理、礼俗，积极寻求伊斯兰教与官方正统意识形态，即儒家文化，相通的部分，争取得到主流社会和主流文化的认可。他们一方面用儒家思想阐释伊斯兰教的信仰和功修；另一方面又把伊斯兰教的信仰功修与儒家的纲常伦理相契合，从理论上阐明伊斯兰教与儒家的相通之处，为伊斯兰文化与儒家文化的沟通架起了桥梁。

在"伊儒会通"的学术活动中，除了涌现一大批研究、传播伊斯兰教的思想家和学术著作之外，还带来了一种新的精神或新的面貌。这就必然涉及"伊儒会通"的理论观点、理论方法、认识视角等问题。在"伊儒会通"的起步阶段，王岱舆便提出了二元忠诚观，认为穆斯林既忠于真主，又忠于君主；既孝敬真主，也要孝敬父母。这种伦理观表达虽然简单，却反映了他们的爱教、爱国（以后演变为爱国爱教）的基本观点、基本立场。此外，"伊儒会通"也存在方法论方面的主张：伊儒之间之所以需要会通，就是在于彼此之间存在差异。例如佛教、伊斯兰教、基督教，三种外来的宗教，本体论意味较浓。儒家、道教家国伦理特点就较为显著。再者，从认识论角度看，"异质文化"的视角，亦是非常重要，因为往往更能够发现彼此的差异与个性。"伊儒会通"实际就是基于这样的认识论，从"异质文化"角度观察不同的文化，观察彼此之差异或个性，以便进行会通。

"伊儒会通"最高峰的思想家是刘智，《天方典礼》《天方性理》等是他的代表作。这些著作的撰写或者说译撰采用了"本经"与"传"相结合的方法。"本经"是指源自伊斯兰教经典的观点、言论。在上述的刘智作品中，其内容句句均有出处，一个字都没法改动。因为其呈现的是原汁原味伊斯兰教经典。"传"是指作者（刘智）本人为"本经"作的诠释，体现了作者对于本经的理解和解释。采用这种方法的理由是：符合学术传统，中外思想家对于经典的注释，都是采用这种方法，相反，经传不分，夹叙夹议，不但为学术之大忌，而且被学界所不容；有利于消除伊斯兰教内部的某些杂音。穆斯林学者对于不同的见解是允许的，但是不允许将个人的观点夹杂到原典中去。采用"本经"与"传"的方法，可以有效地避免这种夹杂，使得个人在主张自己观点、阐发自己见解的同时，维护经典的神圣性和纯正性。

刘智在"伊儒会通"中最大的成就是创立了一个具有中国特点的伊斯兰教理论体系，即在会通方面，他的主要做法不是依诠释方法以增加汉语词汇的新意，而是完全地独立地阐述伊斯兰教教义的理论体系，并在不自觉、不经意中，将伊儒理论思想会通起来。如《天方性理》主要阐述的是伊斯兰教教义学的系统理论尤其是心性理论。其实，心性理论是宋明儒家各派的核心理论，当时的各位思想大家都对此有自己观点或见解，应该说是内容丰富而精深。

在"伊儒会通"活动中，成就匪浅的还有伊斯兰教著名学者马德新（1794—1874）。他赓续前辈学者的观点，将对自身文化的反思及对儒家思想的总体认识提到了一个新的高度。他清楚地看到儒家文化和伊斯兰文化的共性、互相认同的可能性，阐释了天道与人道的关系。他说："伊斯兰文化与儒家文化各有所长，各有不可偏废的一面，认为二者可相资为用。"

中国伊斯兰教通过"以儒诠经"和"以经诠儒"，成功实现了"伊儒会通"，具体体现在：以儒学概念阐释伊斯兰教之"真一"，借鉴儒家本体思维模式，把形而上境界和伦理道德观念结合在一起，阐述"真一"本体论；改造伊斯兰教的创世神话，利用阿拉伯天文、地理、数学、医学知识，同时吸收儒学理气、太极、无极思想，精心绘制"真一—数—化生万物"的宇宙图式，阐述中国伊斯兰教宇宙观；用儒家修养方法修身、明心、尽性来解释伊斯兰教的宗教实践——教乘、道乘和真乘，把斋戒释为"清心寡欲、体主动静的功夫"；以儒家入世哲学及天命观丰富伊斯兰教的前定自由说，倡导世俗与信仰并重、今生与后世共求的两世并重的社会人生观；把儒家"忠孝"思想纳入中国伊斯兰教的思想体系中，把忠君、孝亲与敬主作为穆斯林必须履行的义务。这样既保留了伊斯兰教精髓，又与儒家思想相融通。

发生于明清之际延续至民国初期的"伊儒会通"活动，最大的贡献在于引领伊斯兰教中国化的思潮，促进了伊斯兰文化与中国传统文化的融汇，推动了伊斯兰教在中国的传播。然而，这段时期中国的儒学朱子学却极少被传播到伊斯兰阿拉伯世界，所以伊斯兰阿拉伯世界对儒学朱子学还不了解。20世纪30年代，伊斯兰阿拉伯世界打破了这种状况，开始详细系统地了解儒学朱子学，并且接受儒学朱子学的影响。伊斯兰文化与中国传统文化交流进入"伊儒对话"阶段。

中国著名穆斯林学者马坚用阿拉伯文著《中国伊斯兰概观》，将《论语》译成阿拉伯文，1936年在开罗出版，把孔子的生平、哲学思想及其在中国哲学史上的地位，传播给阿拉伯人。此外，他还撰写了《中国回教概观》《穆罕默德的宝剑》等作品，主编《阿拉伯语汉语词典》《清真铎报》等，译著《回教哲学》《回教基督教与学术文化》《教典诠释》《回教真相》《阿拉伯通史》等，以推动朱子学在伊斯兰阿拉伯世界的传播。开罗大学宗教学院哲学教授穆罕默德·格拉布于1938年出版了《东方哲学》，设专章介绍孔子、孟子、荀子思想和新儒家周敦颐、张载、朱熹的思想。20世纪50至80年代，又有一大批外国学者著书立说在阿拉伯世界传播中国文化。如，阿拉伯著名学者福阿德·穆罕默德·西伯尔在开罗出版了《中国哲学》，全面系统详细介绍孔子、孟子、荀子、董仲舒等人的儒家思想，深入完整介绍《易》《书》《礼》《乐》《春秋》《大学》《中庸》等儒家经典，并专辟一章介绍理学家朱熹、陆九渊、王守仁、顾炎武、黄宗羲、王夫之、颜元、戴震的思想，尤其对朱熹的思想作了重点全面系统详细介绍。穆斯林学者阿布杜·哈米德·萨利姆把《从孔夫子到毛泽东的中国思想》译成阿拉伯文在埃及出版，对孔子、孟子、荀子等原始儒家和朱熹等宋明新儒家的思想及儒学朱子学在西方世界的传播和影响进行介绍。《阿拉伯哲学史》由哈那·法胡里和赫里利·杰尔合著，其《绪论》和《古代东方哲学》对中国儒家经典《大学》作了介绍，肯定包括中国在内的东方性理学在建构世界思想中的作用。

儒家文明和伊斯兰文明以"天人合一"或"人主合一"引导人们超越启示与理性、存在与思维、主体与客体之间的二元对立，强调天与人、自然与社会、东方与西方的互补关系，强调不同民族、不同宗教、不同文明和谐共存。儒家文明和伊斯兰文明倡导中庸中道、理性宽容，鼓励多元、合作、和平，反对排他、极端、狂热，禁止分裂、对抗、暴力。这些都利于化解冲突，利于文明互鉴。

对话是人类的基本交流形式和天性。儒学朱子学在伊斯兰阿拉伯地区的传播与影响，使穆斯林学者深感中国学问博大精深，如要让伊斯兰文明和儒家文明进一步深入交流，双方必须加强对话、互相学习、加深认识，进而取长补短，相互融合。20世纪90年代以来，世界两大古老文明——伊斯兰文明和儒家文明，在全球化背景下开始了文明对话——交流实践，赓续文明。对话共分五次展开：第一次对话于1993年在美国哈佛大学举行，第二次对话于1995年4月12日至14日在马来西亚大学举行，第三次对话于2000年5月21日至23日在美国哈佛大学举行，第四次对话于2002年8月8日至10日在中国南京大学举行，第五次对话于2009年11月6日在北京举行。在对话中，伊儒学者就大会主题和所关心问题，阐述观点，进行互相探讨、互相学习，促进多元文明的交流互鉴。

在对话中，穆斯林学者与儒家学者围绕主题各抒己见。学者们充分肯定儒学与伊斯兰教一样是宗教又是哲学；穆斯林学者高度评价孔子和《论语》，认为"孔子是中国社会伦理道德规范的奠基者。马来西亚穆斯林学者 ObaidelIah Hj·Mohamad 对孔子的评价如下："孔子是中国社会伦理道德规范的奠基者，并且对广大的中国社会产生了重大的影响。"另一位马来西亚的穆斯林学者 Osman Baker 对孔子和《论语》的评价是："在孔子之后的中国二千多年的历史中，《论语》是占有非常非常重要的地位，它对中国思想的发展起了不可估量的作用。在对中国文化和文明的塑造中，《论语》所起的作用和影响的程度是任何其他的中国文明典籍都无法匹比的。"穆斯林学者对孔子和《论语》的高度评价，有利于以"四书"为核心的朱子学在伊斯兰阿拉伯世界的传播，其影响力日益扩大。

许多学者对对话的意义作了阐述。穆斯林学者普遍认为，在日益全球化的今天，伊儒对话、交流日益频繁，有利于知己知彼，加强跨文明的"话语共享"。美国著名学者杜维明认为："对话的目的主要是了解对方，扩大自己的参照系，反思自己信念的局限性。""文明对话，特别是伊斯兰与儒学之间的互相理解、互相对话，不仅有国际含义，特别在国内我觉得也有深刻的含义。"美国学者马小鹤对此评价阐述说："伊儒对话不仅在穆斯林和华人共处的国家里有现实意义，而且当代世界西方文化、中国文化和伊斯兰文化可谓鼎足而三，这种对话对整个世界未来的发展必将有重大影响。"在北京举办的伊儒对话上，美国乔治·华盛顿大学教授赛义德·侯赛因·纳瑟认为，不同的文明享有不同的哲学理念，如儒家思想、佛教、伊斯兰教等，既相互区别又相互统一。全球化成为21 世纪不可阻挡的趋势，因此各种文明、各种哲学思想之间的相互对话和交流变得越来越重要。没有这些相互之间的对话和交流，所谓的文明也将无法继续存在。因此，对话对于促进伊斯兰文明与儒学文明的相互了解、相互学习、相互借鉴具有重要作用。

在 21 世纪全球化视域下，伊儒对话越来越方便，再加上孔子学院在许多阿拉伯国家的建立，使伊斯兰文明与儒学文明的交流越来越便捷，越来越深入，进一步推动了朱子学在伊斯兰阿拉伯世界的传播和与伊斯兰文化的融合。

五 被李约瑟碎碎念的朱熹

李约瑟（1900—1995），英国著名的科技史学家、现代化学和胚胎学奠基人。他关于中国科技停滞的思考，即"李约瑟难题"，引发了世界各界关注和讨论。他的巨著《中国的科学与文明》，即《中国科学技术史》，对中国古代哲学、宗教、科技等方面作了全面的论述，打破了西方人长期坚持的中国历史上无科学的观点。李约瑟还在《中国科学技术史》第二卷《科学思想史》中专门对朱熹的理学思想及其在历史上的地位进行分析评价，充分肯定朱子是"中国历史上最高的综合思想家"。

在《科学思想史》中，李约瑟用了大量的篇幅讨论朱熹理学的科学思想。其基本观点有三：一是朱熹理学是一种有机的自然主义；二是朱熹理学是现代有机自然主义的先导；三是朱熹的有机自然主义是科学的。由于朱熹理学一直多被界定为唯心主义哲学，而唯心主义又被认为是与科学相对立的，因此朱熹理学长期被一些人看作是对科学技术发展起着消极作用的东西。然而，李约瑟不这样认为——他对于朱熹理学与自然科学的关系，多以肯定的方式予以评价。

李约瑟重视对朱熹自然哲学思想的研究和传播，对朱熹的"理"有自己的理解。朱熹的"理"有"所以然之故"与"所当然之则"两层含义。李约瑟讨论朱熹的理较多地是就其在自然界中的意义而言，为此，他把"理"解释为"宇宙的组织原理"。他反对把朱熹的"理"说成是主观精神性的东西，也反对把朱熹的"理"等同于亚里士多德的"形式"。他说："躯体的形式是灵魂，但中国哲学的伟大传统并没有给灵魂留下席位。……理的特殊重要性恰恰在于，它本质上就不像灵魂，也没有生气。再者，亚里士多德的形式确实赋予事实以实体性，……但气却不是由理产生的，理不过是在逻辑上有着优先性而已。气不以任何方式依赖于理。形式是事物的'本质'和'原质'，但理本身却既不是实质的，也不是'气'或'质'的任何形式。……理在任何严格的意义上都不是形而上的（即不像柏拉图的'理念'和亚里士多德的'形式'那样），而不如说是在自然界之内以各种层次标志着的看不见的组织场或组织力。纯粹的形式和纯粹的现实乃是上帝，但在理和气的世界中，根本就没有任何主宰。"这样，李约瑟实际上把朱熹的"理"看作是客观世界的秩序、模式和规律，而否认其中包含任何精神性的东西——否定"理"在本体论上的解释。

李约瑟认为朱熹的"气"是"物质—能量"的统一体。朱熹在理气关系上，虽然强调"理先气后"，但是朱熹也讲了"气先理后"的观点，这表明朱熹在以"理"为最高本体的哲学体系中，还是肯定了气在化生万物中的重要性，强调了规律之理从属于事物之气，事物之气对规律之理的主导作用；同时，朱熹又讲了"理气无先后""理与气合而已"的话，这也说明朱熹赞同"万物的产生是理气相结合的结果，理无气不能生物，气聚生物，又有理在其中，理气相依不离，共同存在于事物之中"的观点。因此，李约瑟指出：朱熹的"理学本质上是科学性的"，其"理学的世界观和自然科学极其一致，这一点是不可能有疑问的"。

李约瑟从两个不同的角度来分析说明朱熹在本体论上的"理

先气后"。从社会论方面，李约瑟认为，朱熹的理先气后"理由乃是无意识地具有社会性的。因为在理学家所能设想的一切社会形式之中，进行计划、组织、安排、调整的管理人，其社会地位要优先于从事'气'的农民和工匠"。从认识论方面，李约瑟说，朱熹"很难摆脱这样一个观念，即一个计划者必定是在时间上，先于并在地位上高于被计划的东西"。李约瑟从社会与认识两方面去寻找朱熹"理先气后"的思想与实践上的根源，表现了李约瑟对朱熹理学研究的一种多视角的审视。

在《科学思想史》中，有"朱熹、莱布尼茨与有机主义哲学"一节。李约瑟用历史资料论证莱布尼茨的思想与中国理学的有机自然主义的密切联系。其中转引莱布尼茨的两段言论："理被称为天的自然规律，因为正是由于理的运作，万物才按照它们各自的地位受着重量和度量的支配。这个天的规律就叫做天道。""当近代中国的诠释家们把上天的统治归之于自然的原因时，当他们不同意那些总是在寻求超自然（或者不如说超形体）的奇迹和意外救星般的神灵的无知群氓时，我们应该称赞他们。"李约瑟说："这段话里暗示着近代科学的发现和理学的有机自然主义相吻合更有甚于与欧洲唯灵主义相吻合。"李约瑟通过对具体史实材料的分析，说："从这些材料里面，我们可以看出，即使莱布尼茨本人的哲学体系并非来源于新儒学家，至少他从新儒学家的有机主义中得到不少宝贵的资料和论证。"

那么，什么是有机主义的哲学呢？李约瑟曾指出"中国最伟大的思想家朱熹曾建立起一个比欧洲任何思想都较接近于有机哲学的哲学体系"。在朱熹之前，中国哲学的全部背景皆为如此；在朱熹之后，则有莱布尼茨的哲学。"有机哲学"是李约瑟喜好使用的概念。有机是相对于无机而言，从生物学名词"有机体"和"无机体"借鉴而来。"无机体"是无生命的物体，"有机体"是有生命的物体。有机哲学指有生命力的哲学，即贯穿着辩证思维方式的哲学体系，也即普遍联系的、能动的、发展的、变化的，并在对立和矛盾中达到平衡和统一的宇宙观。简言之，有机哲学就是辩证唯物论。

李约瑟在分析有机主义思想的发展历史时，追溯到中国古代的庄子、周敦颐，再到朱熹。这样，李约瑟就把朱熹的有机自然主义与辩证唯物主义直至现代有机主义哲学联系在一起。他说："虽然理学家对黑格尔的辩证法一无所知，却十分密切地接近于辩证唯物主义或进化唯物主义的世界观。"李约瑟还给予朱熹理学的有机自然主义以很高的评价。他认为，朱熹是在缺乏科学实验和观察的背景下，不曾经历过相当于伽利略和牛顿的阶段，主要是靠洞见而达到一种类似于怀特海有机主义的哲学；而且他认为，标志有机主义在西方第一次出现的莱布尼茨单子论与中国理学家们的有机自然主义有着密切的关系，并明确地称朱熹理学为"现代有机自然主义的先导"。

经过探究，李约瑟认为朱熹理学作为一种有机主义的哲学，很可能是经由莱布尼茨传入西方，而成为西方有机主义形成的重要材料。这也表明马克思、恩格斯的辩证唯物主义和怀特海的有机主义与朱熹理学有着密切的关系。为此，李约瑟说："现代中国人如此热情地接受辩证唯物主义，有很多西方人觉得是不可思议的。他们想不明白，为什么这样一个古老的东方民族竟会如此毫不犹豫、满怀信心地接受一种初看起来完全是欧洲的思想体系。但是，在我想象中，中国的学者们自己却可能会这样说的，'真是妙极了！这不就像我们自己的永恒哲学和现代科学的结合吗？它终于回到我们身边来了。'……中国的知识分了之所以更愿意接受辩证唯物主义，是因为，从某种意义上说，这种哲学思想正是他们自己所产生的。"

朱熹曾比较科学地揭示了海陆变迁及地壳运动。朱熹的《朱子语类》载："尝见高山有螺蚌壳，或生石中，此石乃旧日之土，

朱子家宴

螺蚌即水中之物，下者变而为高，柔者却变而为刚。"螺蚌包裹在石头中，今称化石，朱熹感觉到天地的变迁——沧海桑田，揭示了下者升高柔者变刚的现象。李约瑟认为，"朱熹是第一个辨认出化石的人"，比西方早出 400 多年。在山岳记录方面，李约瑟对朱熹也给予了高度评价："在中国的文献中，有关山岳成因论述，是极为丰富的。其中最有名的，是新儒家者朱熹。"他还赞同朱熹"有教无类""因材施教""无弃人"的思想，说这是"具有革命性的主张"。

朱熹还注意到雪花的六角形晶体和透明石膏的六角形晶体的共同点："雪花所以必六出者，盖只是霰下，被猛风拍开，故成六出。如人掷一团烂泥于地，泥必溃开成棱瓣也。又，六者阴数，太阴玄精石亦六棱，盖天地自然之数。"这个认识比开普勒对雪花六角形的发现，要早四五百年。李约瑟称之为"非凡的认识"。

李约瑟所著《中国科学技术史》对现代中西文化交流影响深远。他对朱熹科学思想的评析，揭示出其中所包含的，对于今天科学发展仍具有重要意义的有机自然主义，这为我们重新审视朱熹理学及其与自然科学的关系打开了一个新的视角。李约瑟的诸多看法，为人们进一步探究朱子理学在当代视域下的作用提供了启示。

肆

朱子文化在海外的影响

概　述

　　自从朱熹的《四书章句集注》被元朝定为科举考试教科书，朱熹的著作向外传播的速度越来越快，传播范围越来越广，影响极大。

　　朱子学传入与中国邻近的朝鲜、日本及越南等国，由于这几个国家当时的社会结构与中国基本相似，因此朱子学在传入后不久便融入了当地文化。朝鲜仿效元朝，将"四书五经"当作科举考试的必考科目，明确点明了朱熹的《四书章句集注》是标准答案之一。日本德川时代，朱子学被奉为"官学"。从此，朱子学在日本进入了鼎盛时期。

　　明末清初，朱子学主要由来华传教士、学者传入欧洲。16世纪中叶至17世纪中叶，罗明坚、利玛窦、龙华敏等一大批传教士在欧洲翻译了朱子《四书章句集注》《性理大全》等著作。这些著作，吸引了一大批西方学者参与到研读朱子学中，并融入到各个学者的学说中，推动了欧洲启蒙运动蓬勃发展。德国的莱布尼茨、沃尔夫、康德、黑格尔等古典哲学家的思想学说，也都受到朱子学的启迪，推动了欧洲经济社会的变革。

　　从朱子学在海外传播的轨迹看，无论是在亚洲，还是在欧洲，都对当地文化产生了深远的影响。因此，朱子理学具有既是中国的，也是世界的属性。

一 朱子学在朝鲜的影响

朝鲜与中国毗邻，二者是山水相依的邻邦。长期以来，朝鲜半岛深受儒家文化的影响，在充分吸收中国儒学朱子学思想的基础上，创造出了具有朝鲜特色的朱子学。朝鲜朱子学从 12 世纪末至19 世纪，绵延 700 余年。朱子学在朝鲜半岛的传播大致可分为传入期、全盛期、衰落期三个时期。12 世纪末至 15 世纪末，为朱子学的传入期；15 世纪末至 16 世纪上半叶是朱子学在朝鲜半岛传播的全盛期，形成了独具特色的朝鲜朱子学派；16 世纪末至 19 世纪上半叶，为朝鲜半岛朱子学传播的衰落期，朱子学随着朝鲜王朝统治的没落而日趋丧失了生机。朱子学由于符合了李朝统治阶级的需要，成为朝鲜传统哲学的核心是必然的，对朝鲜传统社会的思想政治、道德伦理、文化教育、民间礼俗等方面都产生了深远的影响。

第一，朱熹的理学思想促使朝鲜出现自己的学派"朱子学"。

李朝建立后，以排佛扬儒为国策，定朱子学为国学，并在朱子学学者的共同努力下，形成了具有朝鲜特色的朱子学。李朝的朱子学很兴旺，形成多个派别。主要分为"主理派"和"主气派"。"主理派"的代表为李滉，"主气派"的代表是李珥。李滉创立了退溪学派后，对朝鲜的政治、社会及百姓生活发生了持久而深入的影响。退溪学的"主理论"尊奉朱熹的"理先于气"学统和"先知后行"说，形成了重义理之辨、重节义、重气节的传统，强调"破邪显正"。"破邪"是排斥明朝的阳明心学和本国偏离朱子学的徐敬德等人的学说；"显正"是光大朱子学，强调朱熹的诚心正意、居敬的修身，以振奋士气。其他如古汉学、禅学以及后来的东学也统统被视为异端、邪教而受到打击压制。在这种重义理、重气节的破邪显正、判教卫道的观念主导下，李朝的朱子学被视为不能质疑的天条；同时也塑造了朝鲜民族的坚持大义、严于律己和抗争不屈的传统。明亡之后，李朝官方和民间保持着对明朝的忠诚，视满清统治者为夷狄，祭祀崇祯二百余年。虽然后来朝鲜与清王朝建立了宗藩关系，但对清朝始终有文化上的优越感，以光复明朝、恢复中华文化为己任。这一点对李朝的统治十分重要。退溪学对日本儒学的影响也很大，在日本，李滉被称为东方朱子。李滉创立了以主理为特征的性理学思想体系，在朝鲜朱子学发展史上占有十分重要的地位，李珥称"当今人望无可出李滉之右"。

李珥反对朝鲜朱子学的传统思想"理气互发论"，主张 "理气兼发论"， 创立了朝鲜朱子学的新学派即"主气论"学派。他在理与气的关系上，既批判李滉的"理一元论"，又反对徐敬德的"气一元论"，提出自己"独特"的"理气二元论"。他认为世界是由"气"和"理"所构成，理气"浑沦无间"，"实无先后之可言"， "理气"就是"天地之父母"，天地就是"人物之父母"。李珥的理气二元论，可以说是第一次用辩证的方式去看待问题，具有一定的划时代意义。他入仕为官，忧国忧民，努力奋发强国，并且提出了新思想，自主自立，经过不断改革之后，朝鲜的确有了一定程度的突破和创新。他还注重实践的儒学思想，是社会进步的体现。

朝鲜朱子学的发展在李滉、李珥那里达到了高峰。他们继承了中国儒学特别是朱子学的思想传统，对朱子学的理论有深切的体承和进一步发挥，在一些方面深化和发展了朱子学的思想，对当时和以后朝鲜哲学的发展产生了很大的影响。

第二，朱子学推动了朝鲜思想政治的变化和发展。

李氏李朝建立时，遵循儒家经典，模仿中国的集权官僚制建立政治体制。这种政治体制的特色有两个方面：一是传统的家天下的观念；二是科举考试和文官制度。道德伦理方面，特别重视"孝"的思想，以儒学的"仁"与"礼"结合而成的"三纲五常"作为道德规范，并结合古代朝鲜"子孝父"的孝道思想，提出了对父母尽孝道是"天之经、地之义、民之行"的大义明道思想。由此出发，进而主张"家国一致、孝忠一致"，把国家作为扩大了的家庭，主张以孝的精神忠于国王。而统治阶层反过来利用孝道，通过各种方式宣传儒家的伦理规范，将讲孝道是美德的思想根植于民众的心田，成为他们行动的指南。

李氏朝鲜推行儒化政治的一条重要措施，是实行科举制度。科举制度传入朝鲜的时间很早，高丽时代就已经仿照中国唐宋科举制考试制度选拔人才。李朝建立之后，承袭高丽科举制度，同时结合自身实际情况，将性理学和科举制度相结合，废除高丽门荫制度，使科举制度成为选拔和任用官吏的最主要制度。

李成桂创建朝鲜王朝，吸取高丽重文轻武导致东西两班矛盾不绝，扰乱朝政的历史经验教训，重视科举文科的同时，提高武科地位。将科举考试制度分为文科、武科、杂科三门。

文科是科举考试的核心，称为大科，其下有进士试、生员试两小科。儒生小科合格后，才能赴参大科。大科考试需历经初试、复试、殿试三场，初试由成均馆馆试选入 50 人，汉城试选入 40 人，各道乡试共选 100 人；初试合格后，复试选送 33 人进入殿试。考试内容要写八股文，以朱熹的论点做论点，此外还要考对官方文件的熟练度，包括判、诏、诰、表的写法格式。武科不设大小科，考生直接参加初试、复试，然后选拔 28 人参加殿试。文武两科开考时间一致，完全照搬明朝，为三年一次。杂科包括译科、医科、阴阳科、律科。只有初试、复试两场。参考者一般为中人。朝鲜王朝除却有时间固定的式年试外，还有依据国家重大庆典和国王出巡而随时开科的别试、庆科、谒圣试、庭试、春塘试等。

乡试通过者称为"举人"，各道乡试第一名称"解元"；赴王京参加会试及格者称为"贡士"，第一名称为"会元"；入王宫接受国王策问，殿试合格者称为"进士"，按成绩分为一甲、二甲、三甲，一甲三人，即状元、榜眼、探花，二甲和三甲的第一名皆称"传胪"。进士可以直接做官，举人多次不中者，原则上也可以由吏曹授予官职。

朝鲜王朝科举制度促进学校教育的旺盛发展。李朝的学校教育紧扣科举考试内容，以儒学为主，而且学校教育形成体系——中央有成均馆，地方设有中学、东学、西学、南学等所谓四学，每个道和邑设有一所乡校。李朝时期不仅官学有所发展，而且由各儒学家创办的私塾或书堂也有显著发展。书堂的课程与官学相同，主要是儒学，而且书堂使大量无法进入成均馆、乡校读书的庶民得以入学，接受思想教化。在庶民间普及教育的同时，加强思想教化，维护统治者在下层民众间的统治，增强了上下聚合力。

朝鲜王朝科举制度与学校教育相辅相成，共同发展。其作用体现在：政治上，缓和统治阶级内外矛盾，维护国家稳定，加强中央集权；社会文化上，促进了学校教育尤其是私学的发展，普及知识到乡村，形成读书的社会风气，增强了上下聚合力，维护统治者在下层民众间的统治。

第三，朱子礼学传入，推动朝鲜人重礼风俗的形成。

中华民族自古就是"衣冠上国，礼仪之邦"，"礼"是中华传统文化的重要组成部分。在中国，家训为一个个族群提供了行为规范，有利于人与人的和睦相处，有利于群体的团结，进而更好地融入社会。朝鲜与中国以文睦邻、互补互惠的历史悠久，其中家训文化是两国文化交流的重要内容之一。

在朝鲜半岛，《朱子家礼》被士大夫视若国礼，奉之为圭臬，家礼学也成为朝鲜李朝之显学。在李朝的家训发展中，《朱子家礼》也占有重要的地位。

朝鲜现存最早的家训，是高丽时期徐棱的《居家十训》和申贤的《家范》。李氏朝鲜建立后，随着儒学成为官学，尤其是官方儒学教育机构成均馆建立，家训文化发展欣欣向荣。李朝成为朝鲜历史上家训编撰最为活跃和数量最多的时代。这一时期的家训，几乎都是由朱子学者撰写的，深受宋明理学的影响。《大学》《朱子家礼》成为家训文化形成的内在价值观和外在礼仪规范。"四书五经"，理学家张载、周敦颐、朱熹、二程的著述也被当时著名的家训频繁引用，儒学家国同构和修齐治平的思想成为其中的文化价值内核。

这一时期，朝鲜朱子学者撰写了数量可观且质量高的礼学著作。权近是儒学宗师李穑的门人，朝鲜王朝初期的朱子学代表之一。权近在老师李穑的指导下，对中国礼学进行了专门研究。他殚精竭虑，历时 14 年完成的《五经浅见录》中的《礼记浅见录》，是一部校正《礼记集注》的礼学巨著。其门生郑陟、许稠等，具有礼学造诣，曾参加李朝《国朝五礼仪》的编纂。礼学之学问化，自权近始。

儒学家李彦迪所著的《奉先杂仪》，本于《朱子家礼》，又参以司马光之书仪和程颢、程颐二人所订之祭礼，并参考本国时俗，融会贯通，形成一套祭祀先祖和有关祠堂的仪制、规则。金麟厚撰写了《大学衍义跋文》《孝经刊误跋文》《家礼考误》。《家礼考误》摘《朱子家礼》上误字，示解释上差异，是《朱子家礼》传入朝鲜后的最早注释书。后来，李滉著《丧祭礼问答》，李珥著《祭礼仪》都以《奉先杂仪》为蓝本。师从宋翼弼、李栗谷的金长生，学识广博，尤精礼学，著有礼学作品《疑礼问解》《家礼辑览》《典礼问答》和《丧礼备要》。金长生撰写《家礼辑览》的目是克服家礼之时差与地域的差异性，切合百姓日用的需求，所以对参考的俗制做了选择。这些礼学著作，推动了李朝的礼学发展。

《朱子家礼》对朝鲜社会生活方面的影响也十分重大。朝鲜朱子学集大成者李滉，在《伊山院规》中明确规定"以四书五经为本原，以小学家礼为门户"，确立朱子礼学在教化朝鲜社会秩序与礼仪风俗中的重要地位。还有朝鲜国王每年春、秋均要参加祭奠孔子的释奠礼，不仅亲自带领朝臣参拜孔子，还要以朱子家礼来教化百姓。时至今日，每年春秋两季，韩国成均馆仍会举行祭孔的释奠礼，《朱子家礼》对朝鲜半岛礼俗影响之深由此可见一斑。可以说，《朱子家礼》在朝鲜的流传为其社会礼仪文化的发展起到奠基的作用。

第四，朱熹编纂的《资治通鉴纲目》成为古代朝鲜修史的模板。

从中国传入的司马迁的《史记》、司马光的《资治通鉴》和朱熹的《资治通鉴纲目》等经典史书，成为朝鲜半岛修史效仿的对象，对朝鲜史书的发展具有不容忽视的影响。

李朝以程朱理学立国，重视史馆机构的设置。李成桂立国之初，置艺文春秋馆，设史官记录国史。此后逐步完善，形成了"上番""下番"两批史官。他们编纂了大量编年体和纲目体史书，其中很大一部分是模仿《资治通鉴》《资治通鉴纲目》的结果，如徐居正的《东国通鉴》仿效司马光的《资治通鉴》而著。模仿朱熹《资治通鉴纲目》撰写的纲目体史书有金宇颙的《续资治通鉴纲目》、洪汝河的《东国通鉴提纲》、俞棨的《丽史提纲》、安鼎福的《东史纲目》、林象德的《东史会纲》等。这些史书不但丰富了朝鲜的史书数量，而且夯实了朝鲜史学的底蕴。

二 朱子学在日本的影响

位于太平洋西岸的日本与中国一衣带水，中国儒家思想很早就传入日本，在国家治理、哲学、教育、民俗等方面对日本产生了重要而深远的影响。

第一，朱子学成为日本官方哲学。

朱熹理学于 13 世纪由留学中国的日本僧人带回日本，称作朱子学，是日本文化的重要组成部分。早期日本朱子学和禅学合流，14 世纪至 16 世纪，日本朱子学摆脱了禅学的束缚，并与原有的神道相结合，走上了独立发展的道路，出现了专门研究朱子学的儒家学派。

到了德川时期，儒学逐渐摆脱了佛学的压制，朱子学在日本进入极盛时代。这一时期的德川幕府为了维护其封建统治，把朱子学奉为"官学"，定为官方哲学。幕府把"忠义"拿来当作他们控制人民反对革新的工具。德川幕府把儒家思想写进《家康遗训》中，确立了藩主对武士的支配、武士对人民的统治。

德川幕府时期，藤原惺窝、林罗山等日本大儒均依朱子学，提倡"忠孝仁义""天人一理"，并对儒学朱子学有自己深刻的领悟。林罗山说："读圣书以经书证我心，以我心证经书，与我心通融可也。"藤原惺窝说："宋儒之高明，诚吾道之日月也。"这些大儒充分肯定朱子学、传播朱子学，其目的就是配合德川幕府利用儒家思想使国内"上下不违，贵贱不乱，则人伦正。人伦正则国家治，国家治则王道成，此礼之盛也"。诸凡儒家提倡的"三纲五常"、父权、夫权等，都被他们奉为圭臬。

日本对朱子学的接受并不是机械地生搬硬套，而是带有很强的民族主义色彩。无论如何也不肯抛弃本国独特的，固有的思想，即神典所传的日本精神——神道。在朱子学兴盛的德川时代，这种思想得到进一步发展。譬如，当时日本朱子学所提倡的道德之理是"神儒合一"的。把忠信仁义等思想与天皇崇拜思想结合起来。德川时代武士道德的核心即此内容。它要求武士阶级实践忠信相依、生死与共的道德信条，进而生出忠君、爱国、忠诚、牺牲、信义、廉耻、名誉、尚武等"武士道"精神。日本朱子学家和阴阳学家"神儒合一"思想均较为明显。藤原惺窝是日本朱子学的创始人，他就主张儒学和日本固有思想武士道、神道兼包并用，使中国朱子学日本化，形成日本朱子学。林罗山主张"神儒一致"说。他撰写的《神道传授》《本朝神社考》《神道秘诀》等著作均倡神儒契合为必然之理。

朱子学在日本传播还有一点值得关注：朱子学尽管在德川时期被奉为"官学"，但是日本并没有实行以朱子学为主要考试内容的科举考试，所以没有发生使朱子学走向僵化的弊端。这样，日本就更容易在朱子学的基础上吸引新知识。日本把朱子全体大用思想和格物穷理思想有效地用于科学技术的发展，并以此作为摄取西方科学技术的母体，从而成为东方第一个完成现代化的国家。

朱子学在日本的多元化发展与中国理学的单一、独尊式的发展有着很大的不同，这主要是由于两国的社会存在很大的不同——即便在德川幕府时代实施的是中央集权统治，幕府对于日本社会的管控程度相对于中国来说也是松弛的；"神儒合一"的道德之理在社会上广为流传。朱子学在日本的这种传播特点，对日后日本进行明治维新起到了一定的推动作用。

第二，明治时代朱子学的复兴与变化。

西学于16世纪中叶传入日本，欧美的科学技术和生活方式开始影响日本。后来随着兰学派的形成，兰学家们纷纷向日本传播西学。

安藤昌益（1703—1762），提出乌托邦思想，认为天子、诸侯、工商业者都是不耕而食，剥削众人，因而造成了等级和身份的区别；应当消灭一切剥削与统治，回到自耕自食、自织而衣的"自然世"。他还向往荷兰，认为荷兰没有封建割据和领主专制统治，是世界上最好的国家，是日本变革的榜样。故他向日本介绍荷兰文明，传播兰学。

德川吉宗，德川幕府末期将军。他喜欢天文历算之学，1720年下令准许输入与天主教无关的书籍，为兰学即西学的研究创造了必要的条件，也吸引了更多人学习兰学，推动了兰学的发展。

佐藤信渊（1769—1850），世代传习兰学中的物理、化学知识，并研究农学、地理、历史等。他主张废止大名武士身份等级和割据体制，使日本成为君主统治的统一国家，土地、生产、商业都归国家经营，表现了他的民主平等和统一国家的思想。

明治政府成立后，西学在日本的传播日隆，西学泛滥，全面欧化，资本主义制度很快在日本得到确立。于是，日本朱子学体系、日本传统的价值观念体系被动摇了。为了加快欧化步伐，西学派、维新派掀起了对朱子学的清算运动。这其中最为重要的是"明六社"举行声势浩大的思想启蒙运动。明治六年成立的"明六社"，是一个知识分子团体，以中村正直、加藤弘之、西周、中江兆民、津田真道、福泽谕吉等人为代表。他们主张用西学的"实学实理"来批判朱子学的"虚理空理"，引进穆勒、孔德的实证主义，提倡实学、实证科学。他们又引进西方的"社会契约论""天赋人权说"，主张自由、平等。提倡"独立自尊"，反对朱子学的等级观念、"存理灭欲"的禁欲主义和伦理道德。他们还批判朱子学者的守旧、对儒家圣贤的迷信，主张全面用西学代替朱子学。

维新派和西学派对儒学朱子学的批判与清算，逐渐影响了日本中央政府的决策。1872 年明治政府最高行政长官发布"太政官文告"，指责儒学朱子学"虽动辄倡为国家，却不知立身之计，或趋辞章记诵之末，陷于空谈虚理之途，其论虽似高尚，而鲜能行于身，施于事身"。明治政府在新学制的实施中，将许多儒学家清洗出学校，儒家典籍、朱子学著作、传统文献被抛弃或焚毁，学校停止了对孔子的祭拜。

尽管朱子学遭到清算，但是仍有学者坚守阵地，欲复兴儒学朱子学。另外，一些西学者、开国论者虽然主张用西学代替朱子学，但是他们的思想中仍无法超然于朱子学外。他们常借用朱子学的概念来介绍西学，使得朱子学与西学间保持有某种程度的连续性，对日本朱子学中的合理因素也予以继承；他们吸收朱子学中的民本思想，力图把传统的民本思想与近代民权论结合，把朱子学的民本思想改造为具有新内涵的近代民权、民主思想。从中可知，在日本全面欧化的背景下，朱子学对日本社会政治、经济、文化虽然还有影响，但已很微弱。再则，由于明治政府的全面欧化，良莠不分，导致日本社会动荡，也引发了天皇对朱子学的认真思量。

日本明治天皇为了寻求支撑社会的平衡支点，对朱子学进行了复兴，阻止日本传统价值观念的崩坏。1890 年，明治天皇发布《教育敕语》。《教育敕语》把日本神道与朱子学融为一体，要求"孝于父母，友于兄弟，夫妇相和，朋友相信"，这就把儒学朱子学的道德论与近代的国家主义、军国主义结合，形成以忠孝为重点，以天皇和封建家族制为中心的国民教育方针，对国民进行仁义忠孝的教育。

《教育敕语》在日本全国的推广，促进了朱子学的复兴。具体表现在：一是恢复荒废了很久的"孔子祭"。1881 年，在《教学大旨》的激励下，儒学朱子学家仿效足利古俗，举行了明治维新以来的第一次祭孔典礼，直至 1945 年才停止"孔子祭"。二是建立了"斯文学会"。1883年6月，明治政府右大臣岩仓巨视集合当时持传统观点的学者，以抗击欧化风潮为目的，建立了"斯文学会"。随后，"斯文学会"联合了"汉文学会""修身会""研经会"等日本主要的儒学朱子学组织，再建立起"斯文会"，并且发布宣言《趣意书》，明确阐述儒学朱子学家的历史使命："《教育敕语》之圣旨，将藉儒道而得以益明，而儒道之本义，将依《教育敕语》而愈加权威。我同志相谋，同尤相会，以期大大振起儒道，而得以宣扬《教育敕语》之圣旨。"研究朱子学的著作《朱子学》《程朱哲学史论》也相续出版发行。至此，日本朱子学在东西方文化的碰撞冲突中得到复兴。

第三，日本仿效白鹿洞书院建设书院。

南宋淳熙六年（1179），朱熹知南康军。他曾在江西白鹿洞书院讲学，使书院讲学之风大盛。他还撰写了《白鹿洞书院揭示》，作为书院的院规。自此以后，国内书院蓬勃发展，讲学蔚然成风，儒家思想得到广泛传播。这一做法，在历史上受到日本青睐——仿效白鹿洞书院，建立起用儒家思想培育"文武两道"人才的书院。

日本进入德川时期，由于社会较为安定，经济稳步发展，从中国传入的《白鹿洞书院揭示》被越来越多的日本人所知晓，白鹿洞书院成为当时日本学者极为熟悉的中国书院。他们普遍认为，至元明时白鹿洞书院已"为天下第一学校也"，仿照白鹿洞书院创建书院在日本相沿成习，并出现一批颇有名气的书院。《日本教育史资料》对德川时期建立的有名书院作了记载：滋县藤树书院，始建于宽永九年（1632）；佐贺县鹤山书院，始创于元禄十二年（1699）；大阪怀德书院，始建于享保九年（1724）；井山县微向书院，始建于享保十七年（1732）；大洲藩止善书院，创建于延亨四年（1747）；千叶成德书院，创办于宽政四年（1792）；秋田县崇德书院，创办于宽正五年（1793）；京都府鸠岭书院，创建于文政元年（1818）；京都府顺正书院，建于天保十年（1839）；福冈县龙山书院，创办于安政三年（1856）……共计35所。此外，日本各地还建起不少名气不大的书院，甚至北海道都建起了书院。

日本第一所被称为书院的教育机构，始于中江藤树。他27岁弃职回归桑梓创办私塾，正保三年（1646）正式将私塾更名为藤树书院。中江藤树明确指出："吾私立之学曰：书院。"首创书院不久，中江藤树为书院制定了《藤树规》《学舍座右戒》等书院规条。这些书院规条几乎全盘照录朱熹的《白鹿洞书院揭示》。

在教学目的上，中江藤树仿效朱熹，强调弟子的道德修养，反对单纯记诵词章。在教学方法上，他也常采用讨论启发方式，不搞满堂灌；根据不同学生学习能力和知识储备不尽相同的特点，因材施教，个别指导；注意活跃书院气氛，构建融洽师生关系。他不但创立了日本学术界新的学术派别，也开创了德川时期学术界自由研究的风气。另外，怀德书院依据朱熹《白鹿洞书院揭示》，制定了《学寮揭示》《怀德书院揭示》，加强对在院师生的管理。值得称道的是怀德书院在学术研究中坚持兼容并包的自由研究风气。这些书院自由研究的风气，对于当时日本思想界的活跃和学术研究的进步都起了重要的推动作用。

建成于1803年的会津藩校日新馆是日本众多书院中最为典型的。日新馆建于德川幕府后期，由于当时幕府内部出现了腐败和官僚主义的问题，社会弊端丛生。会津地方的松平藩主依祖先的遗训，励志改变弊端丛生的现实。他认为要改变社会重疾，首先应对世人加强儒学教育，才能扭转世风。于是，在会津藩校的基础上建起教授儒学的场所"日新馆"。

日新馆在教学中强调"忠孝仁义"，即效忠于藩主，孝敬父兄，人们之间讲仁爱和义气，只有做到这些，才是"文武两道"的人才。学习内容除了朱熹的《四书章句集注》《近思录》外，还有《文字蒙求》《伊洛三子传心录》《二程治教录》《玉山讲义》等修养身心的儒学著作。日新馆中规定：认孝悌为古道，应切实执行，志士应终身坚守节义，忠于君主。

和日本各地一样，日新馆主事者为了让儒家思想更好地为藩主服务，结合日本本土文化对儒家思想进行了改造。日新馆重文也重武——馆内不但有专门的武术科，而且平时也要学习武术和打仗。引导学生树立为国家或君主可以杀身的观念。一旦上了战场，他们相互告诫："为了效忠藩主，何惜一死。如果被俘，将是终生的耻辱。"他们宁可一死，也不违背忠义。他们决不苟全的精神，正与儒家的思想主张相合。

从日新馆的发展历史不难看出，书院在日本德川时期具有重要的作用与地位，也可以看到孔子、朱子及儒家思想在日本被尊崇、被利用的事实。

第四，儒家朱子学说的兴起，致使日本女性社会地位的沦落。

日本飞鸟时代（592—710）和奈良时代（710—784），大约相当于中国的北周晚期、隋朝和唐朝时期。在长达近两个世纪的飞鸟奈良时代，日本前后出现了6位女帝，被称为女帝的世纪，女性的社会地位很高。

进入平安时代，日本贵族女孩受到良好教育。她们不但要学习诗歌、书法，还要学习才艺，出现了一批又一批高贵典雅、多才多艺的才女。清少纳言、紫式部、藤原道纲之母等都是著名的女性作家——清少纳言创作了随笔《枕草子》，提出了日本文学中"真实"的美的理念；紫式部创作了被誉为日本文学最高峰的长篇小说《源氏物语》，奠定了日本文学的"物哀"美。另外，日本文学史上第一部女性日记《蜻岭日记》、自传性日记《更级日记》、物语风日记《和泉式部日记》等均是女性作家的作品。甚至假名文字也是当时的女性所创造，她们使用口头语言书写文字，主张随心所欲地描写。她们为日本的文学、文化做出了重大的贡献。

日本女性在政治上做出重大贡献，在文学、文化上取得巨大成就，是她们在古代日本社会地位较高的必然结果。

然而，随着母权制向父权制过渡，日本女性原来至高的地位逐渐被男性所取代，女性的地位呈现下滑趋势。尤其是到了德川时代，朱子学成为官场哲学，日本女性地位日渐衰微。

德川时代之所以崇拜儒学朱子学，是因为朱子学强调统一、名分、服从、"三纲五常"、"三从四德"，反对"犯上作乱"。由于德川时代的前一时期群雄割据、长期分裂，为防止类似情况的发生，德川幕府在政治上需要一套严格的等级身份制，绝对维护主子的统治，对付农民的反抗。在土地上，要把全国领地的管辖权全部归属于德川幕府，把农民紧紧地束缚在土地上。这恰好符合日本封建社会的统一与集权的需要。另外，日本朱子学认为妇女要严守"三从""四德"，严防"五病""七出"等，发展了孔子和朱熹的重男轻女的思想。

特别是在德川幕府后期，女性地位相对较低。具体体现在：首先，在政治参与方面，女性在社会和政治上缺乏独立地位和主体性，几乎没有自主参加政治活动的任何机会，无法参与政治决策和公共事务。其次，女性在家庭中的地位低。女子未婚之前，全部都要遵从父亲，为拯救家的困境而献身自己乃至身陷苦海（指充任妓女）的女子被誉为孝女，而与自己的意中人相爱却是犯上作乱。嫁给什么样的人，什么时候结婚，自己无权过问，由父母包办。女性结婚后以丈夫和家庭为中心，夫为主，妻为奴。《女大学》告诫道："妇人别无主君，以夫为主人，敬谨事之，不可轻侮，妇人之道，全部贵在从夫，关于夫之词色，须周到而恭顺，不可以慢待而违抗，不可以奢侈而无礼，此女子第一之任务也；夫有教训，不可变节，有疑问时，须询诸夫，安定从之，夫有所问，须正答之，其答复疏慢者，无礼也，夫震怒时，须畏而服之，不可强谏，以逆其心，女以夫为天，不可反背叛夫，受天之罪。"再次，女性在教育、经济和职业等方面受到的限制和歧视也非常严重。女子从小所受的教育便是为了让她们顺从自己这种"生来卑微"的命运。她们读的书都是宣扬妇女生来卑微，教育妇女要守本分，好好地养儿育女，侍侯公婆，服从丈夫，当好家庭的奴隶。女子只能听凭摆布，无权掌握自己的命运。

儒家朱子学说在日本受到幕府的推崇是历史的必然，而女性地位的变化也是儒家朱子学说兴起的一种必然，女性社会地位的沦落，使得她们在政治上难以再现飞鸟奈良女帝世纪的辉煌，在文学方面也无法像平安时代出现一批批才华横溢的女作家。

三 朱子学对法国启蒙思想家的影响

十八世纪的法国启蒙运动是一次波澜壮阔的思想解放运动。法国启蒙运动思想家的锋芒所向十分明确，即反对王权、神权和特权，努力改变旧制度，建立新体制——宗教上的无神论、哲学上的唯物主义、政治上的民主政体、经济上的自由主义。启蒙思想涉及宗教、哲学、伦理学、经济学、政治学、史学、美学等各个领域。启蒙运动是法国大革命的前夜，它在政治上、思想上和理论上为西方后来的经济社会高速发展奠定了坚实的基础，对整个西方近代文明产生了深远的、关键的影响，最终使法国走进现代文明发达国家行列。而于16世纪末传入欧洲的朱子理学，对法国启蒙思想家产生过深刻的影响。启蒙思潮的先驱笛卡尔，领导者孟德斯鸠，百科全书派的狄德罗，重农学派的魁奈等人都曾研究过朱子学，并从中汲取营养，加以借鉴，不断充实完善自己的理论思想。

勒内·笛卡尔（1596—1650），法国哲学家、数学家、物理学家，还是启蒙思潮的先驱。他是较先接触到东方世界的欧洲人。17世纪初，笛卡尔已阅读了拉丁文的《四书章句集注》，与朱熹理学有了接触。在他的著作《方法论》一书中就有对中国的记载："我们不能占有中国。""一个人若从小生长在中国，所表现的性格一定和在德国和法国不同。""实际上，中国人中和我们一样也有聪明人。"笛卡尔的唯物主义倾向，着力教人的"Reason"一词，同朱熹理学思想体系中所讲的"理性"，有着相同的意义。可见，勒内·笛卡尔的思想"无疑地受外来文化的影响"。

孟德斯鸠（1689—1755），法国启蒙思想家、法学家，启蒙运动的开拓者之一，也是欧洲国家比较早的系统研究古代东方社会与法律文化的学者之一。当时福建漳州人黄加略正好在巴黎留学，并在法国皇家文库任中文翻译。孟德斯鸠与黄加略相识后常有来往，相互交流对中法文化的看法。孟德斯鸠从黄加略处获得有关中国儒家思想的基本理论和中国的国家形态、政治结构及文化、教育、民俗等情况。孟德斯鸠将两人的对话进行了梳理、记录，以《关于中国问题与黄先生对话》为题，装订成册。

孟德斯鸠对这份对话稿进行反复研读，不断地取其精华充实他的"自然神论"思想和"法"的历史观。他在《法意》一书中给法律下定义，提出"万物自然之理主张""有理斯有法"，这个观点正是朱子倡导的理学观点。他的"自然界是运动着的物质，它为自身固有的规律即'法'所支配"的看法，与朱熹的"宇宙生成论"有相似之处。他的"人类历史，也和自然界一样，为自己固有的'法'所支配，支配一切民族的一般的'法'就是人类理性""政治、法律制度要从人的现实生活环境出发"等观点，与朱熹的"法治"的思想和法制的治国方略应从当时的实际历史条件、从当时人们的实际情况来制定，时势变易了，治国方略也应随之变易的思想极为相似。在黄加略协助下，孟德斯鸠根据法国政治和文化的状况，以及他对其中弊端的思考，写下了当时足以影响整个世界的政治民主化进程的论著——《论法的精神》。在这篇论著中，孟德斯鸠猛烈抨击了法国封建专制主义政治制度的黑暗，赞扬实行保障人的自由和平的最基本权利的君主立宪制的英国。追求政治上的自由，特别是言论自由、信仰自由、出版自由，是孟德斯鸠为之奋斗的人生目标。他认为，君主立宪制的英国，能够充分保障公民的政治自由，因而它是人们理想的政治制度。孟德斯鸠的这种自由理论，与中国古代思想家孟子所提出的"自反而缩，虽千百人，吾往矣"！"居天下之广居，立天下之正位，行天下之大道。得志，与民由之；不得志，独行其道。富贵不能淫，贫贱不能移，威武不能屈。此之谓大丈夫"，有着极为相似之处。孟子的这种"自由、自律、自主的人格"，在每个人身上一律平等。孟子倡导自由，但又反对放任的自由主义，并希望以此来规范国家的生活秩序，保障每一个人"人格的自由、自律与自主"。孟德斯鸠在他的思想理论中也有与孟子不倡导放任的自由主义类似的主张。孟德斯鸠把自由和法律联系起来，认为自由仅仅是一个人能够做也应该做的事情，而不被强迫去做他不应该做的事情。"应该"和"不应该"要以法律为界线。所以，自由是做法律所许可的一切事情的权利；如果一个公民能够做法律所禁止的事情，他就不再自由了。

将孟德斯鸠的思想、主张与朱熹、孟子的思想、主张进行比较，可以看出孟德斯鸠的思想汲取了朱熹理学、孟子思想的精华，而且他深感中国文化的博大精深，因此他在《论法的精神》中说："我相信，中国文化将永远无法完全为我们所了解。"敬佩之情溢于言表。

法国启蒙运动的另一位开拓者和著名领袖伏尔泰（1694—1778），被誉为"法兰西思想之王""欧洲的良心"。他也对中华文化极感兴趣，并且他的哲学思想受到孔子、朱子的影响。他推崇孔子的"倡导仁义礼智信"理念，赞赏"克己复礼为仁""以直报怨，以德报德""己所不欲，勿施于人"等言辞，认为这才是人类幸福的导向，并认为世界上如果有最幸福、最可敬的时代，那就是奉行孔子哲理和律法的时代。

通过对朱子理学和其他中华文化的研习，伏尔泰被中国文明成就所震动，并对中国给予了"举世最优美、最古老、人口最多和治理最好的国家"的赞扬。他认为人类文明、科学和技术的发展史都从中国开始，并长期遥遥领先。伏尔泰对朱子理学赞赏有加，并将其精华借鉴到他的著作中。在《自然法赋》初篇的末尾说到自然法的普遍性时，伏尔泰说："吾人与生俱来之悠久的存在，一切人之心中同样有其萌芽。从天所授的德性，由人来表现，人却为私欲或迷误蒙蔽了它。"这和朱熹的"明明德""天理人欲之辨"和"存天理去人欲"之说没有什么不同。在《查第格》这部哲理小说中，伏尔泰说，中国的"理"或所谓的"天"，既是"万物的本源"，也是中国"立国古老"和"文明完美"的原因。他觉得中国人"是在所有的人中最有理性的人"。这种以道德规范为准则，使天赋与理性、文明的发展与理性的进步、历史的前进相统一的"理性宗教"是伏尔泰坚定不移的信仰。伏尔泰认为朱熹理学是"理性宗教"的楷模，是唯以德教人，"无需求助于神的启示"。

伏尔泰在《风俗论》的前言中说："当一个人以哲学家身份去了解这个世界时，应首先把目光朝向东方，东方是一切艺术的摇篮，东方给了西方以一切。"

他在《哲学辞典》中说："中国的儒教是令人钦佩的，毫无迷信，毫无荒诞不经的传说，更没有那种蔑视理性和自然的教条。"他还称赞中国历史是一部合乎理性的信史，并认为，"中国人的神是作为宇宙万物原理之神，他是理性的崇拜者，文明的肯定论者"，与西方人的"神"有着本质的不同。

伏尔泰为了达到反对宗教神学的目的对中国文化和以宋明理学为代表的儒家思想给予充分肯定。他对中国文化的极度赞美对法国的启蒙运动起了积极的推动作用。

在法国启蒙运动中，一些编纂《百科全书》的学者组成"百科全书派"，其核心是以狄德罗、霍尔巴赫为首的唯物论者，他们的基本政治倾向是反对封建特权制度和天主教会，向往合理的社会，认为迷信、成见、愚昧无知是人类的大敌。主张一切制度和观念要在理性的审判庭上受到批判和衡量。他们推崇机械工艺，重视体力劳动，孕育了务实谋利的精神。狄德罗、霍尔巴赫等人研读了大量传入欧洲的中华文化典籍，倾慕中国的文明。狄德罗是继贝尔之后受朱熹理学的无神论影响较深的启蒙运动思想家。他在《百科全书》中热情洋溢地介绍中国的文明，认为中国哲学的基本概念是"理性"，高度评价中国的儒教与理学，说它"只须以理性或真理，便可治国平天下"；"赞美朱子理学所倡导的伦理道德与政治的结合，是造成中国高度文明的基础"。狄德罗在解释《百科全书》中的"政治权威"词条时指出，"不是国家属于君主，而是君主属于国家"，这与朱熹的"天下者，天下人之天下，非一人之私有故也"有异曲同工之处。

霍尔巴赫在他的著作《社会体系》中说，在中国"伦理道德是一切具有理性的人的唯一宗教"，"中国是世界上唯一的把政治和伦理道德相结合的国家。这个帝国的悠久历史使一切统治者都明了，要使国家繁荣，必须仰赖道德"。因此，与中国理学家一样，他认为欧洲各国也必须如中国那样以德治国，并在《社会体系》一书中提出"欧洲的政策必须以中国为模范"的主张，而且成为18世纪法国宣扬启蒙思想时不愿回避的主题。

中国理学家既主张德政，又重视法治的作用。针对南宋吏治和社会风气日下的状况，朱熹在他的《朱子语类》中提出"古人为政，一本于宽，今必须反之以严，盖必如是矫之，而后有以得其当"的见解。但在执法上，朱熹认为应从圣人"至益至平，无所偏倚"之心出发，但可以有一定的灵活性，"罪之疑者从轻，功之疑者从重。所谓疑者，非法令之所能决，则罪从轻而功从重。非谓凡罪皆可以从轻，凡功皆可以从重也。"从朱熹的这些思想中，"百科全书派"学者看到中国法律的严明，因此对中国的法律给予了高度的肯定。波维尔是"百科全书派"的又一位代表。他在《哲学家游记》一书中说："如果中国的法律变为各国的法律，中国就可以为世界提供一个作为归宿的美妙境界。"

综上可见，中国文明、朱熹理学对"百科全书派"学者们的学术思想的形成影响深远。

重农学派是18世纪法国古典经济学派，主张重视农业的重农主义经济学说，重农学说的理论基础是"自然秩序"论。魁奈（1694—1774）是重农学派的创始人和核心，十分尊崇孔子。他撰写了《孔子简史》，将孔子与古希腊圣贤作比较，说孔子的《论语》远远胜过古希腊圣贤的哲学，明显褒扬前者而贬抑后者。同时，魁奈还十分崇尚朱熹的"以农立国""务农重谷"是"自然之理"的思想。他认为人类社会和自然界一样，受自然法则的支配，"自然法则是人类立法的基础和人类行为的最高准则"。他还特意指出："所有的国家都忽视了按自然法则来建立自己的国家，只有中国是例外。"魁奈倡导以农为本，认为"财富的唯一源泉只能是农业生产，因为只有农业生产才能增加物质本身即生产'纯产品'"。"纯产品"学说是魁奈理论体系和经济纲领的核心。根据

"纯产品"学说，魁奈提出改变法国经济状况的经济纲领：一为发展资本主义大农业，增加"纯产品"提高收入；二为整顿税收制度，实行地租单一税。魁奈的实行地租单一税的主张，保护了农业资本家的利益，有利于资本主义的发展。

杜尔哥（1727—1781）是法国经济学家、重农学派的改革家。他发展了魁奈的重农主义学说，并和魁奈一样，对中国人的发明、创造、经验是极为重视的，对中国的文明是极为赞赏的，他认为法国的改革需要借助中国的社会实践、中国的经验与文明。他派遣留法的中国青年杨德望和高类思利用回中国的机会，到中国各地调查了解中国政治制度和经济发展的情况。为了使这两名中国学生回国后，能够有效地开展这项活动，杜尔哥专门写了《关于财富的形成和分配的考察》一书。杜尔哥的《关于财富的形成和分配的考察》这部名著被视为亚当·斯密的《国富论》的前驱，为英国古典政治经济学的完整理论体系的形成和工业革命的开始，奠定了基础。杜尔哥从中国留法学生和耶稣会士那里获得了中国思想、政治、经济、文化的历史资料和中国的水稻、桑树和茶叶栽培术、中国农具制造术、粮食储存法等农业资料。当他担任法国财政大臣时，就借助朱熹"生民之本，足食为先"的重农思想，进行农业经济发展改革，中国许多先进的农具、农艺、种子传到法国和欧洲。杜尔哥把重农思想发展到新的高峰，促进了18世纪法国和欧洲的经济建设。

总之，包含朱熹理学在内的中国文明，对法国启蒙运动的思想家产生过深刻的影响。这些启蒙思想家都研读过包含朱熹理学在内的中华典籍，并从中汲取精神文化养料，借鉴形成他们的学说，推动法国启蒙运动的蓬勃发展。

四　朱子学对德国古典哲学家的影响

德国古典哲学是在 18 世纪末至 19 世纪上半叶德国资本主义发展的独特条件下产生的。莱布尼茨和沃尔夫是德国近代启蒙思潮和德国古典哲学的伟大先驱，康德是德国古典唯心主义哲学的创始者，黑格尔是德国古典唯心主义哲学的伟大继承者和推进者，他把德国古典唯心主义哲学发展到顶峰。这些在德国乃至世界哲学史上都占有重要位置的哲学家，在创立自己的学说，或发扬同一学说中，均受到了包括朱子理学在内的中国文化的深刻影响。这些德国哲学家的哲学思想，推动了德国和欧洲的社会经济的变革，而且对现代哲学和社会科学都产生了深远的影响。

莱布尼茨（1646—1716）是 17、18 世纪之交欧洲杰出的哲学家、科学家、启蒙运动和德国古典哲学的先驱者，还是普鲁士"新文化运动"的旗手。他对中国文化很执着，一生都在研究中国哲学，被西方学者视为"狂热的中国崇拜者"。他研读了大量传入欧洲的有关中国各种情况的书籍，对中国的情况有了比较全面的了解，并深入研读了朱子理学和研究朱子学的书籍。通过对朱子理学和中华其他文化的学习，莱布尼茨对中华文化给予了肯定。他在《致德雷蒙先生的信：论中国哲学》中说："中国哲学学说……远在希腊人的哲学很久很久以前。""中国是一个大国，它在版图上不次于文明的欧洲，并且在人数上和国家的治理上远胜于文明的欧洲。在中国，在某种意义上，有一个极其令人钦佩的道德，再加上有一个哲学学说，或者有一个自然神论，因其古老而受到尊重。"

在研究程朱理学的过程中，莱布尼茨对朱子理学中的"理"进行了探究，并对"理"这个朱熹哲学最高范畴提出许多独到的见解。他将来华传教士译文中所介绍"理"的概念加以梳理，归纳为六点：一是理是"第一本原"，即是大自然的理由和本原，它是包罗万象的实体，它统治一切，存在于一切，以天与地的绝对主宰者的身份控制并产生一切。它既纯粹、安静、精微，又无形无体，只能由悟性来认识。二是理与万物的关系是"一是一切"的关系，即它本身是一，是不可再分的本体，同时它又是世上所有要素，所可能有的要素的本原。三是理不仅是天地与一切有形物体的"物质性之原"，也是一切德性、风俗与一切无形物体的"精神性之原"，它本身是不可见的，至善至美的，完善完美的。四是理在形态上是"圆体"或"丸体"，即"它的中心无所不在，而它的圆边则并无所在的"。五是理即"太虚"或空间，无际的太空，它是无所不在的，它充满一切，不留一点空隙，同时万物的存在与秩序都是由理来决定。六是理也叫太极，太极是作用于气的理。这就是莱布尼茨对宋明理学中"理"的理解。

莱布尼茨于 1714 年写出哲学巨著《单子论》。单子论是莱布尼茨客观唯心主义体系的核心，这种理论认为单子是能动的、不能分割的精神实体，是构成事物的基础和最后单位。李约瑟评论说，"莱布尼茨的单子是西方理论化的舞台上有机主义的第一次出现"，"这是不是部分的或许因为莱布尼茨通过耶稣会传教士的翻译和报告的传播，曾经研究过朱熹的理学派的学说呢"，"中国的世界图式经过朱熹和理学家加以系统化之后，它的有机论的性质就通过莱布尼茨的媒介传入西方的哲学思想。如果真是这样，那么它的重要性就怎么估价也不会过高"。加拿大学者秦家懿在对朱熹的"理"与莱布尼茨的"单子"进行比较中发现："莱布尼茨觉得'理'所指的，很像他说的'至高单子'或'最崇高而最简单纯粹的本性'，也就是'神'。他强调理是唯一无二的。用数学来解说，就如'一'众善之元，'理'也是众实体的至高本体；也就是万有之原；众善之元，就如'神是至一而包罗万象的一样'。因为莱布尼茨看到，朱熹的'理'既是事事物物各有的，个别的'小'理，又是唯一无二，同乎太极的'大'理。从这个角度来看，个别的'理'就像个别的单子，而太极的'理'，绝对体的理，就像至高的单子，也就是神。"莱布尼茨的单子就像他自己所说的，"每一实体（单子）就像是神的镜子，或是全世界的镜子一般"。对此，秦家懿认为"这种哲学说明了宇宙是'一而多'的意思……单子既有静的一面也有动的一面，所以，这种学说和程颐朱熹理气论也有接近的地方"。单子论是莱布尼茨提出的著名"唯理论"学说，开创出德国古典思辨哲学，发展了欧洲自然哲学。

莱布尼茨在对中国哲学进行研究的过程中，认识到"中国人的第一原则是理性原则"，中国理学家把"格物、致知、正心、诚意"作为"修身、齐家、治国、平天下"的基础，这说明朱熹"理"的本质是人的伦理实践，而哲学实践或道德倾向正是哲学的灵魂，故他在德国热诚地宣扬朱子学，试图把朱子学的这一重要的本质规定纳入到自己民族的哲学之中。他对《易经》卦的数列详加研究，惊喜地发现他的二进制算术与《易经》卦爻的二进制完全一致：两者都采用了两个符号交错使用的方法来表示不同的事物和数字；两者都引进了"位"的概念来增大两个简单符号的容量；两者都用"位"数的增加来表示量的增加，而且是成两倍的递增。于是，他根据自己的发现写出《二进制计算的阐述》论文，在《巴黎科学院院报》上发表，为计算机科学的形成与发展奠定了最初理论根柢。

沃尔夫（1679—1754）是德国启蒙运动的哲学家、数学家和科学家，是莱布尼茨哲学的继承者和传播者，被广泛认为是莱布尼茨和康德之间的最重要、最有影响力的德国古典哲学家。他将莱布尼茨哲学系统化，在德国哲学史上第一个创建了一个学科完整的体系，而且被搬上大学讲坛进行传播，受到大多数人认可。同时，他着手对中国哲学的实践原则的研究。

1721 年，沃尔夫走上了哈勒大学的讲坛，发表题为《论中国的实践哲学》的演讲。这次的演讲内容主要分三部分：第一部分介绍中国的政治道德，即实践哲学的发展史；第二部分比较儒家的伦理学和基督教的伦理学，认为前者以自然性为基础，而后者则是以神的恩惠为基础，但两者并不冲突，而是相辅相成的，因此理性可以与信仰互相调和、补充；第三部分论述中国人的道德原理——理性主义——与他的主张相符合。在此次讲演中，沃尔夫还对朱子学中的"天人合一"思想做了重点阐述，并将这一思想称之为物性和人性或宏观宇宙和微观宇宙的一致性。在这次演讲中，由于他把基督教伦理学与儒家伦理学相提并论，激起新教神学家们的愤懑而遭驱逐，但是这也促使更多人去了解儒学朱子学，对儒学的传播起到推动作用。

基于"中国哲学最本质的东西就是人的伦理实践"的认识，沃尔夫说："孔夫子只承认那些把理论与实践结合起来的人才是哲学家。"他在朱子学里找到了他自己道德理论的一个卓越检验，即把理论与实践结合起来。于是，他将其师莱布尼茨的哲学系统化，构建了"莱布尼茨——沃尔夫哲学"体系，并使这一哲学体系曾经一度在德国思想界占据了统治地位，也使中国和中国的实践哲学在哲学和社会科学领域中永远是西方和德国学术界占主导的研究课题。

朱熹把教育分为"小学"和"大学"两个阶段，沃尔夫对这种做法极为欣赏，把它称为"双层学校"。沃尔夫对朱熹认为小学阶段应该"教人以洒扫、应对、进退之节，爱亲、隆师、亲友之道，皆所以修身、齐家、治国、平天下之本，而必须进而习之于幼稚之时，使其习与知长，化与心成，而无扞格不胜之患矣"，大学阶段"教之以穷理正心、修己治人之道"。对这种教学内容的分配，沃尔夫持肯定态度。他认为，小学是"专为教训灵魂下部而设的"。"男童们从八岁起到十五岁止，在尚未能善用理性，须要由感性的协助之下得到训导时，去上小学。"小学的目标在于教育孩子学会服从，孝顺双亲、长辈、上司，遵守法律。而大学是"专为教训灵魂上部而设的"。无论是小学，还是大学，导向行善是目标，培养对于政府有用，对人民幸福有所贡献的人是根本。

在沃尔夫之后的一段时间，德国各大学的哲学课都在莱布尼茨——沃尔夫哲学的框架内进行，推动了朱子理学在德国大学的传播。

继沃尔夫之后，康德（1724—1804）是德国出现的又一著名哲学家。他是莱布尼茨三传弟子，德国古典哲学的奠基人。康德研读了大量的中国哲学书籍，汲取朱子理学中的养料，并在传承"莱布尼茨——沃尔夫哲学"思想的基础上，发展他的哲学思想。他在《宇宙发展史概论》一书中，提出了关于天体起源的"星云假说"，把宇宙描绘成一个物质的发展过程和肯定宇宙是由于自身的必然性发展形成的观点，与朱熹的宇宙哲学中的"阴阳二气的宇宙生成说"如出一辙。康德在假说中说，宇宙原是一团云雾状的、炽热的、旋转着的物质粒子——"原始星云"，因为引力和斥力的作用而发生旋转运动，逐渐形成太阳、行星和卫星。由此康德在该著中说："大自然是自身发展起来的，没有神来统治它的必要"，"在人们研究的各种自然物的起源中，宇宙体系的起源、天体的产生及其运动的原因是人们可望首先得到彻底而正确的认识"，还认为"给我物质，我就用它造出一个宇宙来！这就是说，给我物质，我就给人们指出，宇宙是怎样由此形成的"。在宇宙演化的形式上，朱熹吸收了道家和道教的阴阳二气生化万物的思想。朱熹以为："天地初间，只是阴阳之气。只一个气运行，磨来磨去，磨得急了，便拶许多渣滓，里面无处出，便结成个地在中央。气之清者便为天，为明，为星辰，只在外常周环运转，地便在中央不动，不是在下。清刚者为天，重浊者为地。天运不息，昼夜辗转，故地㷒在中间。使天有一息之停，则地须陷下。惟天运转之急，故凝结得许多渣滓在中间。地者，气之渣滓也，所以道'轻清者为天，重浊者为地'。"朱熹还认为，天地永存，不是创造出来的，而是本来存在的，只是有一个由无秩序的混沌发展为有序的宇宙，然后在某个时刻，又将"一步一步地由无秩序的混沌发展为有序的宇宙"的过程，即混沌——宇宙——混沌——宇宙的永恒循环过程。

在朱子理学的启示下，康德还对莱布尼茨辩证法思维进行改造，从莱布尼茨"二元算术"中引申出"二律背反"。康德认为，世界在时间上有开端，世界在时间上没有开端；世界是自由生成的，世界是按规律产生的；物体可以无限分割，物体不可以无限分割；世界存在一个绝对必然的神，世界没有这种神。康德的"二律背反"揭示了，我们所谈论的种种事物性状和属性，以及种种形而上学的难题，并不是事物的自身固有，而是由我们的概念方式所造就和赋予的，或者说，是由我们的概念方式所制作的。以"无和有"的形而上学难题来说，客观世界是一种自在自为，它的自在自为并不存在"无和有"的问题，"无和有"是一种概念方式的造就和制作，在概念的对称架构中，"无"的一端也必然在它的另一端生成"有"，"有"的一端必然在它的另一端生成"无"，这是概念逻辑的必然所致。而对于朱熹的理学来说，情况亦如此，在"共相"与"殊相"的问题上，我们可以从心灵的概念架构中，找到它的概念逻辑由来。抽象和概括的概念造就，具有一种共性集合递升的逻辑进阶的能动，在这种逻辑进阶的能动中，概念从个别阶乘进阶到特殊阶乘，从特殊阶乘进阶到一般阶乘，从一般阶乘逻辑反向倒置地嬗变为根本阶乘，在根本阶乘这个逻辑高度上，以其概括一切的逻辑资质成为一切事物"共相"，凌驾、总摄和涵盖一切一般的、特殊的和个别的事物样式，并使一切一般的恶、特殊的和个别的事物样式成为它的"殊相"。这样所谓"共相"与"殊相"，或者说"本质"和"现象"并不是自我绝对的事物属性，而是人类概念架构的造就和概念逻辑的必然所致。从中可知，朱熹的"理学"与康德的"二律背反"在某些方面是融通的。

康德在朱子理学的启示下，开创了德国古典哲学，推动了德国启蒙运动的发展。

德国古典哲学集大成者——黑格尔（1770—1831），曾直接阅读研究过当时译成西文的中国各种经典。他研读了朱熹的《通鉴纲目》《四书章句集注》，读过耶稣会士所搜集的《中国丛刊》和《中国通史》，对中国哲学经典《论语》《周易》《老子》等进行了研究，还学习过法国学者亚培·累蒙萨和圣·马丁关于中国文学的研究，英国使臣马嘎尔尼出访中国的记录，因此黑格尔的哲学中明显含有中国哲学尤其朱熹理学的成分。

"绝对理念"是黑格尔哲学的核心范畴。他的"绝对理念"或"绝对精神"就是朱熹的"太极"或"理"。朱熹的太极就是他"进学在致知"所得到的理，也就是他格物穷理，豁然贯通所悟到的理。这个太极是"道理之极至"，是"总天地万物之理"，也就是"两仪四象八卦之理，具于三者之先而蕴于三者之内"的理。这个理就是朱子形而上学的本体（宋儒称为道体），就是最高范畴。所以朱子说："太极本无此名，只是个表德。""表德"二字即含有范畴之意，或"表示本体的性质的名词"之意。这种的太极，最显著的特性，就只是一种极抽象、超时空、无血肉、无人格的理。这一点，黑格尔与朱熹是相同的。黑格尔的太极也是"一切我性，一切自然的共同根本共同泉源"。黑格尔的本体或太极，就是"绝对理念"。"绝对理念"有神思或神理之意，亦即万事万物的总则。宇宙间最高之合理性，在逻辑上为最高范畴，为一切判断的主词。其在形而上学的地位，其抽象，其无血肉、无人格与超时空的程度，与朱子的太极实相当。

黑格尔用他自己的哲学来审视人类历史，把历史区分为原始的历史、反省的历史和哲学的历史三部分；又根据太阳从东方升起而由西方沉没这种自然界现象的象征意义，把历史比作人的幼年、少年、青年、壮年、老年，体现了他的变化发展的进步史观。这与朱熹"读史当观大伦理、大机会、大治乱得失"和"事理、事情、事势"的观点，即历史不是凝固的一成不变的，而是变化发展的，甚至有大变动的，历史的变化发展有其必然的趋势的观点，是极为相似的。但令人匪夷所思的是他又从绝对精神出发来贬损中国文化、诋毁朱子学。他认为儒家道德学说只是"一桩政治事务"，而不是"道德义务"，"中国人既没有我们所谓的法律，也没有我们所谓的道德"，这就否定了朱子学所规定下来的法律思想和道德义务。黑格尔对中国儒学的否定，不具有合理性与必然性，但却开启否定中国文化的恶劣先例。

在逻辑构架上，朱熹哲学和黑格尔哲学的逻辑构架相同，都是圆圈式的：前者是从理到理，即作为万物根源的理，通过搭气而行产生万物，然后再经过认识主体的"格物穷理"而获得对"理"的认识，从而完成了从理到理的逻辑构架；后者是从绝对理念到绝对理念，即绝对理念派生万物是以辩证否定的方式不断自我扬弃，自我创造、自我运动、自我认识、自我实现，是一个由低级到高级，由简单到复杂的发展过程，从而完成从绝对理念到绝对理念的逻辑构架。

马克思经过研究黑格尔的哲学，说："如果黑格尔说，中国占主导地位的规定性是'有'，印度占主导地位的规定性是'无'，等等，那么绝对的批判就会'十足地'附和黑格尔，并把现时代的特性归结为'非规定性'这个逻辑范畴，并且会更加十足地把'非规定性'同'有'和'无'一样列入思辨逻辑的第一章，即列入关于'质'的第一章。"马克思的这段话深刻说明了儒学朱子学对黑格尔哲学思想的形成产生过重大影响。

五　朱子学对美国新儒学家的影响

什么是新儒学？就是在新时代视域下，既具备传统儒学的基本内在规定性又有回应西方文化挑战而表现出来的创新性的儒学。海外新儒学中的"新"与宋明新儒学中的"新"，其内涵不同。宋明新儒学之"新"表现在融合佛道，而新儒学之"新"则表现为会通西学。海外新儒家主要代表为陈荣捷、杜维明、余英时、成中英等学者。

杜维明，美国人文社会科学院院士、现代新儒家学派代表人物、当代研究和传播儒家文化的重要思想家。作为现代新儒家学派的新生代学人，杜维明把自己"看作一个五四精神的继承者"，将儒家文化置于世界思潮的背景中来进行研究。他研究朱子学的重点，在于阐发朱子学的现当代意义。他的这个研究，体现在如下两个内容上：一是杜维明强调，朱子学心性修养的重要性，在着力于人文精神的重建。他认为，儒家传统思想在现当代仍有着恒常价值，尤其是其人文精神。在他看来，儒学的基本精神方向是以人为主的，它所代表的是一种涵盖性很强的人文主义，而这种人文主义是主张天人合一、万物一体的，它与西方的反自然、反神学的人文主义有很大的不同，这种人文主义还是入世的，是要参与现实政治的，而且有着相当深厚的批判精神，即力图通过道德理想来转化现实政治。二是杜维明提出当代儒学发展的总体思路，即"儒学三期发展说"——第一期发展是从先秦到汉。汉以后一直到唐代，主要是佛教思想的传播，儒学的发展相对处于低潮。从宋代开始，儒学对佛教思想的挑战，有了一个创造性的回应，因而形成了从宋到明清的第二期的发展，并从某一角度成为整个东亚社会的文化内核。鸦片战争以后，儒学式微，儒学有无第三期发展的可能，取决于它能否对西方文化的挑战有一个创建性的回应。即儒学"吸收西方文化的菁华，最终成为世界文明的组成部分乃至核心内容"。他还于20世纪80年代初期提出儒学应在以朱熹为代表的第二期的基础上上升到第三期。

经过研究，杜维明对儒学第三期发展的可能性给出了自己的看法。他首先从宗教、儒教中国和儒家传统进行区分来研究儒家文化有没有可能复兴。杜维明认为儒家文化的复兴大有可能。一是从中国大陆的发展和学术研究现状进行思考，二是从东亚和欧美的研究状况进行思考。在他看来，随着中国经济文化的快速发展，儒学在中国的发展状况向好，儒学在中国的复兴是必然的。杜维明对西方国家研究儒家文化的情况也作了深入的分析。他认为，对中国文化的研究在西欧和美国都不能说是显学，甚至可以说是影响不大的学术研究，但其传统较深厚、潜力很大。

杜维明认为，朱子学的普世化及未来命运、朱子学的现代化、朱子学与中美关系等问题是当今美国朱子学研究的热点问题。现实性与实用性，是当代美国朱子学研究既突出又重要的特征。儒学第三期复兴的主流方向已是大势，不可逆转。无论是在美国，还是在欧洲，均趋势向好。

陈荣捷（1901—1994），美籍华人学者、哲学史家。他长于宋明理学的研究，是朱熹哲学研究方面的国际性权威。他认为，朱熹对中国思想发生的影响与孔子几乎相等，朱熹是过去8个世纪中儒家传统的最权威的解释者，而且其思想学说影响整个东亚地区。陈荣捷在把儒家思想学说传播到西方世界方面做出了较大的贡献，被誉为"北美大陆的儒家拓荒者"。

陈荣捷著作等身，主要专著有《朱熹》《朱子门人》《朱子新探索》《朱学论集》《近思录详注集评》；论文集有《新儒学论集》《宋明理学之概念与历史》等。此外，他还从事中国经典哲学的英译，译作有《近思录》《道德经》《传习录》《北溪字义》《六祖坛经》。陈荣捷英译，不只是对原文进行翻译，还将与所译之书可能相关而又必要的知识附于书中。以英译《近思录》为例，除原文 622 条之外，有长篇引言详述《近思录》编纂及译注之经过，并选译出有关的言论及宋明清与朝鲜日本注家评论共600 条，另有附录《近思录》选语统计表、《近思录》选语来源考、中日韩注释百余条。这样大大方便了读者阅读。

作为美国朱子学和宋明理学研究先驱的陈荣捷，很早就开始关注"新儒学"。1946 年，陈荣捷在麦克奈尔主编的《中国》一书中，即自撰《新儒学》一章，详细地介绍了朱熹等人的思想。他在《现代中国的宗教趋势》一书中指出："所谓'新传统'，指的是中国传统哲学，尤其是程朱新儒家理性主义的新发展。"他还认为，当时出版的冯友兰的《新理学》，是以朱熹新儒学之旧瓶，装入西方思想之新酒。这本书由英文先后译成西班牙、德、日等多种文字版本，在学界产生巨大影响。

陈荣捷对朱子学的研究，采取的方法是既重视观念史的分析也不忽视史实的考证，既有深厚的西洋学素养又有深厚的汉学功底，重视倡导以朱解朱，注重原始资料的收集与研究，研究中超越门户之见，特别重视利用日韩学者的研究成果来阐述自己的创见，同时又重视从历史的脉络中观察思想的发展，从概念的分析中探讨学派的流别。

在朱子学研讨方面，陈荣捷不仅是发起人，还是积极参与者。他于 1982 年的 7 月发起在美国夏威夷大学举办"首届朱子学国际学术会议"。冯友兰、钱穆、冈田武彦等国际最知名的朱子学家百人出席了会议，使朱子学真正国际化。1987 年 12 月，在中国厦门大学召开的第二届"朱子学国际学术会议"，参加会议的有陈荣捷、狄百瑞、任继愈、沟口雄三、冈田武彦、刘述先和成中英等海内外知名学者 100 余人，陈荣捷在会上作主题演讲。

1983 年至 1990 年，他多次来福建，沿着朱熹的足迹反复考察，撰写《朱子事迹访问记》等著作，推动朱子学在世界各地传播。

成中英，美国夏威夷大学教授，世界著名哲学家、"第三代新儒家"的代表人物之一。他不但熟谙西方哲学的特质，还有深厚的中国哲学的底蕴。多年来，他致力融贯中、西哲学，整合知识与价值。他的学术历程被称为是一条"深入西方哲学的核心"以"重建中国哲学"之路，推动着海外新儒学的发展。

《新传统主义——合内外之道：儒家哲学论》是成中英的哲学著作，他在自序中说："儒家是中国文化的主流思想。……我认为，如果我们能对儒家的思想作最大幅度的哲学的理性的理解，儒家思想的现代性、后现代性与后后现代性也都会有适当的定位和公平的评价。尤其在补足西方文化的价值缺陷、促进中国文化与社会的进步发展与开拓世界人类的价值前途（包括生态伦理、生命伦理与经济伦理等方面）这三大课题上，儒家哲学都可以作出非常重大的贡献。"成中英在这里对儒家哲学的价值给予了充分肯定。

新儒家对知识与道德问题的关注空前，因为这个问题牵涉到如何认识和整合传统儒家的道德与现代西方的知识，直接关系到儒学的现代重建。在思考这个问题时，新儒家都将目光聚焦于朱子学，凸显了朱子学对他们影响巨大。针对这一问题的讨论，新

紫阳楼

儒家分为"道问学"与"尊德性"两系。成中英为"道问学"系的代表之一，从他对这个问题的观点中我们也可以考察其与朱子学的滥觞。

成中英的"本体诠释学"，就是围绕"知识与价值（道德）"及其关系问题展开研究而创立的。他认为，人的存在可区分为两个层面，一面是理性，一面是意志。理性产生知识，意志产生价值。知识与价值是一种相互依存、相互促进的辩证关系，即价值可以促使知识进一步发展，知识也可以促进价值进一层的发挥。知识与价值同属于生命存在的两个层面，是完成生命的两大动力，二者缺一不可。

他还认为，哲学应该是"自生命的肯定，产生生命的价值与知识，再进而对知识的反省来探讨价值，从价值的反省来寻绎知识。并从两者交互的反省中来彼此充实与重建。借此产生的一套价值哲学与知识哲学，以及衍生的文化哲学与人生哲学，才能提供人类以生命的智慧"。

在美国，除了以上例举的3位新儒学家外，还有余英时、田浩、安乐哲、南乐山、白诗朗、伽德纳、谢康伦等，他们都在结合西方社会的现实，挖掘儒学朱子学思想资源和价值。

伍

朱子文化在当代向海外传播的趋势

概　述

随着科学技术的发展，当代传播朱子文化的方式和途径日新月异——除了传统的书籍、报纸传播外，又增添了国际性学术研讨会、研学、电视、网络、微信等传播方式，加上"一带一路"带动朱子学在沿线国家的传播及通过"孔子学院"的传播，朱子学在海外传播的范围呈扩大趋势。

朱熹在闽北"琴书五十多载"，留下了许多珍贵的文化遗产，可谓"县县有朱子，处处有遗存"。为充分保护好这些文化遗存，发挥这些遗存的文化宣传作用，朱熹的家乡福建采取了多种方式对朱子文化遗存进行保护。对与朱熹有关的物质遗存进行了修缮，对朱子的敬师礼、婚礼等非物质文化遗存进行物化和活化，还从立法、品牌打造、文化入校等方面加强朱子文化的保护……这些方法夯实了朱子文化底蕴，为中外学者、学子实地走"朱子之路"提供了更好的条件，有利于中外朱子学者对朱子学进行深入研究，并有新发现。

当代朱子学在世界各地传播活跃，无论在中国邻国韩国、日本、越南，还是东南亚、中东及欧洲、美洲，研究朱子学的专家学者越来越多，与朱熹有关的研究著作层出不穷，论文数更是逐年增加。朱子学持续受到世界众多国家的关注。

朱子学传播呈不断扩张的趋势，推动了现代新儒学的发展。

一 多措并举筑牢朱子文化的传播基础

长期居住在闽北的朱熹，在闽北各个县市留下 140 多处朱子文化遗产，为将这一宝贵的文化遗产保护好，赓续好，南平市从立法、品牌打造、文化入校等方面加强朱子文化的保护，为到朱子故乡的中外学者、游客提供在书本上所无法感受到的体验。

（一）立法保护朱子文化

闽北是朱子理学萌芽、发展和集大成之地，留下许多宝贵的物质的和非物质的文化遗产。然而，朱子文化遗产正面临着自然毁损和人为破坏的威胁。为留住历史记忆、传承中华文化基因，福建省委、南平市委作出了加强朱子文化保护建设的重大部署，着力打造朱子文化品牌，赋予朱子文化新的时代内涵和现代化表达方式，进一步激活内生动力、增进文化认同、传播中国声音。因此，为朱子文化量身立法，非常必要。经过一再论证，南平市首部地方性法规聚焦在朱子文化上。

《南平市朱子文化遗存保护条例》于 2017 年 3 月 28 日南平市第五届人大常务委员会第二次会议通过，2017 年 7 月 21 日福建省第十二届人大常务委员会第三十次会议批准，2017 年 9 月 1 日起施行。《南平市朱子文化遗存保护条例》（下文简称《条例》）正式施行，是南平市获得地方立法权后制定颁布的首部实体性地方性法规。

南平市以《条例》颁布实施为契机，全面推进朱子文化遗存保护提档升级工作。一批朱子文化重点遗存得以物化呈现，69 处朱子遗存保护标志设立，重点修缮 11 处朱子文化遗存，考亭书院、寒泉精舍、延平书院、五经博士府等项目复建，兴贤书院、朱子社仓、兴贤古街等整体提升，朱子博物馆、朱子墓、紫阳楼等有序推进，一条"环武夷山国家公园朱子文化旅游发展带"轮廓初显。与此同时，省级非遗项目朱子敬师礼、成年礼、婚礼、祭祀礼的"活化"更加"亲民"，"朱子祭祀典礼"正在申报"国家非遗"项目。

在此基础上，南平市以项目建设为抓手，推动形成以考亭书院为中心，散布周边县市的书院为骨干的"书院群落"，打造世界性的研学基地和"中华书院大观园"，并结合第 44 届世遗大会打造提升武夷山五夫朱子文化特色小镇、朱子文化生态园和朱子理学小镇等，加快推动形成系统展示朱子理学文化特色载体。

目前，福建省有朱子文化遗存 116 处，与朱子文化遗存相关的全国重点文物保护单位 7 处、省级文物保护单位 24 处。另有数量可观的与朱子有关的非物质文化遗产。为传承发展好朱子文化，福建省提出建立"朱子文化生态保护区"，先后将尤溪的朱熹祭典，南平的程门立雪传说、朱子家宴、朱子祭典、朱子家礼（成年礼、拜师礼、婚礼）列入省级非遗代表性项目；开展朱子文化生态保护区建设前期工作，形成《朱子文化流播图与行政区划图》《朱子文化生态保护区的文化活动》等，推动南平、三明启动编制《朱子文化生态保护区总体规划》。

目前，《南平市优秀传统文化保护传承发展实施纲要》《南平市朱子文化生态保护区规划》《环武夷山国家公园朱子文化旅游发展规划》等已完成编制，全市朱子文化遗存分布图绘制完成，"一网一平台""一保一档案"等文化遗存保护措施建立完善。

《条例》的出台，为朱子文化的保护提供了法律依据，强化了保护力度；相关保护规划的编制，确保了保护的有条不紊和持续进行，让朱子文化遗存留得住，传得远。

（二）树品牌保护朱子文化

2015 年，福建省委将朱子文化保护建设工作纳入当年工作要点，着力打造福建朱子文化品牌。南平市委、市政府及时印发《南平市朱子文化保护建设工作方案》，确定"一区五工程"，即创建国家级朱子文化生态保护区，重点实施规划编制、研究传承、品牌打造、教化交流和融合发展五大工程。2017 年，《南平市朱子文化遗存保护条例》正式颁布实施。2021 年，又制定出台了《南平市保护传承优秀传统文化推动朱子文化创造性转化创新性发展实施方案》，着力从更高站位、更新举措、更广渠道、更大格局推动朱子文化的保护与传承，通过"四化"即实化、物化、活化、转化实现朱子文化的创造性转化、创新性发展。2021 年 4 月，南平市政协调研组围绕"贯彻习近平总书记来闽考察重要讲话精神，推动朱子文化创造性转化、创新性发展"主题，开展了为期 2 个多月的专题调研，几经讨论修改形成专题报告及提案主体内容，梳理出了朱子文化传承发展项目清单，绘制出了推动落实的规划图。与此同时，南平主动推进高位嫁接，借势发展、借智作为，向中国社科院报送了《关于请求支持福建省南平市朱子文化创造性转化、创新性发展的报告》，中国社科院从 5 个方面 9 项措施支持南平市朱子文化传承发展。2022 年，《打造世界级朱子文化品牌》提案被福建省政协确定为 10 个重点提案之一，朱子文化传承发展及品牌打造得以从更高层面统筹推进。

在打造朱子文化品牌的过程中，国台办先后为武夷山市、尤溪县授牌"海峡两岸交流基地"。基地设立后，民间学者可以通过平台更多、更好地开展活动，共同推进朱子文化交流和研究升级。福建省成立海峡两岸书院联盟，加强海峡两岸书院交流，连续举办五届"海峡两岸书院论坛"；省市有关部门持续举办"朱子之路——闽台书院文化之旅"、"走万里茶道,寻朱子足迹"台湾青年摄影营、"朱子之路研习营"等文化交流活动,将朱子文化之旅列为港澳台青少年入闽研学线路产品。2021 年,福建省将"朱熹"列为"福建文化标识",通过串联武夷精舍、兴贤书院、云根书院、考亭书院等景点,推出了朱子文化旅游线路,突出推介朱子文化旅游产品。这些对夯实朱子文化品牌具有积极的作用。

朱熹除了在闽北创办书院、教书育人外,还在福州、同安、漳州、长乐、连江、古田、闽清、霞浦等地讲学授业,对当地的文化启蒙和传承起到了积极的推动作用。因此,各地因地制宜打造朱子文化品牌,各具特色。

朱熹一生大部分时间在闽北传道授业、著书立说,文化遗存丰富。南平市在打造朱子文化品牌中,主要从三个方面着手:

首先,聚焦遗存,保护朱子文化品牌的历史包浆。在加强朱子文化遗存的挖掘保护方面,南平市邀请清华大学、同济大学、中央美院、东南大学等高层次规划设计团队,编制五夫朱子文化系列规划,推进五夫朱子文化园建设,着力打造三大板块(理学文化、千年古镇、生态田园)、七大功能区(兴贤古街、朱子学村、朱子广场、万亩荷塘、玫瑰花海、旅游服务、古镇新貌)的文化旅游空间布局。五夫镇是朱熹成长的地方,也是朱子理学的摇篮——朱熹随母移居到武夷山五夫镇,从学、著述、办学授徒 50 余年。武夷山市高度重视朱子文化品牌的保护与发展,兴建起朱子文化园,包括文公山、朱子雕像、新紫阳楼等多项配套设施。位于文公山麓的朱子文化园,占地面积 88.5 亩,其建筑布局为三轴主线,五进院落:分别是碑林院落、平台院落、集成殿院落、启贤祠院落、文昌阁院落。仿宋风格的古建筑群由南至北渐次升高,气势恢宏庄严。其中集成殿已建成。2023 年 10 月 18 日,"纪念朱子诞辰 893 周年大会"活动在朱子故里五夫镇举行,来自全国各地的专家学者、朱子后裔、学生代表等近600人参加了集成殿开户典礼，共同礼敬朱子。

坐落于朱子文化园不远处的朱子塑像，是现有世界最大的朱子雕像。其高71尺（约23.66米），寓意朱子在世71年。基座1.4米，表示他14岁时来到五夫。广场的直径为50米，意味着他在五夫度过了50载的美好时光。塑像面容慈祥，左手持卷，右手捧心，象征朱子的学识和智慧，还传达了他所倡导的正心诚意、格物致知等核心思想。朱子雕像背后的"书山"上刻满朱熹著作，展现了朱子学说理论。

五夫镇的紫阳楼，又名紫阳书堂、紫阳书室，是朱子故居。宋绍兴十三年（1143），朱子的父亲朱松在建州病故，临终前托孤于五夫里的好友刘子羽。朱熹遵亡父之命，奉母迁居，前来武夷山麓的五夫里定居。刘子羽为不负好友的重托，遂于绍兴十四年（1144）在自己住宅旁建了一座新住宅，供好友遗孤居用。朱子14岁时来到五夫里居住，一直到晚年迁居建阳为止，住了近50年。他将一生中的大好时光都留在这儿，积淀知识储备，夯实理学思想。

紫阳楼元代毁于战乱，后历代有过修建，几经兴毁。2020年，时逢朱子诞辰890周年之际，紫阳楼在原址上得以重建。仿宋风格的紫阳楼，占地551平方米，建筑面积654平方米，内中的厅、堂、斋、轩均按朱子自撰的《名堂室记》进行布局，厅堂左室为"韦斋"，取怀念其父朱松（号韦斋）之意；右室"礼斋"，为恭迎父辈和接待来访学友的下榻之所。朱子重礼仪，曾两度在紫阳楼迎延平之师李侗和浙江学者吕祖谦，在"礼斋"留下互相论道的胜迹。门额上阳刻"紫阳楼"，大门两边阳刻一副石质对联：忠孝持家远，诗书处世长。

其次，以活动带活朱子文化品牌。南平市有关朱子文化的活动丰富多彩，并在海内外形成了较大的影响力。每年举办朱子祭祀大典、中国（武夷山）朱子文化节、海峡两岸朱子之路研习营、汉学青年学者研习营，还有朱子婚礼等活动。朱子婚礼，融汇了中华优秀传统文化"道统"与现实，是对中华优秀传统文化有力的传承与弘扬。"朱子婚礼"是《朱子家礼》中的重要一礼，是朱子以中国传统婚俗礼仪为基础，结合崇安县五夫里民间婚仪习俗，整理、编纂、规范而成的集大成之作，至今已有800多年历史。朱子诞辰888周年，在武夷山的大王峰下，九曲溪畔，举办了隆重的"朱子婚礼"大典。来自印尼、马来西亚、新加坡、缅甸、韩国等国家和香港、台湾地区的海内外1000多名朱氏宗亲参加，见证33对新人人生浓墨重彩的一页。新人严格遵循"朱子婚礼"中的纳采礼、纳币礼、亲迎礼及合卺礼四个经典环节，重现一场沿袭千年的人文经典婚礼仪式。观礼嘉宾与新人齐诵朱子家训，充分感受"朱子婚礼"的人文魅力和文化底蕴。这也标志着朱子婚礼得以复活、重现，优秀传统文化得以传承，带动了朱子文化走向国内外。

最后，借智借力打造朱子文化品牌。南平市与相关权威机构通力合作，让朱子文化在全国层面成为国家级的文化品牌；把考亭书院作为中国社科院高峰论坛常设点，打造成国际性高端论坛。南平与福建省歌舞剧院携手推出的《大儒朱熹——走进朱子大型交响咏诵会》，把朱子文化唱出来，是南平弘扬优秀传统文化的一次大胆创新和实践。2023年3月，咏诵会先后在北京、南平奏响。咏诵会以朱熹的理学精髓及其来龙去脉为主线，以朱熹一生的实践活动为辅线，入情入理、形象生动地解读和展示这位文化巨人的精华思想和卓越实践，并透过浅显易懂的现代语言将深刻的思想蕴含浅化出来，以及通过交响乐、戏歌、朗诵表演、独唱与合唱的完美结合，创作成雅俗共赏的歌曲使之流传开来。全网传播人次破1.5亿，大大增强了朱子文化传播力度。

朱熹诞生于三明尤溪。近年来，三明市加强闽学（朱子）文化的整理发掘研究，开展以朱子家礼、朱子家训、朱子家谱等为核心的闽学先贤专项文化遗产研究、挖掘与整理，抓好《朱子文化保护区规划编制方案》《朱子文化（尤溪）生态保护区总体规划》等规划编制，推进朱子文化园二期及朱子古街项目建设。尤溪县充分发挥朱熹诞生地独一无二的优势，通过创作"朱子礼乐·儒风雅韵"大型情景剧，推出以朱子文化遗迹为主轴的朝祭之旅、研学之旅，研发"朱子家宴""朱子菌菇宴"等，不断赋予朱子文化新的时代内涵和现代传承表达形式，助力朱子文化品牌向前发展。

漳州是朱子在福建主政的唯一城市，与朱子有着不解之缘，被誉为朱子理学南传重镇。在打造朱子文化品牌中，漳州市通过举办朱子文化主题论坛、朱子文化旅游系列活动等方式宣传朱子文化，并持续推出朱子文化文艺精品，让朱子文化在新时代焕发璀璨光芒。对位于高新区颜厝镇洪坂村白云岩内的紫阳书院，又称朱子祠，进行了保护修缮。为加强对朱子文化的挖掘、研究，2023年3月20日成立漳州市朱子文化研习中心。

（三）在学校弘扬传承朱子文化

福建省教育厅将朱子文化纳入中小学教育教学，指导各地教育部门和学校在中小学国家课程、地方课程的相关学科教学中积极挖掘朱子文化相关内容，在《海西家园》设置《理学宗师朱熹》课程，鼓励并指导各地教育部门和学校开发朱子文化校本课程。

南平市教育局积极响应，围绕"朱子文化育人"主题，把学校作为弘扬传承朱子文化的重要阵地。从开课程、推活动、塑形象方面落实朱子文化进校园。

首先，落实朱子文化课程，推动朱子文化在校园传播。每个班级利用每月1—4课时的班（队、团）会开设朱子文化课程，利用课后服务时间段组织学生开展自主阅读《朱子文化读本》（小学版、中学版）。一些学校还根据实际情况将《朱子家训》和朱熹的优秀诗词作品编入校本，常读常诵。南平市教育局还组织学校教师在研读《读本》基础上，根据学段设计教案并开展评比，选出典型教案向全市推广，以利育人效果。

武夷学院朱子学研究中心不仅学术成果丰硕，还探索推进科教融合发展，建设朱子文化特色学科，使科研成果转化为教学资源。比如，开设"朱子十讲"公选课，以及《朱子教育思想》《朱熹文学概论》等课程。这些课程，使朱子文化与专业融合，提升学生的人文素养。

其次，推动学校开展各种活动，"活化"朱子文化。南平市各学校围绕"弘扬朱子文化"的主题，开展丰富多彩的活动。在学生中开展诵读《朱子家训》、讲述朱子故事、吟诵朱子诗词活动；每年举办一次征文比赛活动，品悟朱子文化内涵；每年举办一次演讲比赛，传播朱子文化精髓；每年举办一次朱子文化手抄报创意比赛，营造浓郁的校园文化氛围；举办朱子文化书写比赛，提高学生的审美能力和鉴赏能力。

中小学结合春秋季研学活动，开展朱子文化实践活动，让莘莘学子在潜移默化中得到熏陶。每年教师节学校都要举办传统的"敬师礼"活动。2023年9月8日上午，建阳一中"明理崇德，尊师尚学——'朱子故里·理学摇篮'南平市2023朱子敬师礼"活动在考亭书院举行。考亭书院是朱子理学圣地，闽学渊薮，朱熹在考亭书院讲学时，不断丰富完善"释菜"之礼，确立道源正统，开启配祀先贤的先河，为后人留下了不朽的文化遗产，树立了尊师重教的光辉典范。教师节来临之际，选在考亭书院举行，是为秉承朱子故里遗风，发挥朱子理学的当代价值，传承中华优秀传统文化，延续尊师重教的正统。

敬师礼分为四个环节。第一个环节：致鞠躬礼，缅怀中华先贤。第二个环节，学生呈敬师帖，表达尊师心声。第三个环节：行释菜礼，传承文化遗产。第四个环节：诵经典文，弘扬尚学之道，师生诵读《白鹿洞书院揭示》。

第三，强硬件，落实朱子文化"物化"。南平市教育局鼓励各中小学在校园建设上融入朱子文化。比如，校园里挂朱子像，在教学楼张贴朱子名言、诗词作品，专辟朱子文化宣传栏。武夷山市的朱子学校是"朱子文化进校园"基点校，校园内处处都弥漫着朱子文化气息：大门口镌刻着朱子手迹校训"活源毓秀，继往开来"；校园中央矗立着朱子雕像，校园专门辟有朱子文化园，名篇隽语上墙，无论走到哪儿都能感受到朱子文化的存在。

事实上，只有始终秉持活化朱子文化的理念，具象的物化内容才被赋予灵魂。无论是将朱子文化物化，还是活化，均能让人更容易理解朱子文化，并接受其中的精髓，以更好地适应当代社会的需求。

（四）以学术研究夯实朱子文化

为了加强南平市研究朱子文化的力量，推动朱子文化的发展，南平市朱子文化传播发展中心、南平市朱子文化研究会、武夷学院朱子学研究中心、武夷文化研究院、宋明理学研究中心、闽北朱子后裔联谊会等研究机构相继成立。

众多朱子文化研究机构的成立，促进了研究人才不断涌现，研究成果斐然。南平市政协出版了《大儒世泽——朱子传》、吴邦才出版了《考亭书院大观》、林文志主编了《千秋吟颂——朱子故事一百集》、朱子文化研究会出版了《朱子文化年鉴》、政和县出版了《朱子三代与政和》，还有吴章中著《斯文在兹——朱子与闽北》、杨志林著《风去涤荡——朱子反贪记》、陈国代著《朱子诸师考释》……这些研究成果，夯实了朱子文化底蕴。

在激励朱子文化的学者上，朱子文化研究会于 2019 年设立"文脉奖"。每年一届，每届评选获奖者一人。一至六届获奖者分别为魏万能、高令印、朱茂男、朱杰人、吴邦才、马照南。2023 年起，"文脉奖"由福建省社科联主办、南平市社科联和南平市朱子文化研究会承办。

二 朱子文化传播的途径越来越多样化

朱子学于 12 世纪末开始从中国传入东亚的日本、朝鲜等国家，16 世纪传入欧洲，18 世纪欧洲耶稣会士们翻译和撰写的朱子学著作传入北美。当时朱子学主要通过来华的僧侣、留学生、传教士及中国迁往这些国家和地区的移民传播。如今，随着时代的发展，科学技术的突飞猛进，陆海空交通便捷快速，电脑网络将全世界紧密地联系在一起，朱子文化的传播途径呈现多样化、便利化的特征。

（一）多种形式的学术交流，加深了朱子学者对朱子文化的了解

学术交流能够让朱子学者们相互学习、相互交流，不断提升自己，共同进步，也是朱子文化在海外传播的重要途径之一——学者们通过学术研讨会、学术讲座等形式，在海外传播朱子文化的思想和理论。在当代，随着科技迅猛发展，经济全球化步伐加快，推动了朱子文化学术交流日益频繁。特别是 1978 年中国实行改革开放政策，实现了当代中国历史发展的重大转向，朱子学也迎来了发展的"春天"——中外朱子学界展开了活跃的学术交流与对话，朱

子学在海外"得新意，长新格"。

20世纪80年代以来，国内外举办的多场国际性的朱子学学术会议，为中外朱子学界的交流搭建了平台，为学者们会后的深度交流提供了契机。

一是夏威夷朱子学国际学术会议。1982年7月6日—15日，美国夏威夷大学亚太研究中心、美国学术团体联合会举办了夏威夷朱子学国际学术会议，美籍华人学者，哲学史家、朱子学专家陈荣捷任会议主席。世界朱子学最权威的专家学者80余人参会，他们中有冯友兰、罗光、山井湧、友枝龙太郎、任继愈、刘述先、成中英、张立文等。87岁高龄的冯友兰，在会议期间每天出席研讨会。讨论包括理、太极、天、性、仁、格致、易、经权、修养、礼、道统、宗教、道佛、胡宏等方面的选题。会议收到专家学者的论文30篇，并结集出版。陈荣捷在《会议论文集·导言》中说：我们深信这次会议，涵盖许多学术背景，而且对促进朱子学进一步研究，已作了好多。实在的，会议的目的之一，便是展望未来。此所以透过世界性竞争，使年轻学人，声气相求，而有创新计划。他们（年轻学者）和前辈学人亲切地交往，会给予他们很大的灵感与很强的启发。这绝非妄想，朱学的新生代，将由此会议应运而生。……狄培瑞教授所领导的新儒学与教育的会议，在1984年秋已经召开。朱子学的研究，确实方兴未艾。

夏威夷朱子学研讨会开朱子学国际会议之先河，标志着朱熹思想的研究和影响真正国际化。

二是厦门朱子学国际学术会议。1987年12月2日—5日，由厦门大学、中国哲学史学会等联合发起的朱子学国际学术会议在厦门大学举行。这是继1982年在美国夏威夷大学举行的朱熹国际学术会议之后在朱子学故乡举行的一次盛会，也是第二次朱子学国际学术会议。参加会议的129位专家学者，来自中国、美国、日本、加拿大、德国、南斯拉夫、新加坡、香港等国家和地区。其中 27 名海外学者大多是享有盛名的朱子学、东方学家。会议由厦门大学教授高令印、江西大学教授陈正夫、中国社会科学院研究员衷尔钜等主持。国内外最知名的朱子学家均出席学术会议，诸如任继愈、邱汉生、陈荣捷、黄秀玑、狄百瑞、佐滕仁、冈田武彦、高桥进、沟口雄三、杨宪邦、张立文、刘述先、成中英、柳存仁、秦家懿、余蓓荷、刘君若等。

在此次学术会议上，来自不同国家和地区从事东方学、朱子学（闽学）研究的学者就朱子学（闽学）的哲学、经学、社会政治、伦理学、教育学、美学、自然科学、文学艺术等诸方面的课题展开了交流和研讨。会议收到论著 75 篇（部），有 50 多位学者先后作了专题发言。此次会议呈现重视朱子学地方文献发掘的特点，高令印的《朱熹事迹考》及他与陈其芳合著的《福建朱子学》等专著，得到与会专家学者的高度评价。会后，国内外学者纷纷至闽北武夷山一带考察朱熹事迹、踏看有关朱子的物质文化遗存。

会上，学者们对一些问题存在较大分歧。如，在朱子学的源流在朱子学的上承脉络问题上，学者们辩论比较激烈。有的坚持黄梨洲的观点，认为闽之杨时师事河南二程，载道南归，延平三先生实开朱子学（闽学）之先河。有的则认为，道南三贤属程颢一脉，在闽至李侗而止。朱熹则属程颐一系，是周敦颐、张载、程颐等人思想的发展和系统化，集濂、洛、关学之大成。这表明与会者在洛学闽学化问题上看法不一致。在所谓"道统"问题上，有的认为，朱熹自谓远接先秦孔孟道统是符合其思想实际的。有的还对"道统说"的形成特点作了专题研究。

会议主旨在于讨论朱熹的哲学、经学、伦理、教育、美学等思想的特征，价值和实际意义，以及朱子学在国内外的传播、发展和派别。对这些问题的深入探讨，提高了朱子学研究的水平和层次。

三是武夷山纪念朱熹诞辰 860 周年国际学术会议。1990 年 10 月 21 日—25 日，纪念朱熹诞辰 860 周年暨国际朱子学学术研究会在福州、武夷山市召开。此次会议由武夷山朱熹研究中心、福建闽学研究会与中国孔子基金会三家民间学术团体联合举办；以中华孔子学会、复旦大学、厦门大学、杭州大学、福建社科院、福建省社联、福建省文化厅、南平师专、岳麓书院、白鹿洞书院、黄山文化书院为联合发起和支持单位。学术讨论的主题是，朱子对传统儒学的继承、改造和发展；朱子思想的历史地位，世界影响和当今价值。韩国、日本、新加坡、美国、加拿大、泰国、马来西亚、法国以及港、澳、台地区的朱子学专家 260 多人欢聚一堂，可谓硕儒满座。大会特邀请台湾的国民党资深人士陈立夫先生莅会。陈立夫专函赐复，谓因系现职公务员，未克前来。他托台湾的同宗陈大络教授携带贺联"八闽理学和风起，两岸文章甘雨来""以八闽理学作砥柱，为九洲文化奠磐石"赠给大会，贺联为陈大络所撰。为了增进各地学者专家对朱子思想及其学派形成发展的自然、社会、历史诸条件的了解，会议采用学术讨论与文化教育考察相结合的方法，分两段进行。第一段：纪念会，学术讲演，学术讨论，在福州武夷大厦举行。第二段：谒李纲祠、朱子墓，九曲泛舟寻访朱子遗踪，参加朱子纪念馆开馆典礼及专题学术讨论，在武夷山进行。

会议共收到 180 多篇论文，14 部专著。在大会和专题会上发言的专家学者有 120 多位。与会专家学者围绕朱熹对传统儒学的继承、发展，朱子学的历史地位、国际影响，朱子的本体论、宇宙观、道德伦理观，以及当今价值等，展开了热烈的讨论。会后，黄保万等撰写了长篇综述，说：中外学者一致认为，朱熹的学说思想是一个庞大精微的体系，蕴含着极为丰富的内容。这次会议中一些学者分别从不同角度和层面作了开掘，提出以下要点：（1）朱子学"是唯理的学问和实践的学问"，是"以格物穷理和居敬存养并进并发展主旨的理学"，"是东方人生存和发展的理论，它表达了东方人的人际关系和人生价值的趋向，是东方人的理想和理性相结合的人生观"。（厦门大学高令印《李退溪的人生哲学与东方人的"终极关怀"和"为己之学"》）（2）朱子学是一个以"儒学为主导的多元思维的综合体"，是"中国古代理论思维最发达的形态"。（山西大学魏宗禹《理学与三晋思想》）（3）朱子的学说是"救时"之论。"朱子重理轻物之学说，为救时弊而作。""孔子与孟子对于物与理（则）二者，并重而不偏执。"然而朱子却认"理"是天地之心或天地生物之心，乃因"当时社会……均偏重物质享受、道德沦丧、心为之惧，为平衡此一缺失，而作此偏于唯心主张"。（台湾陈立夫《学说以救时为贵》）……

这些论述具有新材料、新观点、新角度的特点，而且敢于质疑，勇于突破前人的窠臼，给朱子学以比较科学的评价。会后，会议提交的论文由上海三联书店出版，书名为《朱子学新论》。

四是台北朱子学国际学术会议。1992 年 5 月 29 日—6 月 1 日，由台湾"中央研究院"中国文哲研究所、台湾"中华文化复兴总会"联合举办。参加会议的专家学者 80 多人。会议由台北"中研院"中国文哲研究所负责人吴宏一教授、林庆彰教授等主持。对举办这次高层次会议的缘由，台北《中国时报·社论·寻找文化生命的源头活水——论朱子之学的现代意义》中有具休论述。文章指出，对朱子学的研究，可以证明中国传统哲学能为当代世界文化提供必要的思想活水。

历史上称宋儒兴起正是一个儒学复兴的运动。而朱子无疑是将儒学复兴运动推上最高点的人。他对儒学义理层面的开拓，在历史上很少有人超越过他。但朱子的成就远远不在此，他的学问博古通今，兼擅义理、考据、词章，他的人格孤峰突起，守正不阿，所以他不只在学问上令人景仰，在道德上，他也是具体的典范。儒学在朱子身上所显现的，不仅是"道问学"的严谨，同时也是"尊德性"的自然。召开定期的讨论会，可以鼓励风潮，造成风气，使朱子学的研究成为我们复兴文化的主流，也让朱子笃实、务本的学风成为匡正社会风气的一股正本清源的清流。他的笃实在于把学问道德落实到最后治国平天下的实际事务上；他的务本在于他把握到传统儒家的精髓，那便是"极高明"而"道中庸"。

文章对朱子学的现实意义作了强调：我们必须认识朱子在宋代儒学复兴中的价值。他集合众家之长，而将儒家思想推入一个新的高点。这一点说明了儒学的复兴，并不是由儒学一己的力量来完成的，而是汇集了许多不同的思想及学术，所以兼容并蓄是文化复兴的主要动力。今天我们有感于中华传统文化的陵夷，社会价值的紊乱，以致弄得"上无道揆，下无法守"的境地。我们既试图重新建立一个价值体系，便必须推行文化复兴运动。但是，推行文化复兴运动却不应再蹈韩愈排佛失败的覆辙。宋儒之振兴儒学的成功，就是不把排佛作为口号，并且在重建儒学思想内容时采取了部分佛学的精义，使儒学得以以新的面目展现。这种师法新文化的举动当然会引起儒学的部分"质变"，但儒学如不有此质变，则无法以新姿态重新站起来。朱子之学至少在这一点上，提供了我们对文化选取及文化活动的思考方向。……今天海峡两岸都陷入不同种类及程度的文化迷失境遇之中，两岸的同胞要重新建立信念，便应从肯定文化价值入手。朱子诗："问渠那得清如许，为有源头活水来。"朱子心中的源头活水，即是一个经过历史考验、重新组合、全新诠释的文化体系。这个文化来自传统，也必须有强烈的现代精神，所以活水才可以汩汩不断，如生命之泉源。在希冀一种根植在传统但又是崭新的文化的润泽之前，我们必须努力地去研究、寻找，如同朱子在八百年前努力地研究、寻找过一样。

　　此次朱子学国际会议的论题极广，涵盖了朱熹的哲学、经学、文学、史学、传记、宗教，以及朱子学的源流、文化背景等。与会的朱子学专家学者，提供了50多篇论文，比此前诸次会议更有深度和广度，把朱子学的研究推进到一个新的阶段。此次《国际朱子学会议论文集》由台北中研院文哲研究所出版。

　　五是吉隆坡朱子学国际学术会议。2001年12月1日—3日，由马来西亚朱氏联合会、华社研究中心联合举办。杜维明、宫达非、蔡仁厚、马进、苏金鎏等国际知名学者应邀与会。主要讨论朱子学与世界文明、朱子学在海外华人世界的价值意义等。《朱子格物致知的思想体系与价值》是新加坡大学教授苏金鎏提交的论文，认为朱熹格物致知的思想，是先秦荀子讲的认知心一系，而不是孟子讲的道德心一系，是现代新儒学三大精神方向之一。"三大精神方向"指的是重开生命学问道统的光大、完成民主建国政统的继续、转入知识之学的学统。杜维明作了《朱熹的人文关怀》学术报告。他认为，中国的崛起或中华民族的再生，其背后应该有深刻的义化讯息；不仅是中国人的福，也是世界上受到边缘化国家的福。他说：联合国认为，儒家文化的两个基本原则应该成为文明对话的基础。第一个是"恕道"，即"己所不欲，勿施于人"；第二个是"仁道"，即把人当人。他希望中华民族或中国能体现这种价值，同时对国际秩序的重组、健康发展有重大作用。他以"四道"，即人禽之辨、夷夏之辨、义利之辨、王霸之辨来概括朱熹对宇宙及人类的宽广人文关怀，也即是人、文化、道德及王道。他说："全球化激发了族群、语言、宗教、地域、性别及年龄的认同，因此中东及美国应学习东方模式，以协调的方式来合作及解决问题，这应成为世界文化重组的一个精神模式。"

　　参加此次朱子学国际学术会议者达50多人。会上宣布成立"马来西亚朱熹学术研究会"，还呼吁在大专院校中文系开设"朱子学"课程。会议结束后，论文被收入陈荣照主编的《儒学与世界文明》一书。

六是"朱子学与当代中国"国际学术研讨会。2021年12月4日，"朱子学与当代中国"国际学术研讨会以线上和线下相结合的方式举行，50余位专家学者出席了会议。会议由中华朱子学会与中盐金坛盐化有限责任公司联合主办，江苏宏德文化出版基金会、尤溪县朱熹诞生地海峡两岸交流基地服务中心、尤溪县社会科学界联合会承办。会议聚焦朱子学的历史脉络与当今社会发展的需求，围绕朱子学的新旧问题展开了热烈的讨论，既进一步发掘朱子学高博而悠远的文化价值，又身体力行、推己及人地传承、发扬、实践朱子学的社会价值。

时代在变，人的思想也在变。传统的思想文化不能完全适用于当代社会是必然，但作为道德教化的朱子学，对于当代社会依然具有重要的作用。华东师范大学朱杰人教授围绕《大学章句》谈及朱子的民本思想并提出，朱子认为民为国之本，国为民而立，得民心者才能得天下，且君轻民贵是不容颠覆的天理。复旦大学社会发展与公共政策学院谢遐龄教授则紧扣《朱子家礼》提出自己的见解，他认为《朱子家礼》中所涉及的冠、昏、丧、祭，祠堂和制服等制度，依然需要在现代社会继续推行，从而实现礼制的现代化，这对于当代的社会治理具有积极意义。

形而上的理学落实到社会群体的实践意义上时，便是儒家所强调的工夫论思想。厦门大学哲学系教授朱人求以"格物致知"为中心阐述朱子的工夫论，他认为"格物致知"是有别于西方知识论的工夫认识论，以"格致工夫"来体认知识、感悟道理，是实现合内外之道的一种方法，能够达到"心与理一"的圣人境界。上海交通大学的杜保瑞教授，从朱子的经典诠释学中概括了儒家本体工夫论的涵义，认为从具有价值意识概念的本体工夫论到种种具体的实践活动，无不彰显出朱子所强调的"为学方法"和"工夫次第"。

朱子思想无论是对于社会整体，还是对每个具体个体都有方方面面的影响，即使对当代社会的治理也具有重要的借鉴价值。鉴于当代社会的复杂性和国情的特殊性，西北政法大学哲学与社会发展学院副教授俞秀玲认为，朱子对于《吕氏乡约》的完善与思考对当前乡村治理体制的完善具有参考价值。中山大学哲学系教授黎红雷认为，企业家们应当传承儒家的责任观，做到严于律己、德以治企、仁以爱人、信以立世、万物一体，努力成为当代"新儒商"。

（二）朱子文化书籍的出版，便利了海外读者对朱子文化的了解

书籍是知识的载体，也是传播知识的介质，还是唤起感悟的重要工具。书籍在推动朱子文化国外传播上起着举足轻重的作用——许多研究朱子文化的著作被翻译成多种语言，在国际出版市场上发行，走进多国人家的生活。这些书籍详细介绍了朱子学派的思想、学说和影响，让海外读者更加全面地了解朱子文化，促进朱子文化与当地文化的交流和融合。

一是当代朱子学研究著作。中外研究朱子学的著作不胜枚举，在此只能撷取部分简略介绍。

《朱子新学案》一至五册，钱穆著，台北三民书局 1971 年 9 月出版。此书是钱穆耗时七年完成的，得到哈佛资金协助。作者深入论述了朱熹学术思想，而且系统梳理了朱子有关资料，并且突出了朱熹在中国思想史上的卓越地位。在此书中，钱穆用理气一体浑成的道理解决了学者对理气二元或一元的争论，也用心性一体两分的道理，打破了思想史界关于程朱与陆王的门户之见，并用"考据正所以发明义理，而义理亦必证之考据"来解决人们治学方法上执其一端的偏颇。书中再现了朱熹作为百科全书式人物的形象。

《心体与性体》（全三册），由"新儒学八大家"之一的牟宗

三著，台北正中书局 1981 年出版。此书大量地运用了康德哲学的观念及方法来分析宋代理学的进路。最终为传统儒家哲学的本质作出了一个清晰的哲学描述，从而第一次将传统儒家思想提升到现代哲学的层面。

《朱子及其哲学》，范寿康著，北京中华书局 1983 年 9 月版。此书内容大体可分三部分：第一部分以"四书""五经"、北宋诸儒、佛道二教等对朱熹的影响，勾勒朱熹哲学思想的源头和脉络；第二部分论述朱熹"理"与"气"的自然哲学、"心"与"性"的人生哲学、"人治"与"德治"的政治学说和"小学"与"大学"的教育哲学；第三部分则对朱子的生平、著作、学派和影响等加以概括叙述。

《福建朱子学》，高令印、陈其芳著。福建人民出版社 1986 年出版，1999 年再版。全书共 8 章，将朱熹及其福建籍的弟子、再传弟子和后学汇集在一起，考察其事迹，剖析其思想。阐述了福建朱子学的发展梗概、规律及其在完善与充实朱子学思想体系方面的贡献，该书还探讨了福建文化的发展规律。

《朱子新探索》，陈荣捷著，台湾学生书局 1988 年版。此书是作者在朱熹研究方面的代表作。该书内容多为以前学者所不及论者，涉及朱熹生平、思想及其所关联之人物、事迹诸方面，发掘了大量以往不被注意的新材料，大大深化和细化了朱熹研究的课题。

《理心之间——朱熹与陆九渊的理学》，高全喜著，北京生活·读书·新知三联书店 1992 年版。本书以朱熹的"理学"和陆九渊的"心学"学说以及他们之间的诘辩为中心，展现了宋代理学的精妙之处，叙述了理学对中国文化巨大深刻的影响。本书是旨在弘扬中华民族文明历史与传播中国文化知识的《中华文库》丛书中的一种。

《朱子大传》，束景南著，福建教育出版社 1992 年版，是相关领域公认之作。它从南宋儒、佛、道三大文化交融的宏大社会背景中，采用文化还原的研究方法，对朱熹及其思想作了全新的评价。张岱年先生与陈荣捷先生作序，誉之为研究朱子学与传统文化的新的重要成果。作者掌握了大量新资料，全文单征引古籍在一千余种之上，多有独到的新发现，纠正了各种流行误说。

《功利主义儒家：陈亮对朱熹的挑战》，田浩著，姜长苏译，江苏人民出版社1997年7月版。田浩，1944年7月生于美国佛罗里达州的克里斯由，师从余英时先生。此书通过陈亮作品具体探讨了其思想的演变过程，尤其是在当时特定历史背景下，历史地展现了陈亮、朱熹间的"道德与事功"之辩，以及两人的思想和性格区别，从而再现了中国思想的丰富性、复杂性和历史性。因此，《功利主义儒家：陈亮对朱熹的挑战》被汉学宗师史华慈推许为自己所读到的"以西方语言叙述宋代儒学思想多种特征的最生动、最易理解的作品之一"。

《朱熹的自然哲学》，金永植著，潘文国译，华东师范大学出版社2003年11月版。金永植，韩国人，华东师范大学教授。此书探索了朱熹的自然哲学观。其中第一编介绍朱熹自然哲学的基本概念，第二编介绍朱熹论自然世界，第三编是朱熹与专门之学的"科学"传统。该书的价值在于不仅在一般性地阐述朱熹的自然观与专门之学，更在于深刻剖析了朱熹格物的主要思维方式（把自然世界看成"概念的图式"）和目的（服务于社会与道德）。

《朱熹评传》，张立文著，南京大学出版社2011年4月版。系《中国思想家评传丛书》一种。此书系统、全面地阐述了以理气为核心范畴而展开的经济、政治、哲学、自然科学、形神、动静，知行、心性、教育以及美学、伦理学、历史观等方面的思想。该书指出，以朱熹为代表的求理、求实、主体、忧患、力行、道德、开放等理学精神，也是中华民族精神的整体体现。若与中国现实国情及世界发展趋势相结合，对其进行体认和创新，无疑是意义深远的学术文化使命。本书是目前国内论述朱熹思想较为全面的著作。

《朱子文化大典》，南平市对外文化交流协会、武夷山朱熹研究中心、福建省环球标志文化研究中心编，海风出版社 2011 年 9 月版。本书内容涵括朱熹的生平事迹、思想源流及其理学思想、经学思想、伦理思想、教育思想、史学思想、政治思想、经济思想、宗教思想、美学思想、文学思想、自然科学思想和理学体系建构等。全书揭示朱子理学的内在价值，分析和阐述了朱熹如何对中国传统文化进行全面总结，在对儒学的传承中革古出新，从而对中国哲学、经学、政治、文化、教育、宗教等方面所产生的重大影响。是首部以展示中华朱子理学文化，传播中华理学文化精神为重要内容的大型理学典籍全书。

《朱子学在海外的传播》一书为程利田著，由海峡文艺出版社 2016 年 6 月 1 日出版。朱子学在世界各地的传播和影响，使朱子学成为世界性的学说，为世界各国提供了各个方面的借鉴。《朱子学在海外的传播》系统详细地阐述了朱子学在日本、朝鲜（韩国）、越南、泰国、新加坡、印度尼西亚、马来西亚、法国、德国、英国、俄国、西班牙、瑞典、美国、加拿大等国家和地区的传播情况及途径；重点阐述朱子学对世界诸多国家的古今经济、政治、文化教育的影响。

《朱子学在海外的传播与影响》一书为张品端著，由中国社会科学出版社 2019 年 12 月出版。该书分上中下三篇，介绍朱子学在东亚、东南亚和欧美的传播与影响。主要采取文化思想比较的方法，注重通过原始资料的发掘和理论分析来深化研究。如通过对朱子理学与欧洲启蒙哲学、古典哲学作个案比较分析，既阐明两者在哲学建构上都有着相似的思维方式（即在学理进路上的相似性），又揭示两者之间的文化差异，以及不同的价值诉求。其突出特点是用东西文化"对话"的方式，清晰地呈现出朱子理学与欧洲启蒙哲学、古典哲学主要范畴的异同。又如，该书将这种文化思想比较的方法用于对北美朱子学研究，其研究表现为将朱子思想对象化并予以客观考察，其基本形态是援引西方哲学中的概念和思想阐释朱子思想。这种方法更能反映北美朱子学研究的特点。

《爱敬与仪章：东亚视域中的〈朱子家礼〉》，吾妻重二著，吴震等译，由上海古籍出版社 2021 年 5 月出版。《家礼》为朱子礼学思想的实践性著作，影响后世达七百年，深刻塑造了中华礼仪文明。《家礼》不仅对中国近世社会影响深远，而且走向东亚诸国，成为整个东亚世界共同遵守的礼仪规范，正是经由《家礼》的普及，"礼"成为寻常百姓的一种生活方式。该书为日本朱子学、礼学专家吾妻重二教授《家礼》学研究成果的汇集。全书分三编：文献足征、礼文备具、礼书承传，共十四章，广涉《家礼》版本、木主、深衣、日本《家礼》接受史等议题，熔文献学、历史学、哲学于一炉，全面深入地揭示《家礼》在东亚的"漫游史"。《爱敬与仪章》将家礼研究拓展至东亚地域，开创了东亚"家礼学"研究的典范。该书以日本近世对《朱子家礼》的接受状况为核心，将研究视野扩大至整个东亚范围，对今后的儒教研究必将大有裨益。

《宋明理学：形而上学、心灵与道德》，刘纪璐著，江求流译，西北大学出版社 2021 年 11 月版。该书运用分析哲学的当代理论对宋明理学作了系统研究，以期为理学中的许多传统哲学观念提供一个新的解释学门径，其宗旨是提取宋明理学的哲学精髓并使之与当代的哲学论述联系起来。作者通过形而上学、心灵和道德三个概念在宋明理学中的呈现，展示如何可以哲学地从事理学的研究，其中对宋明理学核心人物思想和学说的梳理新意迭出，文本解读细致，论证推理缜密，对于理解宋明理学的发展线索以及理学与西方分析哲学传统的关系、理学的哲学维度等都能提供理论视角和方法启示。全书分三部分：理学形而上学：从宇宙论到本体论；人、人心与人类道德的基础；德的培养、道德人格以及道德世界的建构。

二是当代朱子文化学术论文。每年朱子学专家学者撰写出来的学术论文数量，远远大于朱子学研究著作。这些论文共同构成了朱子学不朽的研究话题，在传播朱子文化中起到重要作用。

朱子学术论文，主要通过两种形式的纸质印刷物发表。一种是在学术刊物上发表，一种是收入论文集。这些学术论文，不仅可以在一些综合性学术刊物上发表，还可以在专门的朱子学刊物上发表。专门的朱子学刊物有由中国社会科学院历史研究所、上饶师范学院朱子学研究所主办的《朱子学研究》，武夷山朱熹研究中心主办的《朱子文化》。另外，朱子学会·厦门大学国学研究院坚持编撰《朱子学年鉴》，南平市朱子文化研究会编撰《朱子文化年鉴》。这些刊物为朱子学术论文提供了发表阵地，促进了专家学者撰写论文的热情。笔者选取 2013 年、2017 年、2021 年《朱子学年鉴》中的"部分朱子学论文索引"作了比较，结果是 2013 年为 279 篇，2017 年为 394 篇，2021 年为 526 篇。尽管年鉴在不同年份的索引中存在误差，但是误差不会很大。因此从 3 年索引的朱子学论文的数量看，朱子学术论文的发表量呈逐年上升的趋势，说明朱子文化受到越来越多人的关注，朱子学术氛围愈来愈浓厚。

（三）深化和扩展教育交流，吸引海外学子对朱子文化的关注

随着经济全球化和社会文化交流的加深，中国与其他国家之间的教育交流越来越频繁。2020 年，在中国内地高校及中小学校就读的外国留学人员达到 50 万人次，其中接受高等学历教育的留学生达到 15 万人，中国成为亚洲最大的留学目的地国家。外国学生到中国留学，不但促进了中外文化交流，而且让更多的外国人认识中国了解中国。朱子文化是中华文化重要的组成部分，通过在学

校学习和参加各交流活动，能够很好地推动朱子学的传播。

朱子学派发祥于闽北。朱熹在闽北"琴书五十多载"，留下了许多珍贵的文化遗产，可谓"县县有朱子，处处有遗存"。目前，南平市共有朱子文化遗产135处，是向世界宣传、弘扬朱子文化的宝贵资源。为此，南平市于2008年举办了首届"朱子之路"研习营活动，之后每年坚持开展这一活动，至2023年已持续了15个年头。研学活动是一种以朱子思想为核心，以学习、研究、传承朱子文化为目的的教育活动。朱子文化是中国古代儒家思想的重要代表，对中国传统文化影响深远。通过参与朱子文化研学活动，参与者能够深入了解朱子思想的精髓，提升人文素养和思辨能力，对于传承和发展中华文化具有重要意义。

"朱子之路"研习营活动得到中国很多大学的响应，各高校纷纷单独组团，或联合组团到闽北参加朱子文化的研习活动。福建华侨大学招收的外国留学生较多，近年学校每年都会组织留学生参加"朱子之路"研习营活动。2017年4月7日至9日，华侨大学组织港澳台侨学生赴南平市武夷山开展"名家故里行"——朱子理学和武夷山文化的调研实践活动。来自港澳台地区和缅甸、越南、泰国、老挝、马来西亚等东南亚国家的34名学生参加了此次研习活动。

在武夷山五夫里，朱子文化研究中心主任姜东成为研习团师生讲解了朱子理学和武夷山文化，使港澳台侨学生对朱子理学有了初步认识，随后，考察团前往天心村茶厂，学习武夷山大红袍的茶文化，了解现今武夷茶的种类及制作工艺流程：采摘，萎凋，做青，炒青，揉捻，烘干，分拣，炭焙。通过实地感受名家故里的人文精神，探寻文化积淀，增强了港澳台侨学生对中华优秀传统文化的认同。

华侨大学以"朱子理学实践考察，实地感受名家故里的人文精神"为主题的研习活动，于 2019 年 5 月 25 日—26 日在南平市武夷山开展。参加研习活动的师生有 26 人，分别来自港澳台地区和缅甸、泰国、老挝、马来西亚等国家。

营员们首先参观了武夷山五夫古街，在古街廉政文化主题馆里，听取了讲解员对以五夫镇刘氏"三忠一文"、朱熹等为代表的杰出清廉人物的介绍。在兴贤书院行严肃的拜师礼、高声齐诵《朱子家训》，演绎尊师重教之礼，"读书起家、循理保家、和顺齐家、勤俭治家"，感受圣贤魅力。营员们还参观了朱熹故居紫阳楼、朱熹讲堂精舍及武夷山市博物馆等。

巴西华侨陈政勋同学在日记里写道："行了朱子的拜师礼，宣读了朱子家训，家训虽寥寥数百字，却包含的都是修身齐家、治国安邦的大道理，读完以后令我受益良多。"研习活动不仅让营员们对朱熹有了更深更全面的了解，还增强了港澳台侨学生的家国情怀。

2023 年 2 月 8 日，由华侨大学 42 名境内外师生组成的名家故里行朱子文化研习营，前往福建尤溪学习传承朱子文化，深刻领悟习近平在福建考察时的重要讲话精神。研习营成员来自中国香港地区和马来西亚、缅甸、印度尼西亚、泰国、安哥拉等国家，并特别邀请湖南大学学生在尤溪共同参加研习。两校的学生采用"结对子"的形式建立跨区域、跨学校、跨学段的合作交流。

尤溪是朱熹出生地，留存了许多朱子文化瑰宝。研习营首站来到尤溪朱子文化园，在这里循着朱熹生平足迹学习朱子理学，沉浸式体验中国非物质文化遗产的魅力。研习营师生参观了南溪书院、开山书院、朱子家训文化馆、朱熹塑像、尤溪县博物馆；拜访了朱熹亲手种下的"沈郎樟"，近距离接受朱子文化的熏陶。在朱子文化大讲堂上，《朱子家训》中每一字每一句都让同学们感触良深。来自马来西亚的洪祤维感慨道："这篇家训倡导家庭亲睦、人际和谐、重德修身，其中诸多至理名言名句仍是当今我们应该认真学习和传承的。"

在朱子文化园内，营员们还沉浸式体验朱子家礼。大家身着汉服，学正衣冠、向朱熹塑像行"拜师礼""冠笄礼"，诵读《朱子家训》，以笃敬之心缅怀理学先贤，感受中华文化中尊师重道的传统，感受朱子文化的魅力。来自安哥拉的卫宇达说："朱熹先生的思想理念对我今后的学习生活有着很大的启发，对我理解中华传统文化有很大帮助。"来自缅甸的马顺宇在体验完后兴奋地说："此次研学我切身感受了朱子遗风，了解到中华民族的悠久历史和灿烂文化，从中汲取了营养和智慧。"

青年学者是推动朱子文化传播的有生力量，因此朱熹的故乡非常注重吸引青年学者前来研习。"2023汉学青年学者研习营"于2023年7月9日至16日在福建南平开营。汉学青年学者研习营是国际儒联精心创办的品牌项目，此次研习的主题是"人与自然和谐共生——南平行"，吸引了来自美国、意大利、法国、日本、韩国等16个国家的22名外国留学生参加。营员们是清华大学、北京大学、中国人民大学、复旦大学、中山大学等12所国内知名高校攻读汉学相关专业的硕士生、博士生。

研习从朱熹故居五夫镇启程，登天游峰，览朱熹园，品朱子宴，觅理学源；走过茶香四溢的古街，领略武夷茶市的盛景。在亲身体验中，营员们不仅对武夷山的山水有了真实、立体、全面的了解，而且对朱子文化有了更深入的认识，对国际人文交流与不同文明互学互鉴具有积极的促进作用。

从2008年起至今，各种形式和主题的"朱子文化"研习活动，吸引了来自十几个国家近百所高校的数千名师生参加，海内外影响深远。

在利用教育传播朱子文化中，由中国国家汉办主办的大型国际汉语比赛——"汉语桥"世界大学生、中学生、小学生中文比赛也是一种行之有效的方式。"汉语桥"于 2002 年开始举办，旨在进一步弘扬中华文化，增进世界各国人民对中国的认知和了解，推动中国与各国在政治、经济、文化、教育各领域的交流与合作。参加"汉语桥"比赛的选手要经历"过桥"比赛、复赛、决赛和总决赛的角逐。比赛的各项内容主要涉及中文表达、才艺展示和文化探究。

"汉语桥"比赛分为 3 个组别，截至 2023 年"汉语桥"世界大学生中文比赛已举办 22 届，"汉语桥"世界中学生中文比赛已举办 16 届，"汉语桥"世界小学生中文秀举办了 3 届。各国大、中、小学中文爱好者积极参与"汉语桥"系列赛事。全球共计 130 多个国家的 5.5 万余名大学生参加了"汉语桥"世界大学生中文比赛；共计 95 个国家的中学生参加了"汉语桥"世界中学生中文比赛选手夏令营；共计 49 个国家的小学生中文爱好者参加了世界小学生中文秀选手夏令营。

目前，"汉语桥"比赛已成为各国大、中、小学学生学习汉语和了解中国的历史、文学、教育及朱子文化的重要平台，在中国与世界各国学生中间架起了一座文化之桥、友谊之桥、心灵之桥。

（四）利用网络平台，提高朱子文化在海外的传播速度和广度

随着互联网的普及，以及互联网在沟通上的高效便捷，网络成了朱子文化在海外传播的重要途径之一。通过建立中文网站、社交媒体账号等方式，可以不受时间和空间限制为海外受众传递朱子文化的知识、研究成果以及相关活动信息，而且通过互联网进行沟通在当今已成为很多人的一种习惯，因此互联网对更快速、更广泛地传播朱子文化大有裨益。

福建省南平市是朱熹长年讲学、死后埋葬的地方，留存了丰

富的朱子文化资源。如何充分把朱子文化资源挖掘出来，提升朱子文化的凝聚力、感召力、影响力，是历史和时代赋予闽北的责任与使命。南平市对标孔子、老子、孟子这些先贤、圣哲的网站建设"中国朱子网"及微信平台。

中国朱子网的建设目标是，成为弘扬朱子文化的重要阵地、推动闽北文化走出去的重要门户、提升文化影响力的重要品牌，提供一个文化产业创新、发展、推广的平台。定位是，立足高起点、高规格，追求大格局、高品位，既能立足全国、覆盖两岸、辐射东亚及东南亚、传播世界，又具备闽北特色、主题鲜明、优势明显，还兼具综合性、权威性、服务性等功能于一体。力争做到"独家""专业""权威"。板块内容涵括"朱子学研究最新成果和学术交流动态""《朱子文化》期刊的电子版""海内外著名朱子专家连线""在线视频""世界朱氏后裔活动""闽北故里风物特产介绍""朱子文化品牌产业项目的推介"等。

将"中国朱子网"链接进"中华儒学网"。"中华儒学网"主要栏目有"中华儒林""异域儒风"，其中"异域儒风"链接了美国、日本、韩国、新加坡、马来西亚、印度尼西亚以及欧洲地区、亚洲地区、美洲地区、非洲地区、独联体、中东地区的儒学网站。世界各地的朱子学家，可以在网站上阅读最新的研究朱子学的文章，交流心得看法。如，中国朱子网的"百家争鸣"栏目上发表的系列研究朱子文化的文章，受到朱子学专家和网民的肯定。

当前，微信平台是各大主流媒体网站重点宣传推介、必须占领的新兴高地。"闽北朱子文化"微信公众号应时而出，设置走进朱子、理论研究、传记大作、美文书画、旅游体验、特产优购、社会助力等栏目。在旅游体验栏目，开设有语音讲解和全景体验功能，以图文视频音频形式展示朱子雕像、紫阳楼、云根书院等南平市朱子文化旅游景点。微信公众号平台不但对进一步提升朱子文化的吸引力、影响力，具有切实的意义，而且对"中国朱子网"的宣传推介起到必要的补充。

网络除了具备传播迅速、互动性强的特点外，还具有多媒体综合的特点。网络综合了报纸、广播、电视等传统传播方式，将文字、图片、声音、图像综合为一体，为公众提供全方位的信息。因此，开发适应网络传播的文创产品成为朱熹出生地三明市尤溪县、朱熹长期生活地闽北的重要工作。2015 年底，南平市的雷希颖、林樾、叶添三位青年开始策划"大话熹游"。卡通形象是推广朱子文化很好的载体，为此雷希颖、林樾、叶添在征求了朱子后裔和朱子办、朱子文化研究会等机构的建议后，确定了"卡通朱子"的形象。一经上线，笑容可掬的"卡通朱子"就受到了很多年轻人的热捧。自 2016 年以来，"大话熹游"先后推出了《茶》《礼》《节气》等 60 多集系列动画短片，通过人民日报、央视新闻、共青团中央等单位所属新媒体平台的传播，累计播放量超 3 亿次。随着"卡通朱子"的社会认知度越来越高，"大话熹游"也开始积极推进与包括"武夷山水"公用品牌在内的南平特色产业及文旅行业的融合，在为南平带来可观的公益流量的同时，也为南平开创绿色发展及数字文化发展的新范式留下了充分的可期待空间。更重要的是，"卡通朱子"让更多的人在观看视频的快乐中就记住了朱熹，记住了朱熹的故事，记住了朱熹的诗词，记住了《朱子家训》。

历时五年精心制作的四集纪录片《朱熹》，于 2020 年 4 月 21 日—24 日在央视科教频道播出。四集纪录片紧紧围绕"朱熹的重要性"以及"对当下的现实意义"展开，把焦点对准了他众多身份中的"理学家"和"教育家"。第一集《继往开来》，立足文化发展史的角度讲述朱熹的历史地位。第二集《以民为本》，以朱熹的四次被贬为架构，讲述朱熹的坎坷一生，突出他为国为民的执着追求和精神取向。第三集《尊礼重道》，立足于祠堂、婚礼、祭礼等当下中国市民社会的传统习俗，讲述朱熹儒家理论民间化和世俗化的成果——《朱子家礼》，及其对中国千百年流传下来的传统文化的重要影响。第四集《明德崇教》，立足中国四大书院之中的白鹿洞书院、岳麓书院，讲述朱熹的教育思想，展现其对于中国书院文化，乃至中国教育中"德育教育"发展的重要影响。

纪录片《朱熹》由中央广播电视总台央视科教频道与武夷山广播电视台联合摄制。摄制组行程十几万千米，几乎走遍了朱熹生前所有重要活动地点，对众多珍贵的文化遗迹和历史文献进行了精心拍摄。摄制组充分运用多维度航拍、水下摄影、移轴摄影、三维动画、虚拟影像合成等创新表现形式，用精益求精的制作水准和生动鲜活的故事首次向世人讲述了南宋儒学大师朱熹传奇的人生经历和对中国传统文化的重大贡献，是一部经得起历史检验的精品力作。

2020 年 6 月，由中央广播电视总台、福建省委宣传部、福建省广播电视局、福建省广电集团共同策划拍摄的《大儒朱熹》英文版在中国国际电视台纪录频道（CGTN 纪录频道）播出。这是一部以史实为基础、以朱熹人生历程为主线的纪录片，也是一部以"一带一路"沿线国家为重点，真正推动朱子文化从"走出去"到"走进去"转变的纪录片。全片分为"家国天下""源头活水""大道集成""春风化雨""一片丹心""棹歌四海"6 集，最大程度涵盖了朱熹在中国国内的遗存遗迹，也探寻了朱子学在韩国、日本以及东南亚和欧美国家的传播过程，从不同侧面描述朱熹的成长历程和伟大成就，向大众展现一个"致广大、尽精微、综罗百代"的哲人形象，展现以朱子学为代表的中华文明之博大精深、源远流长，也通过"世界的朱熹"展示中华文明对世界的影响。总顾问朱杰人认为，《大儒朱熹》成功地把学术与艺术完美地结合起来，全方位展示了一个真实的朱子，是一部"可以作为学习朱子学的入门读物，拿来作教科书的文献片"。《大儒朱熹》英文版在 CGTN 纪录频道播出后，中文版的《大儒朱熹》相继在中央广播电视总台纪录频道，东南卫视、海峡卫视黄金时段播出。

纪录片《朱熹》和《大儒朱熹》还被传到互联网上，任网民自由观看，向海外观众展示朱子文化的魅力，扩大了朱子文化在世界的传播。

近年来，三明市在开掘"朱熹"这个 IP 富矿方面，也结合自身资源做开发。例如，尤溪不仅是朱子诞育地，还是福建省首个获得联合国地名专家组命名的"千年古县"，历史文化底蕴深厚。近年来，尤溪举办朱子祭祀大典、朱子文化宣传周等活动，将朱子文化融入城乡建设、文旅融合、经济发展等领域，并将这些活动上传网络、建立微信公众号广为宣传。

三 当代朱子文化在海外的状况与传播趋势

（一）朱子学在当代日本

朱子学的"经世致用""格物穷理"的思想，在日本明治维新时期，促进了日本思想家追求自然之理的研究，欧美技术进入日本，使社会生活欧洲化。通过这次改革，日本成为亚洲第一个走上工业化道路的国家。

当代，朱子学在日本仍然受到重视。被誉为"日本近代资本主义经济的最高指导者"和"日本财界之王"的涩泽荣一认为，朱子学是"和魂"的基础。他一生的成就，在于创立了众多企业和重释了儒家精神资源，吸纳西方近代思想，提倡"道德经济合一说"，或称"论语加算盘"，体现了朱熹"义利合一"的思想。对于"义利合一"，涩泽荣一认为，离开利（财富）讲义（道德），不是真正的义（道德），而正当的利（财富）必须通过符合义（道德）的手段得到才是可取的，即通过义取得利。他还认为，利就是利，发展工商业就是为了利，但这利不是一己之利，而是国家社会之公利；至于义，则是指在工商业活动中，实行仁道就是义。

涩泽荣一的"论语加算盘"思想，对几代日本人都产生重要影响。与他同时代的佐久间贞一、金原明善等人的主张，与他如出一辙。明治时代，一些武士受他思想的影响，投身商界。他们以"义利合一"为经营理念，逐渐成长为"士魂商才"型的企业家。现当代日本企业家新日铁会长永野重雄、清水建设社长吉野照藏、石川岛播磨重工业社长生方泰二，以及被誉为战后"日本经营之神"的松下幸之助等，都以《论语》和"义利合一"的经营原则，作为发展企业的训诫、座右铭。

日本在当代朱子学研究领域，成绩斐然。日本前首相中曾根康弘于 1983 年 11 月谈道，"日本要把民主主义、自由主义的想法和孔子的教导调和起来"，强调为了协调民族主义和国际主义，日本政治领导者必须把日本引上"中庸"安全之航道。1987 年，日本文部省捐资建立跨学科的大型研究计划"关于东亚的经济社会发展和现代的比较研究"，中岛岭雄、源了圆等 90 多名学者参加这一研究。他们在研究中提出，在经济现代化的进程中，东亚国家对儒学朱子学的研究有着重要意义，而且这个研究不能只停留在说明儒学朱子学与资本主义的一致性，而更要探讨分析儒学朱子学在资本主义发展进程中的指导作用。

当代日本朱子学家，一方面研究儒学朱子学对日本资本主义生成、发展的作用；一方面提出要从多元化的立场、比较的立场去研究朱子学，着力发掘儒学朱子学中的精华，用儒家伦理规范企业和人民的思想和行为。沟口雄三，日本东京大学教授、著名儒学朱子学家。他从多元化和比较哲学的立场对中、日、韩儒学朱子学的不同结构进行剖析，对中国儒学朱子学历史进行逻辑分析，并在此基础上，将儒学朱子学的本质归结为礼制、礼法、礼观念、哲学思想、世界观、政治经济思想、教育论、学问论、民间伦理、共同体伦理等十个方面，这种界定，对日本学术界开展儒学朱子学研究有重要的借鉴价值。他还于1985年创建了"中国—社会与文化"学会，成功打通了东京大学文学部与哲学学科限制，建立了一套完善的跨学科的对话机制。2007年，在沟口雄三牵头下，由全日本多名宋明学者组成的《朱子语类》译注刊行委员会成立，正式启动《朱子语类》日译的20年大工程。

佐野公治撰写的《四书学史的研究》，全书分七章：分别为《序章》、第一章《四书学的成立——朱子的经书学之构造》、第二章《围绕着宋元时代四书学的政治、思想状况》、第三章《〈大学〉观在朱子之后的变迁》、第四章《四书注释书的历史》、第五章《〈四书评〉的历史》、第六章《晚明的四书学》、第七章《科举与四书学》《附录》。本书忽视了北宋四书学与南宋之间的连续性，可能是一个缺憾，但在相关领域中，此书无疑是最重要的研究之一。

《朱子与气和身体》是三浦国雄的著作，共分两部：第一部《作为气的思想的朱子学》，第二部《近世的气之身心技法》。第一部专论朱子，分五章：第一章《总说：不间断的思想》、第二章《历史意识》、第三章《鬼神论》、第四章《易说》、第五章《呼吸论》。第二部是以中国近世道教的养生与气功为主的论文。在第一部第一章中，三浦国雄通过朱子的著作与《朱子语类》中频繁出现的一个叠韵词——"间断"，描述了朱子思想的概貌，指出："'无间断''无间''无间隔''无欠阙''无空阙'之类的语言表现，体现了被理与气所概念化、体系化之前的朱子对世界抱有的印象。"第二章，三浦国雄将朱子的历史意识的大框定为"下降史观"，认为朱子"对于整个历史，其看法带有极为悲观性的色调"，并将其历史意识的中框定为"循环史观"，此两种史观处于一种互补关系，构成了其历史意识的框架。本书在日本的朱子学研究史上占有重要的位置。

进入二十一世纪，日本学界迎来了又一个朱子学研究成果的出版高峰。市来津由彦出版《朱熹门人集团形成的研究》、土田健次郎著《道学的形成》、吾妻重二著《爱敬与仪章：东亚视域中的〈朱子家礼〉》……《爱敬与仪章：东亚视域中的〈朱子家礼〉》是日本朱子学、礼学专家吾妻重二研究成果的汇集。全书分三编：文献足征、礼文备具、礼书承传，共十四章，广涉《家礼》版本、木主、深衣、日本《家礼》接受史等议题，熔文献学、历史学、哲学于一炉，全面深入地揭示《家礼》在东亚的"漫游史"。

下川玲子于 2017 年出版了《从朱子学中思考的权利的思想》。本书从权利思想的观点出发，重新检讨朱子学在日本的意义，提出朱子学的尊严论与西洋式权利思想貝有亲和性，与构成现代社会基础的权利思想相似，探寻如何能够活用权利的概念及朱子的思想。

朱子学是"东亚文明的体现"。当前日本加紧了朱子学的研究与传播，研究机构日益增多并得到政府财政支持，研究专著层出不穷。但是也出现了一些问题，如研究者的汉文原典的读解能力远不及 20 世纪 60 年代以前的学者。

（二）朱子学在当代韩国

韩国光复后，在恢复经济的同时，开始传统朱子学研究，重建民族精神。

首先，在各类学校推广对朱子学的传播。在韩国，有一批立志终生从事朱子学研究的学者。他们在成均馆、汉城（今韩国首尔）、庆熙、安东、东亚、翰林、庆尚、梨花女子大学等名牌大学里设朱子学课程，向学生们传播朱子学思想。成均馆相当于中国古代的国子监或太学，其间的大成殿里供奉着孔子和72弟子的牌位以及古代朝鲜入孔庙的儒家学者如李退溪、李栗谷等的牌位。这里还保留了学生读经的讲堂。成均馆继承了培养儒学人才的传统，专设儒学学科，每年招收30名左右的儒学生。

其次，建立众多朱子学研究机构。韩国研究朱子学的机构和学术团体有退溪学研究院、国际退溪学研究会、栗谷研究院、东洋哲学研究会、韩国哲学研究会、韩国哲学思想研究会等等。此外，韩国还有以朝鲜时代著名朱子学家的号来命名的学术团体，如圃隐思想研究会、艮斋思想研究会、牧隐学会等。这些朱子学研究会积极参与朱子学的研究，举办朱子学术研讨会。1976年至1995年，退溪学研究院主办国际退溪学学术研讨会14次，分别在汉城、东京、中国台湾、波士顿、汉堡、中国香港、北京、莫斯科等地举办。这些学术会议，促进了退溪学研究逐步走向世界，也提高了朱子学在国际上的地位。

2006年7月1日，韩国艮斋学会与韩国中央大学中国研究中心共同举办的"东亚朱子学的现在与未来"国际学术研讨会在韩国首尔召开。来自韩国、中国、日本、台湾等国家和地区的朱子学研究专家学者50余人出席了会议。与会学者围绕着东亚朱子学的现在与未来的主题展开了深入讨论。韩国艮斋学会会长、中央大学教授梁承武作了《当代韩国朱子学的研究活动与未来课题》的报告，他首先回顾了朱子学传入朝鲜的情况，论述了李退溪、李栗谷的性理学思想及对朱子思想的发展，近代韩国朱子学的流传演变等。然后，对当代韩国朱子学的研究现状作了介绍：1960年至2006年，韩国学者发表、出版的有关朱子学的论文、专著，共计650篇（部）。

　　韩国国学振兴院与中国宋明理学研究中心于 2011 年 10 月 25 日在福建武夷山签署了"朱子学交流合作协议",双方交换各自出版的学术著作和文献资料,做到资源共享;互派访问学者,开展东亚文化专题研究,进一步推进朱子学和退溪学在世界的传播。

　　最后,编撰大量儒学朱子学著作,发表研究朱子学的学术论文。著名学者编著的书籍有,玄相允著《朝鲜儒学史》、李相殷著《中国哲学史》《论孔子学说的中心概念》《孟子性善说的研究》,梁大渊著《儒学概论》,车相辕著《儒家思想史》,金敬琢著《论语大学》《孟子中庸》《周易中庸哲学》。此外,李秀雄著有《朱熹与李退溪诗比较研究》、丁淳睦著有《中国书院制度》、金永植著有《朱熹的自然哲学》、刘明钟著有《朱子的人间与思想》等等。他们都肯定儒学朱子学在朝鲜民族国家体制的建立与个人、家庭、社会伦理方面都有极大影响,并提出新的目标,即根据当代社会的实际情况对儒学朱子学进行重新诠释,并与当代思想文化的需求融合。

　　近年来,每年都有新成长起来的韩国朱子学者出版专著,发表数量可观的学术研究论文。2020 年,韩国的朱子哲学研究论文出版约 26 篇。研究主题大致分为形上学、心性论、政治哲学、礼学、工夫论五个领域,还包括朱熹与其他哲学家的关系、经学、教育哲学等。就朱子工夫论领域而言,金起贤的《关于朱熹湖湘学批判的研究——以工夫论为中心》通过分析《知言疑义》和中和新说,从工夫论的角度分析朱子如何一方面接受湖湘学,一方面又批判湖湘学。就朱子政治哲学领域而言,朱光镐的《朱子人心道心说的政治哲学的读解》一文,从政治哲学的观点审视了朱子"人心道心说"。根据朱子讨论"人心道心"的主要文章《大禹谟》《中庸章句》《戊申封事》,都是在政治脉络中讨论之,认为政治的根本要放在统治者的修养上,故主张"人心道心"不仅是伦理学的主题，也是政治哲学的讨论。是年，李相益撰写的《韩国性理学史论一、二》，卢仁淑撰写的《家礼和韩国的礼学》，朱光镐撰写的《易学和朱子学——易学是如何打造朱子学的》，郑相峰的《鹿庐杂识——韩国儒学的新展望》书稿付梓。

《韩国性理学史论一、二》以性理学者为中心，审视韩国性理学的展开过程，并批判性地讨论他们的性理说。但这本书的特点不是考察韩国儒学展开过程的"通史"，而是聚焦于韩国性理学的形而上学的"观念史"。这本书的著述目的是，解释性理学问题意识的渊源，说明朱子性理学的基本结构，重新审视韩国性理学的主要争论，并对韩国性理学者的理论进行批判。卢仁淑撰写的《家礼和韩国的礼学》梳理了朱子编纂的《朱子家礼》，并认为朝鲜儒者在此基础上展开朝鲜礼学。这本书讲述了礼学的渊源、构成及内容，以及《朱子家礼》对于韩国礼学的影响。从韩国朱子学学者近年的学术研究成果，也能看出当代韩国在朱子学研究上相当活跃，为促进当代韩国特色朱子学的发展起到了十分重要的作用。

《韩国儒学思想研究》一书，为韩国大儒学家崔根德的著作。他在书中指出："只有儒学朱子学才是现代人最必要的精神活力，是未来社会里最能发挥作用的宗教、哲学。"崔根德认为，在未来社会里儒学朱子学可以从六个方面发挥作用：一是朱子学可以适应未来社会的多种多样的变化，并固守人类的良心，因为它是随时处中、随时变通的易哲学。二是研究诚和敬哲学生活的途径，使它成为信息化时代的伦理。三是倘若它能扩充以天赋性善说为根据的人类主体思想，就可发挥克服机械文明弊端的能力。四是"恕"的思想，可以为国际化时代人类圆满地处理"你""我"之间关系的伦理。"恕"就是"如心"，推己及人，亦是"己所不欲，勿施于人""己欲立而立人，己欲达而达人"。五是"孝"的思想，可用来进行对祖先的原始报恩道理教育，使人们懂得对父母应有尊敬心和对子女应有慈爱心，巩固家庭，培养家族血缘关系的凝聚力。六是它的礼教，可确立起地球村秩序的基本作用。

韩国著名儒家学者梁承武认为，21世纪将是世界化、信息化时代，又是急剧变化的时代，韩国的朱子学要在这种未来环境中起重要的作用，就应不断深化韩国朱子学研究，探索现实社会和文化体制的未来方向。当代的韩国在朱子学研究上，一如既往地探索前行。

（三）朱子学在当代印度尼西亚

印度尼西亚是全世界最大的群岛国家，全国约87%的人信奉伊斯兰教，是世界上穆斯林人口最多的国家。明清时期，一些华人移民将儒学朱子学传入印度尼西亚。在印度尼西亚，儒学被作为一种严格意义的宗教。华人把儒、佛、道传入印尼，称为"三教"。

19世纪末，以弘扬儒家学说为宗旨的印尼中华会馆成立。会馆非常重视对朱熹著作的翻译，便于读者阅读。尤才祥和陈庆忠合译了朱注"四书"中的《大学》和《中庸》，陈文盛将《孝经》译成马来文……这些译著在印尼广为流传。中华会馆还在印尼创办华文学校200多所（1919年数），以及《孔教月报》《华侨》等报刊，极力在印度尼西亚推广儒家文化。

1923年，印尼各地的孔教（儒教）会在梭罗举行全国第一次代表大会，成立孔教总会。孔教总会以孔子为圣人，孔学为宗教，"四书""五经"为圣经，大力弘扬孔学、朱子学等儒家思想。之后，华人郭德怀成立"三教"会，出版《三种文化》月刊。印尼华人通过信奉"三教"（佛教、道教、儒教）和出版《三种文化》月刊，以弘扬儒、释、道的伦理道德和价值观。

孔教联合会于1955年在雅加达成立，积极向印尼传播孔学朱子学和"四书""五经"等儒家经典。1961年，孔教联合会在梭罗召开第四次代表大会，决定统一孔教教规，更名孔教联合会为"孔子学说学会"。1965年，苏加诺总统发布命令，承认孔教与伊斯兰教、基督教、天主教、印度教、佛教一起同为印度尼西亚的官方宗教。孔教的圣经是经过朱熹注释的"四书"。印尼儒家活动的核心是其教义，即八条信仰原则。孔教制度化建设，有利于儒教和朱子学的传扬和吸引儒教信众。

苏哈托于1979年当上总统后，撤销了孔教作为一种宗教的法律，孔教被勒令取消。儒学朱子学的传播遭打击。瓦西德担任总统后，恢复了孔教活动，并且得到政府支持。瓦西德总统在农历春节团拜会上说："一个宗教若被其信徒所信仰，那一定是宗教。其实，宗教问题不是政府管理的事情，政府承认不承认一个宗教已经是一件糊涂的事，即使没有被国家承认，该宗教仍然活在人们的心中，而人心又滋润着宗教，这个观念应该树立起来……还有一点，宗教是活在以文化为基础的人心中的。有的人认为，'文化是宗教的一部分'或'文化高于宗教'，或者'宗教是文化的一部分'。我认为，宗教在正确的文化领域里才能生存。因此，宗教与文化之间无高低之分，两者相辅相成，就像宗教与思想意识，宗教与科技，宗教与艺术及其他。因此，我反对把宗教与生活的一面对立起来。我认为宗教的出现是为了相互理解，而不是相互为仇。《古兰经》说：人为上帝所造，分男分女，后来成为各种民族，来相互理解。"在瓦西德总统的支持下，儒学朱子学在印尼的传播重新焕发生机。

印尼的朱熹后裔也建立起印尼朱氏联合会，召开纪念会、举办朱子学论坛、组织祭祖活动，宣扬民族文化，传播朱子学，赓续朱子文化传统，发挥其教化人心的作用。

以孔学朱子学为主流的中华文化，在华人共同呵护和传播下，对印尼社会产生了积极影响。在菲律宾、老挝和柬埔寨等东南亚国家，儒学朱子学也一样占有重要地位——他们根据各自国家的特点和需求，对中华文化予以吸收、改造和创新，成为推动国家发展的因素。

（四）朱子学在当代德国

在德国启蒙运动中，朱子理学思想对当时的德国思想家莱布尼茨、康德、黑格尔的学术理论产生了影响。因此，儒学朱子学的研究受到学界的重视，汉学家大有人在。德国对儒学朱子学的研究，在欧洲占有重要地位。

在当代，德国对儒学朱子学的研究和传播依然在赓续。汉堡于1956年建起亚洲研究所，柏林在1958年重建东方语言研究学院，1964年又新建波鸿鲁尔大学东亚研究所。柏林、海德堡、弗赖堡、埃尔兰根、图宾根和科隆特里尔大学都设有2至3个汉学教授席位，慕尼黑大学有4个汉学教授席位。

一批汉学家推出了研究成果。汉学家葛拉福神父，耗费多年的心血，于1953年完成了《近思录》的德文译本。译本共三篇：第一篇为《概论》，第二篇为《近思录》与叶采《近思录集解》之翻译，第三篇为翻译之附注。之后，葛拉福神父又出版了德文研究著作《道与仁：中国宋代一元论中的实然与应然》。书中将宋代朱子理学看作是一元论的哲学，反对视为二元论的哲学。"以《近思录》为出发点，泛论宋代理学而以朱子为中心，所论太极、理气、人道、天地之心等，虽乏完整，而言之成理。"这是陈荣捷先生对这部书的评价。

卡尔·雅斯贝斯，德国现代哲学家。他的代表作有《大众哲学》，他的哲学在精气神上与东方哲学接近。他对孔子和朱熹极为推崇，认为他们都是积极入世，以改变人们的处境为己任的思想家、政治家；他关注的主要对象是人和人类社会，教人们依仁行事，建立和谐的社会秩序；他创办学校培养政治家，并编纂古典文献。"他是第一个在其广度和可能性上使理性大放光芒的人物"；他反对全盘继承和单纯重复历史，主张以批判的态度去"甄别善恶，惩恶扬善"。在向德国传播中国思想和朱子学上，卡尔·雅斯贝斯付出巨大的努力。

1963 年至 2009 年，德国汉学家出版、发表的研究朱子学的著作数量可观，主要有：汉学家孔达发表了《对古人朱熹的认识》，尤塔·维沙里乌斯出版了《朱熹形而上学研究》专著，崔海硕出版了比较哲学领域的研究专著《斯宾诺莎与朱熹：斯宾诺莎伦理学与朱熹新儒家学说中的作为人之存在根据的绝对自然》，叶翰出版研究专著《从程颐到朱熹：胡氏家族传统中的正道论》，欧阳师出版新作《戴震对孟子的接受与他对朱熹学派的批判》，鲍吾刚出版了一部全新的中国哲学史专著——《中国哲学史：儒家、道家、佛教》。鲍吾刚的这部书探讨了朱熹哲学，分为"理、人性与爱、物与心、新的经典著作、朱熹与伟大的综合"五个环节分别展开。他认为，北宋道学的基本特性在于对"宇宙论"的建构和对"存在"的重新发现，但又因此出现了两极性倾向，而朱熹的功绩就在于他对此做出了一种"伟大的综合"。

欧阳师发表了《新中国的思想史研究：当前对朱熹及其理气论的评价》博士论文，欧阳博先后发表论文《朱熹学说中对人的哲学考察》《新儒家朱熹的生平与思想》《朱熹对孟子仁政理论的接受和这种理论的哲学根基》《评叶翰的〈从程颐到朱熹：胡氏家族传统中的正道论〉》，傅敏怡发表了《传统与直觉：朱熹学派的渊源史》，朗宓榭发表了《朱熹是黑格尔之前的"黑格尔"么？在中国和当代西方之间的理解难题》，莫里茨发表了《概念与历史：论朱熹》，维法克福发表博士论文《理解与道德实践：朱熹儒学与伽达默尔哲学解释学之间的比较》。

汉学家施唐格翻译出版了《论语》，苏费翔将《朱子家训》译成德文，余蓓荷把日本学者岛田虔次的《朱子学与王阳明》译成德文，欧阳师译注出版了《近思录》。该译本通过大量评注和阐释，试图在德语释著中树立一个最有影响力的文本。

2020 年，德国汉学家叶翰、朗宓榭、波克特、顾彬、傅海波等教授，出版或发表了以朱熹及其思想、著作为直接研究对象的著作。深谙中国哲学的慕尼黑大学的叶翰教授，著《朱熹对〈五经〉的解读》，试图对朱熹最重要的一些学术经典进行总结。一方面他承认朱熹的《四书章句集注》具有非常深远的研究价值，同时他认为朱熹作为"五经"的注释者的角色也是至关重要的。他按顺序依次从朱熹对《周易》《诗经》《尚书》《春秋》《礼记》的解释和评论进行分析。剖析了朱熹对"五经"的解读，并试图探讨其当代意义。例如，就《周易》而言，作者认为朱熹将读者的兴趣转向了它们作为派生文本的功能，纠正了过分强调文本解经的传统。而朱熹对《诗经》的研究看上去得出了一个非常现代的结论，即对传统《毛传》和《郑笺》的纯粹道德解释走得太远了，还应考虑那些没有道德意图但会为自己的乐趣而写诗的人。叶翰在最后指出朱熹对经典的诠释和解读为后世留下了丰富的文化资料，值得所有研究汉学的人仔细学习。

德国朱子学研究机构还积极与中国学者交流。2018 年，"朱熹与朱子学研究"国际学术研讨会在德国特里尔大学召开。本次会议由德国特里尔大学汉学系、欧洲儒学学会、中国朱子学会、厦门大学人文学院、武汉大学中国传统文化研究中心主办，由德国特里尔大学孔子学院、德国儒学学会协办。此次会议吸引了来自欧洲、美洲、中国大陆、台湾、香港等地近 30 名学者参加，涉及经学、史学、文献学、哲学、礼学、文学等研究领域，实现了朱子学的多学科之间的对话与沟通，对促进中欧优秀文化的深入交流与互动具有积极意义。

（五）朱子学在当代瑞典

"不辞山路远，踏雪也相过。"中国和瑞典早在公元 9 世纪就已开始进行贸易和文化交往，公元 13 世纪中国的古籍开始传入瑞典。中瑞两国的交往可谓历史悠久。

公元 17 世纪中叶，朱子理学传入瑞典。17 至 19 世纪，瑞典学者、传教士、商人撰写、翻译了许多有关朱子学的著作。瑞典人尼尔斯·玛森·雪平跟随荷兰商人兼外交官弗里德里克·柯叶来到中国沿海地区，撰写了《尼尔斯·玛森·雪平及其使命》一书。书中有这样的记载："中国在熟知儒家学说的哲人的治理下成为幸福的强大的国家。"说明儒学朱子学在 17 世纪中叶已传入瑞典，受到瑞典人关注。艾立克·罗兰在《论大中华帝国》的博士论文中称，中国哲学家运用儒学朱子学来治理国家，使中国成为大帝国；柏拉图由哲学家治理国家的梦想在中国实现了。乌普萨拉大学学者谢尔修斯出版了《中国儒家哲学批评》的学术著作；学者贝尔曼用瑞典语翻译出版了法语版的《儒家箴言录》，收录孔子格言 80 条。瑞典传教士福尔克在中国传教 40 年，撰写出版了《古代中国的思想家》一书，向瑞典介绍了孔子、朱熹等思想家。他们的著作推动了以儒学朱子学为主流的中国传统文化在瑞典的传播。

20 世纪上半叶，瑞典学者采用科学方法来研究中国、研究汉学。斯文赫定是瑞典首位采用科学方法研究中国的探险家。他撰著出版了近 50 种的通俗读物，阐述他运用朱子学"格致论"在中国进行探险科考取得的成果。"格物，是物物上穷其至理""致知，所以求真知，真知是要彻骨都见得透。"他的探险科考通俗读物因为充分体现朱子学"格致论"思想和理性精神，因此受到大批读者青睐。

考古学家约翰·古纳·安特生也深受朱子"格致论"的影响，重视"格物致知"，重视知识的积累与贯通，而成为杰出的博学者，并取得举世瞩目的成就。

当代，瑞典对儒学朱子学的研究方兴未艾，涌现出一大批成绩斐然的汉学家。如马悦然、艾葛诺德、海尼、汉斯·贝伦斯坦、吉蒂·卡尔格林、安德生、叶林斯威德、卜斯文、石坦礼、格兰、扬·威金、林西莉、席尔伦德、赫德馨、林奎斯、罗卫等。他们大多是斯德哥尔摩大学汉学系首任系主任高本汉教授的得意门生。

高本汉，瑞典语言学家，汉学奠基人。他运用朱子学"格致论"和语言学理论来研究汉语语言学，取得了辉煌成就，奠定了瑞典汉学的基础。他在《古汉语语本》一书中将《诗经》中全部用于韵的1815个汉字列成图表，分成26个部类，然后根据朱熹《诗集传》中的音韵学考证古音的办法，为其中的1571个汉字找到了相应的古音，为之确定了古韵尾。他还出版了《书经译注》《诗经译注》，为瑞典和西方学者准确解读《书经》《诗经》提供了重要的工具，推动了儒学朱子学在瑞典的传播。

中国改革开放后，瑞典更加重视对中华文化的研究。20世纪80年代以来，隆德大学、哥德堡大学、乌普萨拉大学相继扩充了汉学系或东方语言学系的规模，使瑞典各地的儒学朱子学与汉学研究有了更为密切的学术联系。1984年，瑞典成立了亚太研究中心。1986年，斯德哥尔摩大学、皇家图书馆、远东博物馆三家收藏的中文图书被合并在一起，成立了东亚图书馆，为儒学朱子学与汉学研究提供了图书资料的便利。

在儒学朱子学的学术研究交流上，瑞典举办了国际研讨会。1993年6月，亚太研究中心与斯德哥尔摩大学东方语言学院共同组织了"当代中国人心目中的国家、社会、个人"国际学术研讨会，来自欧美各国与中国大陆、香港的学者们聚集在一起讨论有关中国的种种问题。瑞典斯德哥尔摩大学学者沈幼琴认可儒学朱子学极大地丰富了瑞典的文化宝库，为瑞典的发展增添了强劲的动力。她认为，"儒学的根本意义在于和谐"，"瑞典政府在国际事务中长期奉行中立政策，也是符合儒学的'中庸之道'的"。

瑞典在当代的儒学朱子学的研究、传播中，既抓学术机构的建设，又注重学术人才的培养，为进一步研究朱子学打下了坚实的基础。

（六）朱子学在当代俄国

朱子学于 18 世纪传入俄国，与彼得一世、伊丽莎白女王、叶卡捷琳娜二世密切相关。彼得一世（1672—1725），即彼得大帝，他在考察欧洲列国时，了解到中华文明对西方各国改革和崛起的作用，决定效法西方吸纳中华文明，推行改革，以改变俄国落后面貌。他回国即位后，在运用朱子学加强沙皇专制集权的同时，派遣传教士团、使者到中国收集、翻译儒学朱子学等中华文化典籍，推动了朱子学在俄国的传播。之后的伊丽莎白女王、叶卡捷琳娜二世持续接受中华文化中的营养，扩大对儒学典籍的输入。

在汉学热中，俄国涌现出众多汉学家。自 1715 年至 1864 年，俄国涌现出的优秀汉学家有瓦西里·帕夫洛维奇·瓦西里耶夫、尼基塔·雅科夫列维奇·比丘林、彼得·伊万诺维奇·卡法罗夫等。阿列克谢·列昂季耶夫翻译的《大学》和《中庸》，先后于 1780 年和 1784 年出版，这是俄译本儒家经典第一次在俄国面市。在这一时期的儒家经典俄译本中，比丘林的翻译稿影响最大，他不仅翻译了《四书》的内容，还翻译了朱熹为《四书》作的全部注释。至 20 世纪初，俄国学界关于中华文化的翻译和研究工作一直持续未断。汉学家们丰硕的翻译和研究成果，不仅推动了儒学朱子学在俄国的传播，而且促进了两国间的文化交流，增进了俄国民众对中国的了解。

当代，在苏联时期，由于政治认知高于学术理解，儒学朱子学因被当作维护封建统治阶级的反动思想而被冷遇。在苏联科学院版的《世界史》第二卷（1956）中，作者对儒家作了这样的描述："儒生们是贵族阶层的思想家，他们致力于捍卫宗法制残余和井田制。他们为阶级之间的不平等辩护，但对使非贵族阶级的人富裕和提高他们的地位持否定态度。按照孔子的观点，社会中的每一个人都应该安分守己。"

20 世纪 70 年代，苏联对儒学经典和代表人物的态度有了明显的转变。苏联科学院相关研究所出版了杨兴顺主编的《中国古代哲学》两卷本，其中，第一卷收录了《尚书》《诗经》《论语》和《孟子》等儒家典籍的译文和注释。

随着中国的改革开放，苏联知识界再次兴起以儒学朱子学为中心的"中国文化热"，对汉学、儒学朱子学进行深入研究，撰写学术论文和研究专著，翻译儒学经典和中华典籍。研究队伍不断壮大，人才济济，陆续出现 4 名科学院院士：阿列克谢耶夫、齐赫文、米亚斯尼科夫、基达连科，他们分别成为文学、史学、哲学（儒学朱子学）领域里的汉学研究翘楚。

1991 年，苏联解体，但是苏联解体后的俄国很快地稳定了国内秩序，与中国的关系也得到加强，汉学、儒学朱子学的研究和传播得以继续开展。在亚洲金融危机爆发之前，俄国学术界曾探讨了东亚地区若干国家经济腾飞的原因，他们认为儒家文化与西方文化的融合，是东亚若干国家经济高速发展的基本动力，值得借鉴。波斯佩洛夫深入研究了这个问题，于 1991 年发表了题为《作为经济发展事实的儒家文化与西方文化的综合》的论著。在文中，他介绍了儒家文化处理人际关系和人与国家关系的基本原则：仁、义、孝、忠、礼，认为它们具有现代价值。他认为，儒家文化与西方文化互相影响，是东亚大多数国家形成现代工业文明的最重要的因素。这种工业文明被称为"人性化的事实"，保障这些国家步入了经济发达的前列。这就为俄罗斯知识界重视中国儒家思想注入了现实的动力，使儒学朱子学得到越来越多俄罗斯人的关注。1993年，由莫斯科大学孔子学院与俄罗斯科学院远东所联合举办的"儒家思想在俄罗斯"国际研讨会在莫斯科举行，参会的学者、专家来自中国、俄罗斯、希腊、以色列等国，共约40人。学者们就儒家思想在俄罗斯和世界各地的传播、儒家思想与世界文化、儒家学说德治的感化教育作用等课题展开研讨。

进入21世纪，中国提出"一带一路"倡议后，双方"在欧亚经济联盟的框架下"开展合作，中国和俄罗斯之间交往日益密切，越来越多的俄罗斯人开始对中国文化感兴趣，对儒学朱子学了解得越来越多。

（七）朱子学在当代加拿大

在北美洲，研究儒学朱子学最活跃的是美国，其次是加拿大。

儒学朱子学在加拿大的传播，与很多地方一样，先是由旅居的华人进行的，然后带动其他人参与。

加拿大对儒学朱子学的了解与研究始于20世纪60年代，比其邻国美国晚得多。由于这些年大量的华人移民加拿大，华裔已成为加拿大的第三大民族，而且加拿大政府推行的是多元文化政策，采取许多措施支持以儒学朱子学为核心的中国文化的传播。如资助出版中文杂志，赞助华语教学，大学承认华语为第二外语，促使越来越多的大学开设中文课程。由此形成华人学者、中文报刊、学校共同推动朱子学传播的模式。

20世纪七八十年代，加拿大已有《大汉公报》《醒华日报》《侨声日报》《新民国日报》《大众报》《多伦多商报》等20多家报刊。此外，香港的《文汇报》《大公报》《星岛日报》《明报》《成报》《中报》也在加拿大发行美洲版。中国的《人民日报》，广州的《羊城晚报》《南方日报》也在加拿大发行销售。1983 年后，温哥华有了华语电视《华侨之夜》和《世界电视》。这些媒体都会登载或播放一定数量的有关儒学朱子学的文章或节目，让受众得到儒家文化的熏陶。

在加拿大涌现了一批研究儒学朱子学的专家学者。著名的有秦家懿、梁燕城等学者。秦家懿是加拿大华裔汉学家，主要从事中西文化的对比研究。1979 年，她撰写了论文《朱熹与怀德海二哲》，从天地之心与太极为言，范畴设计与上帝问题，对两位圣哲进行比较研究。尔后，他又撰著、出版了论著《莱布尼茨和中国理学思想》一书，对朱熹的"理"与莱布尼茨的"单子"作了比较研究。她说："莱布尼茨觉得'理'所指的，很像他说的'至高单子'或'最崇高而最简单纯粹的本性'……因为莱布尼茨看到，朱熹的'理'既是事事物物各有的，个别的'小'理，又是唯一无二，同乎太极'大'理。从这角度来看，个别的'理'就像个别的单子，而太极的'理'（绝对体的理），就像至高的单子，也就是神。"《朱熹的宗教思想》一书是秦家懿研究朱子学的力作。该书主要把重点放在了朱熹的宗教思想上，集中在朱熹自己是如何处理这些问题的。这些问题包括太极、灵魂、宗教仪式和他的人性与修身的哲学。

梁燕城于 1994 年创立"文化更新研究中心"，并创立中文学术文化季刊《文化中国》。他撰写了论文《感通与和谐——从忠恕之道化解冲突》，认为世界和平的实现要仰仗中国的"忠恕之道"。儒学朱子学的"忠恕之道"是"仁者爱人"的体现，是维护人类持久和平、解决国际冲突与争端的良方，是构建全球伦理的基本思想。1999 年 10 月，联合国教科文组织提出的《21 世纪伦理的共同架构》宣言，将朱熹的"天人哲学"列入宣言的第一条，说明朱子学的价值受到越来越多人的认同。

现任教于加拿大魁北克大学蒙特娄分校的狄雅娜在朱子学的研究上成果颇丰。2020年，狄雅娜发表了《宋代的精神训练、情感与行为：在比较视野下论朱熹与契嵩对〈中庸〉的诠释》和《宋代新儒家（朱熹）对道德与道德根源的概念：其与禅宗的联系》两篇论文。在《宋代的精神训练、情感与行为：在比较视野下论朱熹与契嵩对〈中庸〉的诠释》一文中，狄雅娜试图以朱熹和契嵩对于《中庸》的诠释来比较新儒家与佛教禅宗之间的相似性。作者在文中提出了"互助精神性"的概念，指出《中庸》所载之修炼是属于精神性的，而且其对于情感的控制使自我转变为互助的自我。从对两者的诠释所作的分析中，作者得出程朱新儒家的精神性具有社会倾向，而这种倾向正是新儒家与禅宗相连之处。作者最后指出，虽然两者的相似性已为学界所察觉，但从未有人尝试从一个具有说服力的具体事例对两者进行比较。由于两种思想传统在宋代之交融中产生了长远的影响，因此作者认为该文具有开山的作用。

朱子学中值得质疑、肯定、借鉴的内容难以计数，只要不断探究，就会不断获得新收获。

参考文献

1.《中国哲学年鉴》中国百科全书出版社 1983

2.《闽北纪略》福建建阳地区文化局编 1983

3.《朱熹评传》陈正夫 何植靖 江西人民出版社 1984

4.《宋明理学研究》张立文 中国人民大学出版社 1985

5.《闽学源流》刘树勋 福建教育出版社 1993

6.《道南理窟》方留章 福建人民出版社 1993

7.《福建对外文化交流》林金水 福建教育出版社 1993

8.《文史知识·福建专号》中华书局 1995

9.《朱子语类选注》龙文玲 广西师范大学出版社 1998

10.《朱子学刊》一九九八年第一辑（总第九辑）朱子学刊编辑部 黄山书社 1999

11.《迈向21世纪朱子学》朱杰人 华东师范大学出版社 2001

12.《朱熹》林克敏 福建人民出版社 2005

13.《朱熹理学思想及其当今价值丛论》程利田 长江出版社 2006

14.《闽北文化述论》徐晓望 中国社会科学出版社 2009

15.《理学集大成者—朱熹》王荣珍 吉林文史出版社 2009

16.《近思录全译》朱熹 吕祖谦撰集 于民雄译注 贵州人民出版社 2009

17.《朱子评传》张立文 南京大学出版社 2011

18.《旁观朱子学》田浩 华东师范大学出版社 2011

19.《朱子学及其在海外的传播与影响安庆研讨会论文集》秦德文 华文传记
出版社 2011

20.《东亚朱子学新论》张品端 厦门大学出版社 2012

21.《朱熹与理学》徐小敏 海峡文艺出版社 2012

22.《朱熹》陈荣捷 生活·读书·新知 三联书店 2012

23.《走进大自然的宋代大儒—朱熹的自然研究》乐爱国 海天出版社 2014

24.《朱熹大辞典》张立文主编 上海辞书出版社 2013

25.《中国古代书院》陈薛俊怡 中国商业出版社 2015

26.《朱子文化简明读本》兰斯文 福建教育出版社 2016

27.《朱子学在海外传播》程利田 海峡文艺出版社 2016

28.《朱熹》方彦寿 福建人民出版社 2016

29.《理学集大成者朱熹》李朝阳 2016

30.《推进朱子学与闽学的深入研究—朱子闽学与亚洲文化论坛文集》汪文顶 李树峰 文化艺术出版社 2017

31.《朱子门人与朱子学》邓庆平 中国社会科学出版社 2017

32.《中国科学技术史·科学思想史》李约瑟 科学出版社 上海古籍出版社 2018

33.《朱子学年鉴（2017）》朱子学会·厦门大学国学研究院编 商务印刷馆 2018

34.《朱子学在海外的传播与影响》张品端 中国社会科学出版社 2019

35.《朱熹》杨天石 东方出版社 2019

36.《朱子家训》朱熹著 朱杰人编注 华东师范大学出版社 2014

37.《朱熹》卜道成 东方出版社 2014

38.《朱子学年鉴（2013）》朱子学会·厦门大学国学研究院编 商务印书馆 2014

39.《四书章句集注》朱熹 长江出版社 2016

40.《朱子读书法》[宋] 张洪等编 浙江人民美术出版社 2017

41.《朱子文化基础知识简明读本》尤溪县朱子文化城建设领导小组编印 2009

42.《朱子百题》肖铮 厦门大学出版社 2018

43.《朱子学刊》第二十九辑 《朱子学刊》编委会编 黄山书社 2018

44.《朱子文化大典》《朱子文化大典》编委会编 福建教育出版社 2019

45.《朱子学研究》第三十二辑 《朱子学研究》编委会编 江西教育出版社 2019

46.《朱子学研究》第三十三辑 《朱子学研究》编委会编 江西教育出版社 2019

47.《东亚朱子学新探》吴震 商务印书馆 2020

48.《朱子大传》束景南 复旦大学出版社 2021

49.《武夷文化纵览·朱子丰碑》陈国代 陈建明 海峡文艺出版社 2021

50.《考亭书院大观》吴邦才 厦门大学出版社 2022

51.《朱子学年鉴（2020）》朱子学会·厦门大学国学研究院编 华东师范大学出版社 2022

52.《朱子学年鉴（2021）》朱子学会·厦门大学国学研究院编 华东师范大学出版社 2023

论文：

1. 骆承烈：《东瀛会津播儒声》，《朱子学刊》1990 年第 1 辑。

2. 陈增辉：《朱熹的教育哲学》，《朱子学刊》1996 年第 1 辑。

3. 河娅和：《朱子美学思想》，《东方丛刊》1998 年第 4 期。

4. 卢睿蓉：《美国朱子学研究发展之管窥》，《现代哲学》2011 年第 4 期。

5. 吴邦才 陈国代：《朱熹对教育的贡献》，《海峡教育研究》2013 年第 3 期。

6. 蔡家和：《朱子〈四书集注〉中的教育思想》，《朱子学年鉴》2013 年。

7. 陈兴华：《朱熹〈小学〉与童蒙教育体系的构建》，《教育评论》2016 年第 1 期。

8. 王志跃：《明代〈朱子家礼〉传播新探（汇总）》，《社会科学战线》2016 年第 2 期。

9. 李真：《16—18 世纪中国文化在英国的传播概况》，《对外传播》2016 年第 10 期。

10. 李世财 杨国学：《朱子学在朝鲜、日本和越南的建构特征比较》，《武夷学院朱子学研究十年录》袁鑫淼主编，厦门大学出版社 2018 年版。

11. 陈永宝：《论东亚和东南亚朱子学的传播和影响：以韩国、日本和越南的比较为中心》，《朱子学研究》2020 年 12 月（第三十辑）。

12. 孙传玲：《朱子格物致知论在日本的接受与实践—以日本朱子学者贝原益轩为例》，《阅江学刊》2022 年第 6 期。

13. 金德洙 金相国：《韩中朱子后裔的共同始祖朱潜与朱子学在韩国的传播》，《朱子学刊》2017 年第一辑（总第二十九辑）。

14. 丁晓慧：《栗谷对朱子心性论的传承与发展》，《合肥学院学报》2020 年 1 期。

后 记

《朱子文化在海外》的撰写，始于一个温暖的邀请。前年，我甫定《朱子在邵武》一书中的翻译任务，即受到丛书负责人的盛情之约——撰写《朱子文化在海外》。我深感责任重大，经再三思忖，方接受撰写任务。

在撰写本书的过程中，我深感朱子文化的博大精深和海外传播的重要性。为了更好地呈现朱子文化在海外的风貌，我查阅了大量文献资料，拜访了多位专家学者，还实地到朱子长期生活、办学、著书立说地——武夷山、建阳、政和等地实地考查，深入了解朱子文化遗存，南平市创新性地对朱子文化进行物化、活动的情况，获得许多珍贵又可信的写作素材，力求使本书具有较高的学术价值和可读性。

在撰写中，我尽力梳理了朱子思想在海外的传播路径，分析了其对当地社会、文化、哲学以及政治经济的影响。同时，我也关注了当前海外对朱子思想的研究现状和未来发展趋势，以期为朱子思想的进一步传播和研究提供参考。

在笔墨交织的时光里，我完成了《朱子文化在海外》的撰写。此书非我一人之力所能及，而是汇聚了众多智慧与努力的结晶。朱子学研究专家马照南教授，拨冗对这部书稿进行了审阅，并给予悉心指点，让我受益匪浅。南平市朱子文化研究会会长林文志老师，不仅在朱子文化的实践推广上有着丰富的经验，而且在学术研究上也颇有建树。他提出了许多宝贵的意见和建议，使得本书的内容更加丰富和完整。

　　非常荣幸能够参与到福建省中华文化学院的福建文化海外传播丛书的撰写，感谢马建荣副院长的信任与支持，以及马照南和林文志两位老师的无私帮助。同时，也感谢所有参考的文献作者和本书编辑。

　　然而，由于时间和水平有限，书中难免存在不足之处，敬请广大读者和专家学者批评指正。

　　朱子文化，作为中华优秀传统文化的瑰宝，早已超越国界，成为世界文明的重要组成部分。愿这部作品能够为推动朱子文化的海外传播，增进中外文化交流，贡献一份绵薄之力。

　　是为后记。

戴　健

2024.12.12